W0192876

Zu diesem Buch

Eigentlich wollte Andrew Harvey nur ein interessantes
Land besuchen: Ladakh. Doch es wurde eine be-
wegende Begegnung mit dem Buddhismus in seiner
gelebten, alltäglichen Form. Er sprach mit einfachen
Leuten und weisen Männern, die ihn zum Herzen des
Buddhismus führten. Ihm wird klar, daß Buddhismus
keine Religion ist, sondern eine Geisteshaltung, die
das alltägliche Tun und Denken des Menschen in den
Mittelpunkt stellt, gültig für alle Zeiten und Kulturen.
Das Buch ist gleichzeitig ein Reisebericht über ein fas-
zinierendes Land und eine einfache und tiefgründige
Einführung in den Buddhismus, der im Westen immer
mehr Anhänger findet.

Andrew Harvey war einer der jüngsten Dozenten, die
je an der Universität Oxford als Lehrbeauftragte angenommen wurden. Er hat mehrere Romane, sieben Ge-
dichtbände und vier Übersetzungen veröffentlicht.
Durch sein Buch «Der Pfad ins Herz» (rororo transformation 9550), das seine Begegnung mit Mother Meera,
einer indischen Heiligen, schildert, wurde er interna-
tional berühmt.

Andrew Harvey

Ins Innerste
des Mandala

*Eine Reise
zur Weisheit des
Buddhismus*

Deutsch von Jochen Eggert

Rowohlt

rororo transformation
Herausgegeben von Bernd Jost
und Jutta Schwarz

Veröffentlicht im Rowohlt Taschenbuch Verlag GmbH,
Reinbek bei Hamburg, April 1995
Copyright für die deutsche Ausgabe © 1995 by
Rowohlt Taschenbuch Verlag GmbH, Reinbek bei Hamburg
Copyright der deutschen Übersetzung © 1985 by
Eugen Diederichs Verlag GmbH & Co. KG, Köln
Die englische Originalausgabe erschien
bei Jonathan Cape Ltd., London,
unter dem Titel «A Journey in Ladakh».
Copyright © 1983 by Andrew Harvey
Umschlaggestaltung Walter Hellmann
(Foto Gerold Jung / G + J Fotoservice)
Satz Caslon 540 (Linotronic 500)
Gesamtherstellung Clausen & Bosse, Leck
Printed in Germany
1490-ISBN 3 499 19782 0

Inhalt

Der Anfang 7

Erkundung 33

Tuktse Rinpoche 133

Anhang 267
Karte von Ladakh 268
*Erklärung einiger Grundbegriffe
des tibetischen Buddhismus* 270

Der Anfang

Nie werde ich die vier Fotos vergessen. Sie waren in demselben khakifarbenen Lexikon, das mich auch über Supernovae, sonderbare Eigenheiten von Schnabeltieren und die Farben indischer Schlangen unterrichtete. Ich habe sie in Träumen gesehen, vergrößert, bewegt und von phantastischer Farbenpracht. Ich habe die Buchläden dreier Kontinente nach ihnen durchstöbert, als könnten sie mir Glück und Erfüllung bringen. Es waren Fotos von Tibet.

Auf dem ersten sieht man einen Mann zu Pferd, den Blick auf einen schneebedeckten Berg in der Ferne gerichtet. Er trägt schwere Schuhe, aufgebogen wie die von Alladin.

Das zweite zeigt einen Priester auf einem Thron. Seine Kopfbedeckung besteht aus riesigen, mit breiten Goldbändern gebundenen Federn; seine locker gespreizten Beine enden in Schuhen, die auf dem unscharfen Bild wie Rauchwölkchen aussehen; auf seinem Gewand erkennt man drei sich windende feuerspeiende Drachen. Das dritte ist eine Aufnahme vom Potala, dem Palast des Dalai Lama in Lhasa. Für ein Kind, das in der heißen indischen Tiefebene aufwächst, kann man sich kaum etwas Aufregenderes denken als dieses Gebäude, das sich auf einer Anhöhe hinzieht und von hohen Bergen umgeben ist. Ich bevölkerte alle seine Räume mit Zauberern und Orakeln; jedes nächsthöhere Geschoß wurde zur Bühne für immer neue Wunder-Mönche, die in Wolken aus Duft sitzen und sich nach Belieben in Diamanten oder Licht verwandeln, heiter beschauliche und prachtvolle Zeremonien mit Glocken und Gesängen und wallender, bunter Seide.

Das vierte Bild ist das schlichteste. Es zeigt Berge, einen Halbkreis gänzlich schneebedeckter Berge, die eine felsige Einöde umschließen; mitten darin ein Mann und ein Yak. Der Mann ist so still, so ohne Ausdruck, daß er wie einer der Felsen wirkt. Ich stand abends gern an dem großen Fenster unseres Hauses und sah in das Elendsviertel hinüber, das auf der anderen Straßenseite begann, schaute auf die halbzerfallenen Dächer und die Matschpfützen, in denen Kinder spielten, hörte den Lärm der Radios und das Bellen der Hunde und versuchte mit äußerster Konzentration, all das ganz langsam in jene Wüste mit ihrer Umrandung aus Bergen zu verwandeln. Einmal gelang es mir; mitten in einem schweren Monsunregen war plötzlich für einen Moment nichts mehr da als Felsen und Schnee und ein kalter Wind.

Mein Interesse für den Buddhismus erwachte, als ich Anfang der siebziger Jahre in Oxford lebte. Mein Leben war voller Wirrnis und Nöte, und ich fand in der buddhistischen Philosophie eine Denkweise, die mich fesselte, weil sie so leidenschaftslos und doch radikal die Begierde analysierte, weil sie all die hochwichtigen Selbstdramatisierungen, die mein Leben bildeten, mit leichter Hand vom Tisch fegte und das Versprechen einer starken und unsentimentalen heiteren Gelassenheit zu enthalten schien. Ich las alles, was mir in die Hände fiel – das Dhammapada, das Herzsutra, das Diamantsutra, die Bücher von Conze und Watts und Herrigel, Suzukis Essays und Texte aller buddhistischen Traditionen. Oft unterhielt ich mich mit einem jungen Tutor, der später seine akademische Karriere aufgab, um in einem Ashram zu leben, über indisches Denken; die unbeschwerte Weite seines geistigen Horizonts bewegte und inspirierte mich. Es sollte jedoch noch eine gute Weile dauern, bis sich ein klares Bild von dem, was ich suchte, abzuzeichnen begann. Ich las viel, verstand aber wenig davon; ich war zu sehr vom Wirbel meines eigenen Lebens fasziniert, als daß ich mir gewünscht hätte – oder in der Lage gewesen wäre –, eine Philosophie zu leben, die so anspruchsvoll ist und dem Ego so wenig schmeichelt wie der Buddhismus; ich fand keinen Lehrer und folgte keiner Disziplin.

In diesen Jahren des wahllosen Enthusiasmus für östliche Philosophie hatte ich zwei Erlebnisse, beide ästhetischer Art, die mir noch lebhaft vor Augen sind. Im Ashmole-Museum in Oxford steht ein Buddha-Kopf der Khmer; er ist klein und stark beschädigt und jetzt nur noch selten zu sehen. In der Zeit vor meinem Examen war er ständig ausgestellt, und ich besuchte ihn regelmäßig, drei- bis viermal die Woche. Was mich immer wieder zu diesem Gesicht hinzog, zu diesem Lächeln und den still leuchtenden Augen, war der Frieden, den ich in westlicher Kunst selten gefunden hatte, den ich still in mir leben konnte, wenn er auch in meinem Leben fehlte, und den ich so dringend brauchte – soviel wußte ich –, wenn ich es je zu spiritueller oder emotionaler Reife bringen wollte. Wie ich in die Praxis umsetzen sollte, was ich von diesem Kopf zu lernen begann, wußte ich nicht, doch mir war klar, daß ich es eines Tages tun müßte, sonst würde ich an der Bitterkeit und Einsamkeit meines Lebens zerbrechen.

In dem Sommer nach meinem Examen, ich lebte noch in Oxford, gab es im Ashmole-Museum eine Ausstellung japanischer und chinesischer Bilder buddhistischer Meister; es war eine kleine Ausstellung, von der mir heute nur noch ein einziges Bild gegenwärtig ist. Ein Schmetterling ist darauf zu sehen, der sich gerade auf einer offenen Blüte niederlassen will. Drei Wochen lang kam ich jeden Nachmittag und stand vor diesem Bild. Und langsam ging mir auf, daß ich nicht nur von der erstaunlichen, feinfühligen Kunstfertigkeit dieses Werks berührt war, sondern von der Lebenshaltung, die es geschaffen hatte, von der klaren Freude an den Dingen, von dem empfindsamen, selbstvergessenen und doch hellwachen Staunen. Dieses Staunen und diese Selbstvergessenheit waren so weit entfernt von allem, was ich selbst empfand, so vollkommen ausgeschlossen aus meinen Gedichten, daß ich geradezu über sie erschrak, so sehr entblößten sie die Mängel und Lücken in mir. In den Anblick dieses Bildes versunken, dämmerte mir, daß seine Kraft die Frucht vieler Jahre spiritueller Disziplin war; ich war einundzwanzig und fühlte mich dieser Disziplin noch nicht gewachsen, noch hätte ich zu sagen gewußt, worin sie bestehen mochte.

In der ruhelosen Umgetriebenheit der nächsten Jahre fielen mir immer wieder mal Bruchstücke meiner Lesefrüchte ein, blitzte flüchtig der vage Eindruck von buddhistischer Geisteshaltung in mir auf, wie sie mir in dem Khmer-Kopf und dem Schmetterlingsbild begegnet war, und erinnerte mich an alles, was ich unerforscht und ungelebt liegengelassen hatte. Mit fünfundzwanzig beschloß ich, Oxford zu verlassen und für ein Jahr nach Indien zurückzukehren. Ich war enttäuscht von meinem Leben und von meinem dichterischen Schaffen, das in Ironie und Leiden steckenblieb und über Zorn und Hoffnungslosigkeit nicht hinaus gelangte. Ich wollte endlich die Welt indischer Kunst und indischen Denkens erkunden, und zwar ohne jede Möglichkeit der Ablenkung. Ich setzte mir zum Ziel, den Buddhismus in all seinen Formen und vor Ort zu studieren. Dieses Ziel habe ich nicht erreicht, aber mein Engagement und die neuen Formen des Denkens und Verstehens, die ich entdeckte, haben mich seit 1976 zu vielen buddhistischen Heiligtümern in Indien und den umliegenden Ländern geführt – nach Sri Lanka und Nepal, nach Sarnath und Bodhgaya, Ajanta und Ellora, nach Sanchi und schließlich, 1981, nach Ladakh, das neben Sikkim und Bhutan einer der letzten Orte ist, wo tibetischer Buddhismus lebendig ist.

Ich kam nach Ladakh, weil ich nach Nepal wollte. Das war im Januar 1978. Den Winter über wollte ich in Indien bleiben. Ich hielt mich in Delhi auf und suchte nach einer Reiseagentur, die mir, wie ich von einem Freund erfahren hatte, bei der Organisation einer Treckingtour durch Nepal helfen würde, die ich für den kommenden Sommer vorhatte. Durch ein endloses Gewirr von Seitenstraßen voller halsbrecherisch fahrender Töfftöffs, Hupengetöse und Ochsenkarren fand ich die Agentur schließlich im rückwärtigen Teil eines Bürogebäudes, ein winziger, schmuddeliger Raum mit abblätternder Wandfarbe und zwei alten, zerrissenen Postern vom Himalaya.

Außer einem jungen Franzosen, der in einem Buch las, war niemand da. Als ich eintrat, schaute er hoch und sagte lächelnd: «In den letzten drei Stunden hat sich hier niemand blicken lassen.»
Wir unterhielten uns den ganzen Tag. Er hieß François. Er war um die dreißig, ein Lehrer aus der Provence. Der Mann, der hinter

dem Tisch hätte sitzen sollen, kam nicht, aber auch kein Kunde. Wir machten es uns gemütlich, legten die Füße auf den Tisch, plauderten und rauchten die Zigaretten, die jemand neben einem Stapel alter Filmillustrierten und Reisebroschüren liegengelassen hatte.

Wir sprachen mit der Intimität und Hemmungslosigkeit von Menschen, die einander angenehm sind und wissen, daß sie sich nie wieder begegnen werden. Wir sprachen über Frankreich, über Sex, über Descartes, über indische Toiletten, Beamte und Wanzen, über Theosophie und Zen und dann, den ganzen Abend, bevor er mit dem Spätbus nach Kathmandu aufbrach, über Ladakh.

«Du hast noch nichts über Ladakh gehört? Ist doch nicht die Möglichkeit! Du warst so oft in Indien, und dir hat noch keiner gesagt, daß du nach Ladakh mußt? Na, dann hast du heute Glück. Ich sag es dir. Du mußt einfach hin. Geht gar nicht anders. Ladakh ist der letzte Ort, wo du noch eine Ahnung bekommen kannst, wie es in Tibet einmal gewesen sein mag – jetzt, wo man nach Bhutan nur noch kommt, wenn man viel Geld hat. Und Ladakh ist auch für sich genommen eine wunderbare Welt. Wenn ich eine Räuberbande und ein Flugzeug hätte, würde ich dich kidnappen und selbst hinbringen... Ladakh hat mich gelehrt, die Dinge anders zu sehen. Wenn du in den letzten Stunden irgendwas empfunden hast, etwas Intensives oder Wahres, dann schreib das nicht allein mir oder uns zu, sondern auch Ladakh. Ich weiß, das klingt merkwürdig...» Er brach ab. «Ich bin seit Jahren nicht mehr so vehement gewesen. Ich wußte gar nicht, daß ich ein so absolutes Gefühl zu diesem Land habe.» Als wir uns trennten, sagte er noch einmal: «Du mußt nach Ladakh. Es wird dein Leben ändern, so wie es meins geändert hat.»

Ich kam in den nächsten Jahren nicht nach Ladakh, obgleich ich die Möglichkeit gehabt hätte. Ich muß wohl ein bißchen Angst gehabt haben. Der Franzose war unheimlich nett, aber verrückt, dachte ich mir. Was ihm geholfen hat, muß mir nicht unbedingt auch helfen. Mein Leben war voller anderer Pläne und Verpflichtungen.

Eines Nachts, etwa ein Jahr danach, träumte ich von François. Er trug einen langen roten Umhang und saß auf einem Fels mitten in einem Bach. Er winkte mich heran. Als ich auf ihn zuging, lachte er und sagte: «Bist du also doch gekommen.» Ich war verwirrt und wurde ein wenig ärgerlich. «Nein, ich bin nicht gekommen», sagte ich. «Das hier ist ein Traum.» Aber ich ging weiter auf ihn zu.

1980 besuchte ich Sri Lanka und schloß Freundschaft mit Ananda, einem alten deutschen Maler, der ein buddhistischer Mönch geworden war.

Besonders lebhaft erinnere ich mich an unser erstes Gespräch. Wir begegneten uns im Haus einer Freundin in Colombo. Es war ein heißer Januar-Nachmittag, und wir saßen im Garten am Fischteich, während alle anderen schliefen.

«Hast du eine nostalgische Ader?» fragte Ananda mich. Eine seltsame Frage.

«Nein.»

«Gut», sagte er. «Ich selbst denke kaum an die Vergangenheit. Anneliese, meine Frau, hat mich letzte Woche hier besucht. Sie kommt alle zehn Jahre einmal hergeflogen und versucht mich zurückzuholen. Dabei sagt sie immer das gleiche. Daß ich ein Dummkopf bin, ein Idiot, daß ich ihr Leben und mein Leben ruiniert habe, daß ich meine Karriere ruiniere... Und ich habe ihr gesagt, was ich ihr immer sage. Daß ich als Maler immer unglücklich gewesen bin und der Ruhm mich nur gequält hat. Und daß ich glaube, was der Buddha in seiner Feuerpredigt gesagt hat – daß die Welt in Flammen steht und jede Lösung, die weniger erreicht als die absolute Befreiung oder Nirwana, dem Versuch gleichkommt, ein brennendes Haus anzustreichen. Sie hat ziemlich geweint, aber dann ihre Tränen getrocknet und mich ganz scharf angesehen. Weißt du, was sie mich gefragt hat? Sie fragte: ‹Gibst du mir dann wenigstens deine Gemälde?›»

Ananda schwieg eine Weile und sah den dicken Goldfischen zu, die im Teich ihre Kreise zogen. «Sie wollte die Bilder. Sie wollte das Geld. Sie ist über siebzig und will das Geld. Ich habe ihr gesagt, sie kann alles haben, was sie will, wenn sie nur verspricht, daß sie nie wiederkommt. Jetzt habe ich nichts mehr. Nicht einmal Bücher. Und ich bin glücklicher als je zuvor.»

Nach einem langen Schweigen sagte Ananda: «Ich habe ein nichtiges und unachtsames Leben geführt, aber vielleicht fange ich jetzt an, etwas zu verstehen.»

Dann fragte er mich, was ich über den Buddhismus wisse. «Ich habe viel gelesen», sagte ich, «aber ist das Wissen?»

«Nein. Aber es ist ein Anfang.»

«Ein Anfang wovon?»

«Wie kann ich das wissen? Wenn du bereit bist, wird es geschehen. Aber du mußt bereit sein wollen, du mußt dich geduldig immer wieder in die Lage bringen, in der es geschehen kann. Du mußt studieren und meditieren – und reisen, vielleicht vor allem reisen, damit du jemandem begegnest, der in der Lage ist, dir das zu geben, wovon ich nur sprechen kann.»

«Bist du in deiner Jugend viel gereist?»

«Ja. Soviel ich konnte. Ich habe den ganzen Osten bereist, China, Indonesien, Malaysia, Burma... Und ich war in Tibet. Das hat mein Leben verändert.»

«Wie lange bist du da gewesen?»

«Drei Jahre.»

Den ganzen Nachmittag erzählte Ananda von seiner Zeit in Tibet: von Ritten auf Yaks über hohe Bergpässe; vom Manasarovarsee und seinem klaren grünen Wasser; von der langen Pilgerreise zum Kailasa und dem ersten Blick auf den heiligen Berg; von der Erntearbeit mit den Dörflern; von armen tibetischen Familien, bei denen er überwinterte; von Begegnungen mit dem Panchen Lama und dem Dalai Lama; von tibetischer Freundlichkeit; von dem Licht, das morgens über den Bergen hervorbricht; von seiner Traurigkeit darüber, daß die tibetische Welt, die er geliebt hatte, fast verschwunden war.

«Wenn Tibet nicht wieder geöffnet wird», sagte er, «dann geh nach Ladakh. Du mußt irgendwo sehen und erleben, was von Tibet noch übrig ist. Was ich in den drei Jahren da oben gelernt habe, hat sich mein Leben lang gehalten. Ich selbst gehe zwar nicht den tibetischen Weg – ich gehöre der Hinayana-, nicht der Mahayanarichtung an –, bin aber ganz sicher, daß er für manchen eine große Hilfe sein kann. Es ist ein sehr vielgesichtiger Weg, ein Weg, der keine Energie ausschließt und keine Wahrnehmung abweist. Vielleicht ist er das, was du suchst.»

Zum letzten Mal sah ich Ananda an einem herrlichen Frühlingstag. Wir unterhielten uns in seiner Meditationshöhle auf einem Berggipfel, von wo man über die Ebene hinaus aufs Meer sieht. Er lebte in dieser Höhle in Kataragama, dem Heiligtum im Herzen Sri Lankas. Er sagte, jetzt, wo er alles gefunden habe, was er sich wünschte, werde er den Ort nie mehr verlassen. Sein letztes Bild war der blaue Regenbogen, den er in Erdfarben über den Eingang zu seiner Höhle gemalt hatte.

Mehrere Stunden lang marschierte ich durch einen Dschungel voller weißer Schmetterlinge, um Ananda zu besuchen. Ein Monat war seit unserem ersten Gespräch vergangen. Aus seinem Gesicht war der Ausdruck von Traurigkeit verschwunden. Er war hager und sonnengebräunt. Er führte mich in seine Höhle, und wir saßen eine Weile schweigend in ihrem weichen Halbdunkel.

«Es gibt hier Cobras», sagte er, «aber sie beißen nicht, wenn sie wissen, daß du ihnen nichts tust. Manchmal, wenn ich hier sitze und meditiere, streicht eine an mir vorbei.»

Ich hatte ihm Rilkes *Sonette an Orpheus* mitgebracht. Er gab mir das Buch freundlich zurück mit den Worten: «Ich lese nicht mehr. Behalte du es.» Dann führte er mich auf den Gipfel, gleich über seiner Höhle, und wir umschritten langsam das kleine Bo-Bäumchen, das er dort gepflanzt hatte.

Kurz bevor wir uns trennten, sagte Ananda: «Ich habe letzte Woche von dir geträumt. Ich sah dich still in einem kleinen Raum sitzen. Durch das Fenster hinter dir habe ich Berge gesehen, schneebedeckte Berge. Du wirst diesen Raum finden.»

«Ich hoffe es.»

Das muß wenig überzeugend geklungen haben, denn er sagte noch einmal: «Nein, ich bin sicher, daß du ihn findest.»

«War sonst noch jemand in dem Raum?»

«Ja. Mehrere Leute. Aber sie saßen mit dem Rücken zu mir, und ich konnte nicht erkennen, wer es war.»

«Hast du eine Ahnung, wo dieser Raum war?»

«Nein. Aber er sah einem Raum sehr ähnlich, den ich mal in einem Kloster bei Lhasa bewohnt habe. Jedenfalls war es ein tibetischer Raum. An der Wand hing ein großes Gemälde, aber so weit im Schatten, daß ich dir nicht sagen kann, was darauf zu sehen war. Du hast eine innere Beziehung zu Tibet und der tibetischen Philosophie – früher oder später wirst du dich ihr widmen müssen.»

Voller Zweifel und Verwunderung über das, was Ananda mir gesagt hatte, stieg ich den Hügel hinunter. «Sei glücklich! Sei glücklich!» rief er mir nach, und ich drehte mich um und sah ihn hoch oben auf seinem Felsen, ein kleiner orangefarbener Vogel.

Im nächsten Winter gingen Sarah und ich durch die Ruinen von Sarnath. Sarah ist siebzig, aus Sri Lanka, und Buddhistin. In ihrem Garten war ich Ananda zum ersten Mal begegnet. Jetzt trafen wir uns im Dezember in Nordindien, um zu den heiligen Stätten des Buddhismus in Bodhgaya und Sarnath zu pilgern. Sarah wollte sie vor ihrem Tod noch sehen.

In Sarnath hat der Buddha die Hirschpredigt, die Predigt des Gesetzes, gehalten. Hirsche gibt es dort immer noch – und die Überreste eines riesigen Stupa. Wir gingen langsam im Wintersonnenlicht durch die Ruinen im Hirschpark, und Sarah erzählte – vom bitteren Leben ihres Mannes und von seinem Selbstmord, vom Unglück ihrer Kinder und von ihrem eigenen langen Unglück. Sie trug den weißen Sari einer Witwe und sah alt und vom Schicksal gezeichnet aus.

«Als Kind habe ich meine Mutter damit geärgert, daß ich sie anschrie: ‹Ich will deinen Frieden nicht. Ich will deine Stille nicht.› Und jetzt, wo ich mich nach dieser Stille des Herzens sehne, habe ich nicht mehr die Kraft und nicht den Willen, sie zu verwirklichen. Ich glaube an die Wiedergeburt, aber was ist das schon für ein Trost? Wiederkehren zu müssen, Leben um Leben, um wieder die gleiche Ruhelosigkeit, das gleiche Elend zu ertragen. Manchmal glaube ich, daß nur der Tod wirkliches Nirwana ist – nichts mehr sein, in alle Ewigkeit nichts mehr empfinden. Aber ich glaube nicht an den Tod.»

Wir gingen in das Museum von Sarnath. Wenn man eintritt, sieht man an der linken Wand eine Reihe von Buddhas. Wir standen lange vor ihnen. Einen mochte Sarah besonders gern, einen Buddha in Lotushaltung, der mit einer Hand den Boden berührt, eine Geste, die sagt: «Ich habe die Erde gemeistert.»

Sarah sagte: «Der Buddha braucht die Erde nicht zu schlagen, er muß sie nur leicht mit einem seiner Finger berühren.»

Sie stand mit zum Beten erhobenen Händen vor diesem Buddha, dann wandte sie sich zu mir und sagte: «Seit ich dich kenne, sprichst du davon, daß du gern nach Ladakh möchtest, daß Tibet und die tibetische Philosophie dich schon lange faszinieren. Warum fährst du nie hin?»

«Ich fühle mich unvorbereitet. Ich weiß noch so wenig.»

«Das ist nicht der wahre Grund.»

«Stimmt. Ich habe Angst.»

«Angst? Wovor? Was hast du zu fürchten?»

«Enttäuschung. Veränderung. Beide Möglichkeiten sind erschreckend. Wir bilden uns gern ein, daß wir uns und unser Leben wandeln wollen, aber wollen wir wirklich? Will ich? Ich bin mir nicht sicher.»

«Fahr hin und geh dem auf den Grund. Du mußt hinfahren und herausfinden, ob es in dieser Welt etwas für dich gibt. Ich bin zu alt und gebrochen, um mitzukommen. Versprich mir, daß du hinfährst. Versprich mir vor diesem Buddha, daß du hinfährst.»

«Ich verspreche es.»

Wir standen schweigend. Wintersonnenlicht fiel in den Schoß des Buddha und über die Hälfte seines lächelnden Gesichts.

Im nächsten Jahr, 1981, hatte ich Lehraufträge in Amerika und reiste dort viel. Ich las das wenige, was ich über Ladakh fand. Ich las Moorcroft, De Vigne, den *Gazetteer of India*; ich las einige der tibetischen Schriften; ich las Bücher mit schlechtem Druck und Papier über Flora und Fauna des Himalaya. Ich legte ganze Karteien halbwegs interessanter Fakten und Zitate an. Fast wäre es mir gelungen, den lockenden Zauber Ladakhs ganz abzutöten.

Dann entschied ich, daß ich in diesem Sommer nach Ladakh fahren müßte oder es niemals schaffen würde. Ich konnte zwar schon ein wenig Ladakhi und Hindi und war mit den Anfangsgründen buddhistischer Philosophie vertraut, fühlte mich aber alles andere als gerüstet. Noch als ich das Ticket gekauft hatte, wußte ich nicht, ob ich wirklich fliegen würde. Ich hatte einen Gedichtband und eine wissenschaftliche Arbeit fertigzustellen; ich hatte alte Freundschaften aufzufrischen, die in den Jahren des fieberhaften Reisens vernachlässigt worden waren... So viele Gründe, nicht zu fahren, und fast hätten sie mich zurückgehalten. Aber die Stimmen des Franzosen und meiner Freunde in Sri Lanka waren zu stark, mein Drang nach innerer Wandlung unstillbar, und so flog ich im Juli 1981 nach Delhi, im Gepäck das Herz-Sutra und das Diamant-Sutra und vier leere Kladden, die in unsicheren schwarzen Buchstaben die Aufschrift «Ladakh» trugen.

Ich bin in der Wohnung eines Freundes in Delhi. Morgen fahre ich nach Ladakh.

Im Regal steht ein Exemplar des Dhammapada.

Ich nehme das Buch herunter. Was ich lese, ist nicht gerade ermutigend:

«Ein achtloser Pilger verstreut den Staub seiner Leidenschaften nur immer weiter.

Nicht die Nacktheit noch verfilztes Haar noch Schmutz noch Fasten noch das Liegen auf der Erde noch das Einreiben mit Staub, noch bewegungsloses Sitzen kann einen Sterblichen läutern, der seine Begierden nicht überwunden hat.

Durch einen selbst wird das Böse getan, durch einen selbst wird das Böse wiedergutgemacht, niemand kann einen anderen läutern.

Menschen, die in ihrer Jugend nicht Schätze errungen haben, verenden wie alte Reiher in einem See ohne Fische.»

«*Vergiß nicht*», hatte der Franzose gesagt, «es ist sehr wichtig, mit dem Bus zu fahren. Der Bus braucht zwei Tage von Srinagar nach Leh. Man kann auch fliegen, aber laß dich nicht verleiten. Ich bin den Amazonas hinunter und zu Fuß durch die Kalahari; einmal war ich fünf Wochen in der Sahara... und all das ist *nichts* gegen diese zwei Tage von Srinagar nach Leh, das Kaschmirtal hinauf in die Berge von Ladakh. Such dir einen Schutzheiligen und bete zu ihm; sieh nicht so genau auf den Straßenrand, oder dir wird schwarz vor Augen oder speiübel; und bete, daß du nicht denselben betrunkenen, zerzausten, unrasierten Fahrer hast wie ich; der zieht die ganze Zeit kräftig an seiner Ginflasche und singt und kichert vor sich hin. Du schaffst das schon. Du bist Brite, und die vertragen ja eine Menge, du schaffst das schon. Nimm Opium, wenn du welches kriegen kannst. Das hilft. Das Grün und Violett und Braun der Berge schaukelt und schwankt und singt, wenn du es auch tust, und dann kicherst du mit dem Fahrer, und es ist dir egal, daß der Bus eben in der Kurve nur drei Zentimeter von einem tausend Meter tiefen Abgrund entfernt war.»

Ich fuhr mit dem Bus, aber ohne Opium. Neben mir saß auf der einen Seite eine dicke Deutsche von um die vierzig, die sich immer wieder an mein Knie klammerte und schrie: «Ich kann da nicht hingucken! Ich darf da gar nicht hinsehen!» Auf der anderen Seite saß ein junger, grüngesichtiger Franzose, der Kierkegaard las und dabei immer wieder sehr dezent in eine braunrote Plastiktüte kotzte.

Was wußte ich über Ladakh? Ich kannte nur Fakten – daß es die höchste, entlegenste und am dünnsten besiedelte Region der Republik Indien ist; daß sein Klima selbst im Sommer extrem ist, wo auf heiße Tage frostige Nächte folgen; daß es von November bis Mai durch den Schnee von der Außenwelt abgeschnitten ist; daß es große strategische Bedeutung hat, weil es auf der einen Seite an Tibet und China und auf der anderen an Pakistan grenzt; daß es zum Staat Jammu und Kaschmir gehört und zwanzig Jahre lang Gegenstand politischer Kontroversen zwischen Zentralregierung und Staatsregierung, zwischen Moslems und Buddhisten war; daß seine Küche Gerichte wie «Mokmok» und «Thukpa» kennt; daß eine seiner Königinnen einmal Ohrenschmerzen hatte und daraufhin die ersten Ohrenwärmer der Himalayaregion entwarf; daß ein englischer Reisender, Moorcroft, allen Ernstes vorgeschlagen hatte, seine Ebenen und Hänge mit Rhabarber zu bepflanzen, um den Chinesen das Geschäft zu verderben. Diesen Satz aus Cowley Lamberts Buch über seine Reise nach Kaschmir und Ladakh (1877) hatte ich mir genüßlich notiert: «Die hervorstechenden Züge dieses Landes sind kahle Felsgebirge, kahle Schotterhänge und kahle Sandebenen, auf denen nichts grünt, kein Baum, kein Strauch, nicht einmal Gras, außer einer Art grauem Dornengras, das sich hier und da zeigt.»

In Delhi hatte ich mir aufgeschrieben:

«Trocken, kahl und entlegen, rauh durch Klima, Topographie und Höhenlage, ist dieses steinige Land doch mit vielen Namen geschmückt worden. Man nannte es Mang Yul (Land der vielen Menschen), Naris und Kha-Chum-Pa (Land des Schnees); der große chinesische Reisende Fa-Hien, der diese Gegend im Jahr 400 n. Chr. besuchte, nannte sie Ma-La-Pho (rotes Land). Der heutige Name des Landes leitet sich von La-Tags ab, was auf Tibetisch ‹Land der La› bedeutet, Land der hohen Bergpässe; und das ist von allen der treffendste Name.»

Weshalb schrieb ich so selbstsicher «und das ist von allen der treffendste Name», wenn ich doch noch nie dagewesen war? Etwas Angelesenes hatte sich irgendwie, um des Ausdrucks willen, zu einer Prophezeiung verdichtet. Ladakh ist wirklich das Land der hohen Bergpässe. Die Begegnung mit Ladakh und seinen Menschen sollte für mich ein Paß zu einem anderen Bewußtsein der Wirklichkeit werden.

Nichts, was ich gelesen oder mir vorgestellt hatte, ließ mich auf die Pracht und Majestät der Berge an jenem ersten Tag gefaßt sein; das war das erste Geschenk, das Ladakh mir gab, ein Verstummen vor dieser Phantasmagorie aus Stein, diesen weiten, windgepeitschten Flächen aus rotem, ockerfarbenem und violettem Gestein, diesen Felswänden, aus denen Wind und Schnee im Lauf der Jahrtausende so phantastische Formen herausgearbeitet haben, daß das Auge sie kaum glauben kann; ein Stillwerden, fast betäubt und voller Staunen, aus dem beschreibende Worte nur zögernd aufsteigen und zuerst nur in bruchstückhaften Bildern – ein Fluß, Hunderte von Metern unterhalb der Straße, glitzert im wechselnden Licht; ein Pfad über einen nackten Felshang voller Schafe, deren Fell in der Sonne glänzt; kleine Blumen mit nickenden Köpfen in allen Senken der Felsmassive beiderseits der Straße; große Gesteinsbrocken, so abenteuerlich zerklüftet wie die Berge, denen sie entrissen wurden; plötzliche Einblicke in enge Schluchten, durchschossen und wie zerscherbt von vielfach gebrochenem Licht; ebenso plötzliche Ausblicke auf ferne Gipfel, in Schatten gehüllt oder jäh aufblitzend in der gleißenden Helle vorbeiziehender Lichtschauer. Und es ist keine vernünftige, nüchterne und leicht zu vermittelnde Ordnung in diesen Bildern, denn wie sie so aus der Stille und dem Staunen aufsteigen, scheint jedes in seiner eigenen Zeit, in seiner eigenen Stille zu existieren, weit weg von allen Gedanken so geschaut, wie es in seinem Wesen ist, in einer äußersten Reinheit, die Worte nicht erreichen. Während der Bus sich knirschend und keuchend die engen Windungen zum Zoji-La-Paß hinaufkämpfte, spürte ich, wie etwas in mir still wurde und so groß und weit wie die Räume zwischen den Bergen, wie der Himmel über den Gipfeln; immer wieder war mir für längere Zeitabschnitte so, als geschähe alles – der Vogel, der einsam über eine Schlucht hinstreicht, das plötzliche Aufblitzen gischtnasser Felsen weit drunten, eine Windwoge durch ein Feld purpurner Blumen auf einem Felsvorsprung – auch in meinem Innern, das so groß wie die Landschaft geworden war, so luftig, so still. Diese Stille! Den Geschmack dieser Stille kann kein Wort wiedergeben, dieser Stille, die seit Jahrtausenden besteht, dieser Stille des Schnees, der Felsen und des

Wassers, in die jeder Laut und jede Bewegung eingebettet ist, die diese Welt durchtränkt, so daß alle Dinge wie in klarem Wasser darin schweben. Nie hatte ich die verwandelnde Kraft der Stille so deutlich gespürt wie an diesem ersten Tag, eine Kraft, die alle Dinge sich selbst zurückgab. Jeder Berg stand in seiner ureigenen phantastischen Gestalt; jede Felszacke, jeder Geröllhang, jeder gewundene, dunkle Bach, jeder kleine Strauch, der sich neben der Straße an den Berg klammerte, jeder Vogel, alles war so erfüllt von seinem eigenen Wesen, daß es an der Grenze zur Verflüchtigung zu schweben schien, so nahe einem Zustand reiner Energie, daß ich oft fürchtete, es könne sich selbst nicht überleben – und ich würde es nicht überleben, seine strahlende Gefährdung, und meine eigene, so überdeutlich zu empfinden.

Immer wieder tauchte bei dieser Fahrt ein Bild in mir auf, das ich sehr liebe, Claudes letztes Gemälde, das im Ashmole-Museum hängt. Es geht darin um einen klassischen Mythos, Ascanius tötet den Hirsch der Sylvia; Ascanius im Vordergrund hebt seinen Bogen, um auf den Hirsch zu schießen, der auf der rechten Bildseite steht und in einer Art benommener Ergebenheit den Tod erwartet. Der eigentliche Gegenstand des Gemäldes ist jedoch nicht der Mythos, nicht der Ausdruck im Gesicht des Hirschs oder die Psychologie des Ascanius – sondern die Landschaft, der See im Hintergrund und der eine Berg dahinter, dessen strahlend weiße Front im letzten Sonnenlicht aufleuchtet. Claude scheint hier, mit der Hellsichtigkeit des Sterbenden, sagen zu wollen, daß nicht die Details der Geschichte oder Biographie das eigentlich Wichtige sind, daß nicht das Heftige und Gewalttätige, das sich in der Zeit ereignet, die Quelle von Freude und Schöpferkraft sein kann; vielmehr besteht die wirkliche Biographie des Geistes, sein wahres Leben, auf das die Kunst nur hindeuten kann, in jenem Innewerden des Zeitlosen, in den Augenblicken, in denen der Wind über einem See oder das über einen Berghang hinziehende Licht den Zugang zur Stille öffnet. Immer wieder, wenn an diesem ersten Tag in Ladakh das Licht die Berggipfel berührte oder ich neben der Straße einen Bach über dunkel schimmernde Felsen springen sah, dachte ich an dieses Gemälde, an das geheime Wissen vom Geist, das es so feinfühlig nachbildet, an die zarte Stille, die aus ihm leuchtet. So lange war ich Ascanius oder der Hirsch gewesen, verfangen im Wirrwarr meines Lebens; jetzt trug mich der Bus langsam in den Hintergrund des Gemäldes, weg von dem zerfallenen klassischen Tempel, den Promenaden, den italienischen Bäumen, von all den komplizierten Ironien und Melancholien des zivilisierten Europa und hinein in die Stille des Sees, des weißen Lichts auf dem Berg, die Unbeschwertheit jener einsamen Segel, die sich so vollständig dem Wind öffnen und von ihm füllen lassen, daß sie selbst kaum schwerer zu sein scheinen als dieser Wind.

Ich hatte geschlafen und wachte auf. Auf der kahlen Hügelflanke stand ein Mani-Stein, der erste, den ich je sah, ein großer schwarzer Stein, in breiten, dunklen Strichen mit dem OM MANI PADME HUM («Preis dem Juwel im Herzen des Lotus») beschrieben. Es war früher Nachmittag, und der Stein erhob sich glänzend aus seinem Bett aus Staub und windzerzaustem Gras.
Als ich das heilige Mantra Tibets in diesem Licht betrachtete, das Mantra des Avalokiteshvara, Bodhisattva des grenzenlosen Erbarmens, schienen seine Silben lebendig zu werden, als hätte der Stein selbst sie geschrieben, als hätte die große Bergstille aus purpurnem und braunem Fels, aus Bächen und Sträuchern und weiten Flächen von leuchtendem Sand sie langsam über die Jahrtausende hin gebildet und spräche sie jetzt durch den Stein und würde sie weiter stetig, ohne Pause sprechen, solange es diesen Stein gab. Die ganze Landschaft, so jedenfalls schien es jetzt, sprach das Mantra – der schmale flinke gelbe Bach und der Wind und die Staubschwaden, die er aus dem Gras hochwirbelte, und die vereinzelten gelben Blumen im Gras und die drei Falken, die über dem Stein kreisten, ja selbst der Bus sprach das Mantra, wie er so über die gewundene Straße ächzte. Alles in dieser Welt war durch den Klang des Mantra verbunden; alles in dieser Welt war aus dem Klang des Mantra erschaffen. Plötzlich schien selbst die lange Kette von Bergen, die uns umgab, so durchsichtig wie Atem.

Später sah ich das Gehöft. Der Abend dämmerte, und seit einer Stunde schon hatte ein Licht von immer tieferem Gold alles durchtränkt, ließ die gewundenen Bäche, die Berge mit ihren phantastischen Galerien und surrealen Treppenaufgängen aus Gestrüpp und Farbe, sogar die schmutzigen Fenster des Busses erzittern und brennen. Ich hatte ein wildes Pferd einen Bergbach entlanggaloppieren sehen, weißen Staub hinter sich aufwirbelnd und mit zurückgeworfenem Kopf aufwiehernd in der wilden Ekstase seines Alleinseins, ein kleines Gebirgspferd, zäh wie die Menschen von Ladakh, zäh und sehnig und sehr schnell; ich hatte jenseits des Flusses einen Mann in einem braunen Umhang gesehen, fast so braun wie der Felsabhang, den er mit seinem Esel langsam herunterkam, als ginge er dort schon immer und hätte eine weitere Ewigkeit, um den Ort zu erreichen, zu dem er wollte, vollkommen aufgesogen vom Rhythmus der Stille, die ihn umgab, verklärte und barg. Jetzt hielt der Bus an. Wir waren nur noch eine Stunde von Kargil entfernt, wo wir übernachten würden; der Fahrer wollte sich einen Tee aufgießen; alle stiegen aus, um sich zu recken und dann still inmitten der glühenden Einöde aus Fels und Abend zu stehen. Auf der gegenüberliegenden Seite des Tals ein kleiner Bergbauernhof. Ein Haus aus unregelmäßig aufgeschichteten Steinen, in dem drei Scharten die Fenster bildeten; davor standen drei Pferde, deren Mähnen im Wind wehten, bewegungslos in Lachen aus tiefgoldenem Licht; ein sichelförmiges, brennendes Weizenfeld umgab nach oben und zu beiden Seiten das Haus. Ich schreibe «Weizen», aber es gibt kein Wort für dieses goldene Strahlen; die ganze Kraft dieser Landschaft, der Bäche, der Felsen und der Stille schien für diesen Augenblick in dem Weizen zusammenzuströmen, der sich lodernd gegen den dunklen Berg abhob. So vieles von dem, was ich in Ladakh erfahren sollte, so viel von dem Mut, der Freude und der Offenbarung, die ich dort finden würde, war in diesem Bild des im letzten Licht brennenden Weizens bei dem einsamen Haus enthalten, daß selbst jetzt noch, wenn ich an Ladakh denke, als erstes das Bild dieses Bauernhofs mit seinen Fenstern, seinen Pferden und der unfaßbar goldenen Sichel in mir aufsteigt.

Auch das ist für mich Ladakh: die Tupfen von Enzian, die ich zwischen zwei ohrenförmigen Felsen sah; der gelbe Mohn in einem Feld ganz oben auf dem Zoji-La; die eine purpurne Orchidee im Staub neben der Straße; die kleinen strahlenden Gänseblümchen auf den Felsen bei der Abfahrt vom Zoji-La; der große Rosenstrauch auf einem kleinen Hügel kurz vor Kargil, dessen Blüten wie große rote Schmetterlinge im Wind tanzten.

Kargil ist nach Leh die zweitwichtigste Stadt in Ladakh. Man muß dort übernachten, wenn man mit dem Bus nach Leh hinauffährt; das ist eine Art Buße oder Kasteiung für soviel Wunderbares. Die Wände meines Hotelzimmers sahen aus wie mit Kot beschmiert; es gab kein Bett, nur eine zerschlissene Matratze, die von Flöhen wimmelte. Drei bekritzelte Poster, an denen jeweils eine Ecke fehlte, zierten die Wände. Das erste zeigte Mohammed Ali grinsend; das zweite zeigte Mohammed Ali, wie er seine Faust dem Photographen hinstreckt; und auf dem dritten war Mohammed Ali sehr würdevoll und grimmig in schwarzem Anzug zu sehen, rechts in der Ecke ganz klein die Kaaba, umgeben von arabischen Schriftzeichen und kleinen Ölbohrtürmen. Kargil ist moslemisch, und überall sieht man Bilder des schwarzen Boxerpropheten. Einer meiner späteren ladakhischen Freunde, ein Buddhist, vertraute mir einmal an, er wünsche allen Leuten, die er nicht ausstehen könne, daß sie in Kargil wiedergeboren würden.

Ganz abgesehen von dem wenig einladenden Lager, war ich viel zu aufgeregt, um zu schlafen. Ich durchstreifte die Straßen und entkam mehrmals nur knapp den ohne Licht fahrenden Autos; ich erreichte den Ortsrand, die wenigen im Mondlicht daliegenden Felder, und sah sehnsüchtig zu den Tälern hin, die wir morgen mit dem Bus erreichen würden; und ich kaufte mir eine Flasche Gin von der Deutschen, die sich den ganzen Tag an mein Knie geklammert hatte (sie führte acht Flaschen Gin und drei Übersetzungen des Dhammapada im Gepäck), und verbrachte die Nacht und den Morgen mit De Vignes *Travels in Kashmir and Ladakh* unter der nackt herunterbaumelnden Glühbirne in meinem Zimmer:

«Die wichtigsten Handelswaren, die von Yarkand über Ladakh nach
Hindustan gelangen, sind Gold, in Dukaten aus Rußland, in alten
Münzen aus Buchara, und in kleinen Mengen sogar aus Baltistan;
Silber, Seide und Porzellan aus China; Moschus, Felle... Von Hin-
dustan nach Yarkand transportiert man Krapp, Perlen, Kattunstoffe,
Dacca-Musselin, Chintzstoffe, Kimbal oder Goldstoff aus Benares,
Schilde, Indigo, Henna, Gewürze, Zucker, Tabaschir...»

Ich würde die Märkte von Leh nicht mehr als Umschlagplatz dieser
Güter erleben; ich kam ein halbes Jahrhundert zu spät. Aber das
machte nichts. Nichts anderes zählte an diesem Morgen als der Beginn eines neuen Reiseabschnitts. Es war noch dunkel, als der Bus
abfuhr, und der Fahrer sang sehr leise eine langsame Gasele. Ich
fragte ihn, was die Worte bedeuteten.

> Ich verlor meinen Geliebten, ich suchte ihn überall.
> Ich suchte ihn in den Hügeln, ich suchte ihn am Meer.
> Ich fand ihn schließlich
> In einer Ecke meines eigenen Hauses.

Zum ersten Mal scheint Ladakh bei Herodot erwähnt
zu sein, der in seiner Geschichte ein Land der Wunder-Ameisen
beschreibt. Diese Ameisen förderten beim Graben ihrer Erdne-
ster Gold zutage. Sie waren fast so groß wie Hunde, aber noch ent-
schieden bissiger, sehr schnell und mit einem scharfen Geruchssinn
ausgestattet. Es war für die Inder sehr schwierig, an das Gold heran-
zukommen. Sie mußten es bei Tag holen, wenn die Ameisen schliefen, und es dann mit besonders schnellen Pferden abtransportie-
ren.

Tibetische Nomaden, die der Bön-Religion angehörten, waren die
ersten Bewohner des alten Ladakh. Sie durchstreiften mit ihren großen Schaf-, Ziegen- und Yakherden die endlos weiten Hochebenen
des Himalaya und zogen von Weidegebiet zu Weidegebiet, wie sie
es auch heute noch tun. Manche erhalten gebliebenen Felsgravie-
rungen zeigen, daß die Nomaden Kiang, wilde Schafe, jagten.

Heute gibt es drei ethnische Gruppen in Ladakh: Mon, Darden und Mongolen tibetischen Ursprungs. Im Mahabharata wird tibetischer Goldstaub erwähnt, der von den Khasa oder Mon als Geschenk aus Tibet mitgebracht worden sein muß. Die Mon waren Buddhisten und sind es geblieben.

Die Darden kamen aus Baltistan. Sie waren kriegerischer als die Mon und besetzten alles Kulturland. Die Mon waren gezwungen, einen niedrigeren Status zu akzeptieren. Die nomadisierenden Ureinwohner mongolisch-tibetischer Herkunft wehrten sich nicht gegen die Kolonialisierung Ladakhs durch die Mon und die Darden. Die letzte mongolische Völkerwanderung fand im 10. Jahrhundert n. Chr. statt.

Was geschah mit all dem Gold? Niemand in Leh konnte es mir sagen. Später in Oxford schlug ich Ladakh in der 1854er Ausgabe des *Gazetteer of India* nach:

«Im Sand des Shy-Yok-Flusses ist Gold gefunden worden, doch die Behörden untersagen das Goldwaschen, und die Gründe dafür sind zum Teil politischer Art, aber auch Aberglaube. Irgendein Lama hat gesagt, die Ernte werde schlecht ausfallen, wenn man das Gold nicht liegenlasse; es heißt auch, das Gold in der Erde gehöre den örtlichen Gottheiten, und jeder, der es wagte, danach zu suchen, werde mit schrecklichem Unglück geschlagen.»

Die Deutsche war restlos begeistert. Sie sah ständig Gesichter im Fels: «Sehen Sie, da drüben... das sieht wie der Kardinal von München aus! Ich kann ihn nicht ausstehen! So ein borierter Kerl! Der glaubt, daß vorehelicher Geschlechtsverkehr die schlimmste Sünde ist! Können Sie's erkennen... Nase, Augen... Mund...»

Und einmal, auf dem Paß oberhalb von Lamayuru, sah sie Beethoven, der finster aus dem hoch aufragenden Kalkstein herausblickte. «Doch, ehrlich, das ist Beethoven! Der junge, wilde, verrückte Beethoven! Der Beethoven des Jugendbildnisses.»

Die Hebers, die zu Beginn dieses Jahrhunderts in Ladakh gelebt hatten, berichten auch von Gesichtern, die sie in den Felsen sahen. «Ständig fielen uns phantastische Gestalten in den Felsen auf der anderen Seite auf. Wir sahen eine naturgetreue Statue von Judge Cockburn und den Umriß von Kardinal Wolsey.»

Die Deutsche sagte: «Sie sind wohl eher ein rationalistischer Typ. Sie sehen nicht mal im Feuer Gestalten.»

«Ich sehe nie Gestalten im Feuer», sagte ich.

Falls sie noch weitere Gesichter sieht, behält sie sie für sich.

Der Buddhismus kam von Indien nach Ladakh, nicht von Tibet. Tatsächlich gehörte Ladakh schon acht Jahrhunderte vor der Konversion Tibets dem Hinayana-Buddhismus an, dem Buddhismus des «kleinen Fahrzeugs».

Der Buddhismus wurde schon im 3. Jahrhundert v. Chr. durch die Missionare des großen indischen Kaisers Asoka nach Ladakh gebracht; Asokas Reich umfaßte das gesamte nicht-tamilische Indien, aber auch große Teile Afghanistans und die Täler von Kaschmir und Nepal. Im Jahre 400 n. Chr. beobachtete der chinesische Reisende Fa-Hien den Gebrauch der Gebetsmühle in Ladakh und stellte fest, daß es hier zwei Reliquien des Buddha gab, eine Schale und einen Zahn. Später kam Ladakh unter tibetischen Einfluß, und damit setzte sich auch die tibetische Ausprägung des Mahayana-(«Großes Fahrzeug»)Buddhismus durch, der tantrische Buddhismus.

François hatte in Delhi gesagt: «Die Berge von Ladakh waren schon drei Jahrhunderte vor Christi Geburt der Hintergrund buddhistischer Meditation.»

Hinter Kargil erholte sich der Franzose auf fast wunderbare Weise. Er las weiterhin Kierkegaard, kam jetzt aber ganz ohne seine Plastiktüte aus. Er wirkte um Jahre jünger, und obgleich er Kierkegaard las, kicherte er ziemlich viel vor sich hin.

Kurz vor Lamayuru drehte er sich zu mir um und sagte: «Ich habe schreckliche Angst. Ich habe ein sehr sprunghaftes Temperament. Ich bin Mathematiker, ja, aber ein sehr sprunghafter Mathematiker! Haben Sie Restif de la Bretonne gelesen? Nicht? Sollten Sie aber! Was ist Ihre Lieblingszeile bei Baudelaire? Ich habe ein sehr sprunghaftes und empfindliches Temperament. Ich glaube alles! Schlimmer – ich will alles glauben! Ich will an fliegende Lamas, Levitation, Erweckung der Toten, einfach an alles glauben! Das ist ein großes Problem, diese Gier, alles zu glauben. Vielleicht hätte ich nicht herkommen sollen. Vielleicht sollte ich lieber im Hindukusch wandern. Vielleicht hätte ich lieber in Paris bleiben sollen, um den ganzen Sommer mathematische Probleme zu lösen. Mögen Sie Mathematik? Das kühlt so schön.

Ich möchte gern levitieren können. Und nicht bloß so ein paar Zentimeter, sondern richtig bis zur Decke. Ich würde meine Mutter in der Provence besuchen. Sie sitzt am Fenster und näht. Sie macht wie immer ihr griesgrämiges, resigniertes Gesicht. Ich gehe zu ihr hin. Ich sage hallo, Maman, ich hoffe, es geht dir gut, ich hoffe, die Nachbarn sind so eklig wie immer, ich hoffe, deine Aktien steigen weiter. Und dann sitzen wir auf ihrem Sofa, und ich… ohne jede Warnung… schwebe an die Decke. Maman fängt an zu schreien. Sie greift sich ans Herz. Nach so vielen Jahren, in denen sie ständig gesagt hat, sie habe ein schwaches Herz, kriegt sie endlich einen richtigen Herzanfall.»

Es ist gut, daß die Reise so langsam und umständlich vonstatten geht; man verliert – gezwungenermaßen – allen Sinn für Zeit und Eile, für alle Kalkulationen, für Vergangenheit und Zukunft. Man kann in zwei Tagen nach Leh kommen; man kann nachmittags oder spät abends ankommen; man braucht aber vielleicht auch drei Tage oder noch länger, wenn der Bus eine Panne hat und die nachfolgenden Busse voll sind, was sehr gut sein kann. Man weiß nicht, wann man Leh erreichen wird, und nach einer Weile weiß man nicht einmal mehr, ob Leh überhaupt existiert; daß es in dieser Steinwüste ein fruchtbares Tal und eine Stadt geben soll, ist so unwahr-

scheinlich, daß einem Leh so mythisch vorkommt wie Marco Polos
Golconda, eine Stadt, auf die man für den Rest seines Lebens zu-
fährt, in diesem Bus, neben einer Deutschen und einem Franzosen.
Und daß Leh ein Mythos sein könnte, enttäuscht einen nicht. Ich
war, wie mir jetzt klar wurde, schon seit Jahren auf dieser Reise nach
Leh und fühlte mich immer noch nicht bereit, weshalb ich es auch
gar nicht eilig hatte. Die Reise war Lehs Geschenk an mich gewesen, mochte Leh selbst sich auch als boshafte Erfindung von De
Vigne, Moorcroft und den Verfassern des indischen Gazetteer erweisen, mit der sie sich für ihr Exil und den hiesigen Fusel schadlos
hielten. Diese Reise ist ein Initiationsritus. Aus dem üppig grünen
Kaschmirtal erreicht man über lange gewundene Berghänge den
Zoji-La; dann, im Herzen des Karakorum, passiert man Bergkette
um Bergkette, eine großartiger, zerklüfteter und prächtiger gefärbt
als die andere; und endlich, fast schon beunruhigt und halb erschöpft von diesem unaufhörlichen Ansturm des Wunderbaren,
senkt sich das Land ganz allmählich zum Zentralplateau von Ladakh, begrenzt vom Indus und wie in dessen Arm liegend, und von
dort erreicht man zuletzt das lange, fruchtbare Tal von Leh mit seinen Dörfern und Klöstern. Sie ist eine Lektion in Wildnis, diese
Reise, das immer tiefere Eindringen in eine kahle Öde, die im letzten Augenblick urplötzlich umschlägt in ein Flammenmeer aus
Weizenfeldern und Gebetsfahnen. Man dringt in ein riesenhaftes
Mandala ein: Das üppige und gefährliche Kaschmir ist sein Um-
kreis, die Ketten des Karakorum sind seine Schutzwälle, und Leh
mit seinem langen Tal ist sein Innerstes, der Ort, wo der Schöpfer
seiner eigenen inneren Vision in Meditation sitzt und wo die Götter
erscheinen können, abgeschirmt gegen zynische Blicke durch Wälle
aus brennendem Fels und Schnee.

Endlich in Leh.

Der Franzose: «Wenn es Nacht geworden ist, dann hat das einen
Grund. Wenn wir Leh nicht sehen dürfen, hat das einen Grund.»
Zwei Tage lang hatte ich mich gefragt, wie der erste Anblick von

Leh wohl sein würde, und jetzt – Dunkelheit, ein paar Lichter, ein Hügel mit, wie ich schwach erkennen konnte, einer Art Burg darauf, die Hauptstraße mit ihren niedrigen dunklen Läden macht eine Biegung nach links, bergab...

Wir steigen aus, staubig von der Fahrt. Es ist neun Uhr. Keiner weiß, wo er hier schlafen wird. Die Stadt ist so dunkel, daß man nichts erkennen kann. Das einzige Geräusch ist das breite, häßliche Brummen eines Generators.

Dann faßt mich in der allgemeinen Verwirrung jemand am Arm. Jetzt erkenne ich unmittelbar vor mir das grinsende, leicht pockennarbige Gesicht eines jungen Moslems.

«Willkommen, dear Sir. Viele Willkommen. Hier bin ich. Hier sind Sie. Das hier ist Leh. Ich heiße Ahmed. Ich bin sehr vertrauenswürdig. Ich komme vom besten Hotel. Es ist beim Fluß. Sehr ruhig.

Sehr gute Leute, dear Sir, die besten Leute. Nur dreißig Rupien eine Nacht. Sehr gutes Zimmer. Ganz viel Glas, Sir. Blick auf Berge. Bad nebenan.»

Ich nehme an. Er schwingt sich meinen schmutzigen Plastikkoffer auf die Schulter und geht los, hügelabwärts auf den Fluß zu.

«Möchten Sie eine Zigarette, Sir?» fragt Ahmed und ist traurig, als er meiner Antwort entnehmen muß, daß ich keine habe.

Leh wird bis zum Morgen warten müssen. Unterwegs kreuzt eine alte ladakhische Frau unseren Weg. Ihr Haar glänzt sehr weiß im Mondlicht. Sie hat keine Zähne. Sie schaut mir in die Augen und lächelt. Zum ersten Mal in Ladakh höre ich das Wort, das den Refrain jedes Tages und fast aller Begegnungen bilden wird: «Dschüläh.» Es bedeutet «Hallo», «Willkommen», «Grüß Gott».

Erkundung

Ahmed weiß alles über Leh. Er steht im Bund mit allen Händlern, kaschmirischen Schalverkäufern, Mokmok-Köchen, Gaststättenbesitzern, Fremdenführern, ihrer Würde entkleideten Lamas und sternenseligen, arbeitslosen Barden der Stadt. Er grinst: «Ich will mich nicht aufspielen, dear Sir. Aber Sie sagen es, ich kenne mich sehr gut aus. Das ist wahr, Sir. Wissen Sie, ich bin nämlich ein Moslem aus Delhi. Ich arbeite hier im Sommer. Touristensaison. Ich muß viel Geld verdienen. Alter Vater, alte Mutter, Sir. Sehr alt. Und ich einziger Sohn. Da muß ich alles wissen, nicht?» Er grinst wieder und befingert meinen Schlafsack. «Wieviel wollen Sie dafür?» Ich sage, ich brauche meinen Schlafsack, und er seufzt traurig.

«Da du alles weißt, Ahmed, wo ißt man denn hier?»

Leh ist nun nicht länger imaginär.

«Frühstück? Pamposh am besten. Moslembrüder. Links von der Hauptstraße, ganz aus Holz. Eier, Tschapati, Kaffee. Alle Europäer gehen da hin. Manchmal ziemlich komische Leute, Sir. Man weiß nicht, ob Junge oder Mädchen. Mittagessen? Da gehen alle ins tibetische Restaurant. Von Pamposh aus die Straße runter. An der Ecke. Sehr gute Frau, sehr hübsch, Sir. Ich mag das tibetische Essen nicht. Macht mich ganz krank, Sir, aber Ihnen wird es schmecken. Abendessen? Da sag ich immer, geh zum Dreamland. Das ist neben der Strommaschine. Und gut. Tibetisch und westlich. Junges tibetisches Mädchen, sehr hübsch, und ihr Bruder, sehr dünn. Zum Essen dasselbe – Mokmok und Chow-mein. Mir wird schlecht davon. Aber Sie sind Christ, Sie mögen das.»

Pamposh kann man kaum als Café bezeichnen. Es ist ein Verschlag, ein windschiefer Holzverschlag, zur Straße hin nach drei Seiten offen. Der Kaffee ist so schlecht, so alt und so dünn, daß man schon koffeinsüchtig sein muß, um ihn überhaupt herunterzubekommen. Der Inhaber ist so zerstreut, daß er mir Salz statt Zucker in den Kaffee schüttete. Pamposh ist der Ort, wo ganz Leh hingeht, wie Ahmed sagte, toute la cirque von Halstuch-Italienern, von australischen Sanyassin... An der einen Wand hängen Jimmy Carter, dreimal Mohammed Ali, zwei Poster von Donna Summers (eins mit Schnurrbart) und Botticellis Venus (ohne Schnurrbart); an der anderen ein feister indischer Filmstar, der in Goldlaméhosen durch die Gärten des Taj Mahal stolziert, Indira Gandhi als Mutter Kali, Avalokiteshvara mit seinen tausend orangenen, roten und violetten Armen, Evel Knievel, der auf seinem Supermotorrad in Colorado durch einen Feuerreif springt, und Cranachs Porträt Martin Luthers mit der Aufschrift «Io t'amo Martino», in der Ecke mit Giovanni Maria Claudio e Pietro signiert.

Mitten in diesem irren Bilderramsch fühle ich mich wie zu Hause, amüsiert und angeregt. Ein deutscher Lastwagenfahrer liegt mir mit Rimbaud in den Ohren; ein kaschmirischer Händler versucht sich an das Knie des italienischen Mädchens mit dem roten Halstuch links neben mir zu drücken; in der Ecke schlürft ein alter, würdevoller Ladakhi geräuschvoll seinen Tee; ein junges, leicht pockennarbiges Mädchen in dunklem Mantelkleid und schwarzem Schnabelhut starrt von der Straße zu uns herein, sehr aufmerksam, doch frei von böser Absicht oder Furcht. Ahmed hatte gesagt.: «Gehen Sie zu Pamposh, my dear Sir, und Sie werden alle möglichen Leute sehen. Mädchen. Kaschmiris. Und Lamas. Und Ausländer. Sie werden da alle Sprachen hören, dear Sir. Jeden Geruch der Stadt riechen Sie da. Alles, was ich Ihnen sage, sehen Sie da.»

«Was hältst du von Leh?» fragte mich das italienische Mädchen. «Ich bin fasziniert...»
«Fasziniert bist du, Gott, wie doof. In Leh gibt es doch nichts mehr.

Sieh dir den Palast an. Ruiniert. Sieh dir die Gompa an. Die ist modern. Sieh dir die Hauptstraße an. Sie ist die einzige Straße, und häßlich dazu. Und sieh dir die Läden an. Was gibt es da? In den tibetischen Läden ist alles unecht; in den kaschmirischen Läden ist alles unecht und auch noch irrsinnig teuer. Leh ist ein Ort, wo Ausländer gerupft werden, sonst nichts.»

Sie starrte verbittert vor sich hin. «Morgen fahre ich zurück nach Goa. Da gibt es wenigstens das Meer.»

Sie tat Leh Unrecht. Gewiß, Leh ist nicht mehr die exotische Marktstadt mit chinesischen, yarkandischen, tibetischen und russischen Händlern, wie De Vigne sie beschrieben hat; es stimmt, daß es nur eine Hauptstraße mit einem häßlichen, schlecht funktionierenden Postamt, einer häßlichen Kulturakademie und zwei Reihen häßlicher, baufälliger, überteuerter und schlecht sortierter Läden gibt; die Häuser sind ohne Anmut zusammengewürfelt, und die Nebenstraßen laufen ohne jede Ordnung durcheinander. Dennoch besitzt Leh Charme.

Man kann hier rein gar nichts tun. Das ist Lehs Charme. Es gibt ein Kino, aber das liegt eineinhalb Kilometer hügelabwärts und zeigt nichts, wofür sich der Weg lohnen würde; es gibt die Gompa, aber wenn man sie einmal umrundet und alle Gebetstrommeln in rumpelnde Drehbewegung versetzt hat, kann man sie abhaken – drinnen gibt es weder alte Fresken noch Skulpturen; es gibt die Kulturakademie, aber da findet nichts statt, keine Tänze, keine Abende mit ladakhischen Liedern, keine Tanka-Ausstellungen, keine halbgelehrten Vorträge über Buddhas und Bodhisattvas; abends gibt es auf der Hauptstraße den Obst- und Gemüsemarkt und tagsüber in einer Seitenstraße einen zweiten Markt, wo zwischen billigen Pullovern, Schlafsäcken, Kochtöpfen und Kalendern auch Glocken, Tankas und Türkise verkauft werden – aber keiner dieser beiden Märkte ist so farbig und fesselnd, daß man ein zweites Mal hingeht. Es gibt nichts zu tun, als langsam zur Ruhe zu kommen, sich zu entspannen, zu bummeln und ein großes, transparentes Auge zu werden.

Die greifbarste Freude in Leh besteht darin, den Palast aus jedem Blickwinkel und bei jedem Licht zu sehen. Von unten, wenn er voll im blendenden Licht der Morgensonne steht; von der Seite nachmittags vom Dach meines Hotels aus, wenn eine seiner senkrechten Seitenflächen langsam in der Abenddämmerung aufglüht; und von der Straße nach Sankar aus die Rückfront, die gespenstisch aufragt im Mondlicht, kaum zu unterscheiden von dem dunklen, massigen Felsen, auf dem der Palast erbaut ist. Man feilscht bei Sonnenuntergang auf dem Markt um Gemüse, und plötzlich schaut man auf und sieht die letzten Sonnenstrahlen auf dem Dach einer seiner Veranden; man geht im Gespräch mit einem Freund durch die Hauptstraße und sieht, während man spricht, daß der Mond über dem Palast aufgeht und ihn wie einen riesigen Ohrring trägt; man biegt um eine Ecke in eine der zahllosen labyrinthischen Straßen, und für einen Moment steht eine Seite des Palasts in voller Breite vor einem, steil und kahl wie die Berge dahinter. Die Königin lebt mit ihrer Familie jetzt in einem kleineren Palast in Stok, vierzehn Kilometer von der Hauptstadt entfernt; der alte Königspalast steht leer und verfällt. Wenn man durch seine großen, leeren Räume geht, kommen fette Mäuse aus den Ecken und wollen gefüttert werden.

Jeden Morgen komme ich an den Schlachtern vorbei, die unter der Brücke bei der Arbeit sind.
Es sind vier jüngere Schlachter, moslemische Ladhaki mit roten Gesichtern und kräftigen Armen, und zwei ältere, von denen einer ein schmutziges rotes Halstuch trägt und nur ein Auge hat. Sie pfeifen, plaudern und singen. Heute morgen sang der jüngste von ihnen eine Gasele – ein langsames, melancholisches Liebeslied. Das erinnerte mich an einen jungen Iraner, mit dem ich vor Jahren in einem Ruderboot auf dem See von Pokhara in Nepal war. Er war unter der Regierung des Schah gefoltert worden; er wurde in einem Raum gefangengehalten, in dem er nicht aufrecht stehen konnte, und man führte ihm Pferdehaare in den Penis ein. Er ging gebeugt und litt

sehr unter Schlaflosigkeit. Und er sang so schön wie dieser junge Schlachter. Seine Stimme schien an diesem Morgen in der des Schlachters mitzuschwingen. Er hatte mir unter Tränen eine Gasele von Rumi gesungen:

> Sufi, was stehst du vor der Tür?
> Wonach schaust du aus?
> Ich schaue aus, mein Freund,
> Nach dem, was nicht zu finden ist:
> Ich schaue aus nach einem Menschen.

Der Geruch des Blutes ist überall. In den Blumen am Fluß, in der Strömung des Flusses, im Wind, der von den Bergen her den Fluß herabkommt.
Die Schafe warten zusammengedrängt bei einer kleinen Steinhütte auf der anderen Seite der Brücke. Sie geben keinen Laut von sich. Sie schauen ihre Schlächter aus leeren Augen an. Kaum, daß sie auch nur zucken, wenn ihnen die Kehle durchgeschnitten wird.
Es sind immer Zuschauer da, eine alte Frau oder zwei, ein paar zerlumpte Kinder, ein alter Mann, der rauchend und versunken seine Gebetsmühle dreht und dreht.

«Jedes Ding scheint in dem Licht von Ladakh etwas Unendliches hinter sich zu haben; jedes Ding, auch das kleinste und niedrigste, scheint an seinem rechten Ort zu sein.»
François' Worte und seine Stimme wurden in mir lebendig, als ich im ersten Abendlicht den Stupa am Stadtrand aufsuchte und mich in seinen warmen Schatten setzte. Ein Stupa ist ein Bauwerk aus Mörtel und Ziegeln: Ein kubischer Unterbau, der sich in mehreren Stufen nach oben verjüngt, trägt einen gewölbten, breiten und glatten Mittelteil, und dieser wiederum trägt eine lange Spitze, die in einer Mondsichel und der darin eingebetteten Sonne endet. In einem Stupa werden Reliquien aufbewahrt, die Reliquien von Heiligen, Königen oder großen Lehrern, und die einzelnen Abschnitte des

Bauwerks symbolisieren verschiedene Bewußtseinszustände. Überall in Ladakh findet man Stupas von jeder Gestalt und Größe, auf Bergpässen, auf den weiten Hängen bis hinauf zu den Klöstern, entlang der Flußufer, am Eingang abgelegener Dörfer, gelegentlich mit kleinen Schreinen daneben wie bei dem Stupa am Ortseingang von Sankar, wo einige ungelenk gemalte lächelnde Buddhas segnend die Hand erheben. Wo man in den tiefergelegenen Landesteilen auch geht und steht, man ist nie weit entfernt von der sanft aufstrebenden, ziegelroten Spitze oder Spira eines Stupa, vom Aufblitzen der Mondsichel und der Sonne im Licht, von dem Auge, dem Bindhu, im Zentrum dieser Vereinigung von Sonne und Mond, uraltes Symbol für das Universale Bewußtsein, für eine Bewußtheit, die Nirwana bedeutet. Überall wird man durch die genau kalkulierte Gestalt des Stupa an die verschiedenen Stadien der Erleuchtung erinnert, die schließlich in die Befreiung münden. Jeder Teil des Stupa ist einem anderen Element, einem anderen Buddha, einer anderen Ekstase zugeordnet. Es ist ein einfaches Bauwerk, doch seine Gestalt stellt eine ganze Philosophie dar – *ist* diese Philosophie in reinster Darstellung, bröckelnder weißer Mörtel und Ziegel vor einem Hintergrund aus Fels und Himmel.

Der Stupa am Rand von Leh steht einzeln auf einem kleinen Hügel. Während ich auf ihn zu ging und seinen Umriß gegen den weiten Fächer des Karakorum sah, fiel mir auf, daß seine Gestalt eine Meditation über die wilden Bergformationen hinter ihm war. Der Stupa ist ein Echo der Berge, und die Berge sind Stupas. In dieser Welt ist alles mit allem verbunden.

Um zehn ist alles dunkel. Leh wird der Nacht übergeben, dieser grenzen- und wolkenlosen Nacht, durchtränkt von Mond- und Sternenlicht, die Milchstraße ein strahlendes Lichtband in dieser Hochgebirgsluft, jede Sterngruppe, jeder wirbelnde Nebel scharf und blendend hell.

Man geht auf die Hauptstraße und schaut hoch zum Palast, der bei Tag so verwahrlost und baufällig wirkt. Anfangs kann man ihn kaum von dem Felsen unterscheiden, auf dem er steht. Dann treten die Mauern langsam hervor; die Nacht gibt ihnen etwas von ihrer früheren Erhabenheit zurück. Sternenlicht liegt wie weißes Salz auf ihnen.

Kaum noch jemand auf der Straße. Einige Kaschmiri sitzen unter einer gelöschten Straßenlaterne, unterhalten sich leise und rauchen. Eine alte Frau geht vorbei und starrt einen an, ihr Gesicht geheimnisvoll und undurchdringlich in diesem Licht, bis sie dann lächelt. Ein Hund, den man nicht sieht, schießt plötzlich vorbei und bellt erschrocken auf.

Am Anfang der Hauptstraße liegt ein Café, das immer als letztes schließt. Wenn ich hingehe, meist gegen neun, ist niemand mehr da außer dem jungen Sikh, der in seinem schmuddeligen gelben Turban auf dem Tisch sitzt und für den nächsten Tag Samosa zubereitet. Wir sind Freunde. Er hat mir gezeigt, wie man Samosa macht, wie man die Teigtaschen formt und sie mit dem Gemüse füllt. Ich schäme mich ein bißchen, weil ich so langsam und ungeschickt bin. Er sitzt da und redet und lacht, und seine Hände bewegen sich wie von selbst, formen und füllen die Taschen, zaubern eine Samosa nach der anderen aus den angeschlagenen Schüsseln mit Teig und Gemüse. Ich muß auf jede meiner Bewegungen achten. Meine Samosas haben Beulen. Er lacht mich gutmütig aus.

Manchmal, wenn ich spät nach Leh zurückkomme, sehe ich ihn allein hinter dem Fenster seines Cafés sitzen und im Lampenlicht Samosas formen. Sein feines, trauriges Gesicht leuchtet in dem gelben Licht; seine Hände, Pianistenhände, bewegen sich mit fast magischer Anmut und Präzision. Er blickt auf, ruft mich herein, und wir unterhalten uns. Eine oder zwei Stunden später gehe ich zum Hotel zurück. Ich kann nie sofort schlafen und bin zu sehr von Eindrücken erfüllt, um zu lesen. Ich liege auf dem Dach, schaue hinauf in die Nacht und atme ihren Sternendunst.

In Leh sieht und hört man überall Wasser. In jedes Gespräch, jede Stille, jedes lange, aufnehmende Beobachten mischt sich das Murmeln und Aufblitzen des Wassers. Jede Straße glitzert von Schneewasser, das von den Bergen herabstürzt und in rohen Steinkanälen durch die Stadt in die tieferliegenden Felder geleitet wird.

Ich wache auf und gehe in die Stadt. Als erstes sehe ich den Fluß, der im Morgenlicht über glatte Steine springt. Unterwegs zu Pamposh rauscht Wasser an beiden Seiten funkelnd die Straße entlang dem Fluß zu. Ich sitze bei Pamposh und betrachte den alten Lama, der draußen vorbeigeht, oder die Frau, die an der Ecke sitzt und Kohlköpfe verkauft, oder den jungen Kaschmiri, der vor seinem Laden hockt und singt, und in jedem dieser Bilder ist irgendwo das Blitzen von fließendem Wasser. Am späten Nachmittag gehe ich ins tibetische Restaurant, zu dem es von Pamposh aus nur ein paar Schritte die Seitenstraße hinunter sind, und warte auf Freunde oder versuche zu schreiben; sooft ich aus den Fenstern auf die Straße schaue, sehe ich draußen den kleinen quirlenden Bach; mal plantscht ein Kind darin, mal watet ein Hund durch, oder es sitzen zwei alte Moslems am Ufer unter einem Baum und rauchen ihre abendliche Wasserpfeife. Und wenn ich abends allein oder mit Freunden durch Leh streiche, die kleinen Straßen hinter der Hauptstraße hinauf, oder auch weitergehe nach Sankar oder Changspa, zwei Dörfer, die nur ein paar hundert Meter von Leh entfernt sind, so ist dabei stets das Wasser zu hören, das im Mond- und Sternenlicht zittert, in schmutzigen Kanälen durch Maisfelder und an mondübergossenen Pappeln und Weiden vorbei rinnt, um diesem Weg, dessen Saum aus Schreinen und Stupas kaum fester wirkt als der Bach, etwas flackernd Lebendiges zu verleihen.

Umgeben von soviel Wasser, wird der Geist selbst zu Wasser, von nichts gehemmt, entfesselt, glücklich.

Auf dem Weg nach Stok, dem Dorf vierzehn Kilometer von Leh entfernt, spannt sich eine Hängebrücke über den Indus. Von weitem sieht sie wie ein Zirkuszelt aus, so über und über ist sie mit bunten Gebetsfahnen behängt. Ich sitze auf dem Platz neben dem Fahrer, einem jungen Ladakhi, und frage ihn: «Wozu sind da so viele Gebetsfahnen?» Er sieht mich an wie einen Verrückten. «Wenn da keine Gebetsfahnen wären, würde der Fluß böse werden.» Und dann fügt er hinzu: «Die Brücke liegt fast in der Talmitte. Der Wind ist da sehr stark und kann die Gebete auf seinem Rücken den Fluß hinunter ins ganze Land tragen.»

Es ist solch eine fröhliche und ausgelassene Geste, die Stahlseile der Brücke mit Schärpen, Mantras und heiligen Drachen zu behängen, daß ich singen möchte. Bei der Fahrt über die Brücke schlagen die Gebetsfahnen gegen den Bus. Der Fahrer lächelt mich an. «Immer wenn ich über die Brücke fahre, sage ich meine Gebete. Sie ist heilig, diese Brücke.» Wie alt ist sie? Er weiß es nicht. Es ist, als wäre sie schon immer hier – wie die Steinhaufen in den Bergen, wie die Stupas, wie die kleinen Wegschreine. Der Geist von Ladakh hat sie in ein Heiligtum verwandelt. Hat die Brücke auch einen Beschützerbuddha? Der Fahrer lächelt, antwortet aber nicht.

Ich bin nach Stok gekommen, um den Palast der inoffiziellen Königin von Ladakh, Rani von Stok, zu besichtigen, aber als ich davorstehe, habe ich keine Lust mehr. Dieses Licht hier draußen, und der ganze Tag liegt vor mir, ich kann einfach jetzt nicht durch all diese Räume gehen. Ich möchte wandern, den Pfad hinaufgehen in die Berge, allein sein mit den Bergen und den Sommerbächen im Tal. Ich wandere den ganzen Tag, immer höher in die Berge hinauf. Ein seltsames Gefühl, sie nicht mehr bloß jenseits des Tals und gegen die strahlende Leere des Himmels zu sehen, sondern mitten unter ihnen und von ihnen umgeben zu sein. Kleine blaue Blumen wachsen verstreut im Gestein beiderseits des Weges, ein struppiges grünes Gras schaut zwischen den Felsbrocken hervor; mit jeder Viertelstunde wächst die Hitze, verändern sich die Felsformationen und werden immer phantastischer; ganze Kathedralenflügel, steil abstürzend bis zum Fluß hinunter; breite kannelierte Säulen, ähnlich den Pfeilern der kappadokischen Eremiten – von ihrer Höhe herab ergießt sich goldenes Moos... Und doch sind es nicht die Felsen und ihre atemberaubenden Formen, die mich am meisten bewegen; es sind vielmehr die Zeichen menschlicher Gegenwart, die man in dieser Wildnis überall findet. Zwei Männer, die mit Reisigholz beladene Esel führen, kommen mir entgegen; sie lächeln mir zu und gehen weiter. Hoch oben in den Bergen haben sie von den kleinen zähen Büschen, die in den Schluchten kurz unterhalb der Baumgrenze wachsen, Feuerholz für den Winter geholt. Überall am Weg liegen Mantrasteine, in die das OM MANI PADME HUM eingeritzt ist; still atmen sie ihre heiligen Worte zwischen Felsen, am Bachufer, umgeben von Blumen in einem Bett aus Moos. Ich sehe auch Lhatos, Schreine für die Geister der Felsen und der Luft, auf denen Dzo-Hörner (Dzo: Kreuzung von Yak und Rind) und ganze Haufen bleichender Knochen liegen; es sind Schreine für die Gottheiten dieser Landschaft, die älter sind als der Buddhismus, aber in friedlichem Einvernehmen mit ihm weiterleben, Götter des Sturms und der Lawine, Götter der Bäche, die Reichtum in die Täler tragen. Einsame Gebetsfahnen, zerfranst und doch standhaft, flattern hoch über mir an Felsspitzen im Wind und hauchen die Worte des Buddha in die Welt.

Diese Wildnis aus Stein und Licht ist ungezähmt, manchmal erschreckend in ihrer ekstatischen Ursprünglichkeit. Aber sie hat nicht das Menschenfeindliche und Abweisende der Sahara oder Antarktis; überall finden sich kleine Zeichen menschlicher Liebe und Anbetung. Auf einer Paßhöhe rastend, bemerkte ich, daß der Felsen, auf dem ich saß, von weißen Steinen umringt war, aufgehäuft im Laufe vieler Jahre von Menschen, die diesen Weg gegangen sind. Immer weiter ging ich aufwärts, und gerade, als die Müdigkeit überhandzunehmen begann, stieß ich auf eine kleine, verlassene Schäferhütte, deren Dach der Wind abgedeckt hatte und in deren Schutz ein kleiner Rosenstrauch wuchs. Mit Holzkohle aus dem Feuer hatte der Schäfer die Mauer über und über mit diesem einen Buchstaben bemalt: OM. Und unter jedes OM hatte er in ungelenken Strichen ein Buddhagesicht gezeichnet.

Am nächsten Tag fuhr ich wieder von Leh nach Stok. In der Nacht hatte ich von der Schäferhütte geträumt. Ananda kam in diesem Traum vor und auch François und ein Freund aus Oxford, der ein Jahr zuvor bei einem Unfall ums Leben gekommen war, und wir saßen alle in der Hütte, lachten und aßen. Mein toter Freund fing an zu tanzen, einen Tanz, den ich noch nie gesehen hatte, sehr langsam, mit geschlossenen Augen, in der Hand ein paar Gebirgsblumen. «Was tanzst du da?» fragte ich ihn. Er sah mich an und lächelte und sagte nichts. Wieder fragte ich ihn: «Was tanzst du da?» und wieder lächelte er mich an und sagte nichts. Aber diesmal kam er zu mir herüber, holte einen Apfel aus dem Ärmel und legte ihn auf den leeren Teller vor mir.

Der Fahrer sagte: «Sie sehen so froh aus heute morgen.»

Ich erzählte ihm meinen Traum.

Er überlegte einen Augenblick und sagte dann: «Das ist ein sehr guter Traum. Wenn ich so einen Traum gehabt hätte, wäre ich glücklich. Wir sagen in Ladakh, wenn ein toter Freund dich im Traum besucht, bringt er die Botschaft von neuem Glück, von einem anderen Leben.»

«Was, glauben Sie, bedeutet der Apfel?»

«Wie soll ich das wissen?» lächelte er breit. «Ich bin kein Priester. Aber jedenfalls bedeutet er etwas Gutes, soviel weiß ich sicher.»

«Haben Sie letzte Nacht geträumt?»

«Ich habe geträumt, daß meine Frau schon wieder ein Kind kriegt. Eine Tochter. Ich habe schon fünf Kinder. Das war kein guter Traum.»

Als wir Stok erreichten, fragte er: «Wo wollen Sie denn heute wandern?»

«Ich will auf den Paß, über den man nach Spituk kommt.»

«Das ist ziemlich weit, aber wenn Sie ordentlich marschieren, können Sie es schaffen. Sie sollten jemand mitnehmen. Nehmen sie doch meinen Bruder Wangchuk mit, der kennt hier alle Wege.»

Also ging ich zu Wangchuk, und er wurde für diesen Tag zu meinem Gefährten. Ich ermüdete immer noch sehr schnell in diesen Höhen, und er war sehr geduldig mit mir, beobachtete genau, wann ich müde wurde, und setzte sich dann taktvoll als erster auf einen Stein oder ein Moospolster, anstatt sich über meine europäische Kurz-atmigkeit lustig zu machen. Er hatte einen Beutel Tsampa bei sich, und als wir mittags die Schäferhütte erreichten, teilte er seinen Proviant mit mir. Tsampa besteht aus gekochter gemahlener Gerste. Ich wollte für meine Ration bezahlen, doch davon wollte er nichts hören. Wir aßen im warmen Schatten der Hütte. Sooft ich aufblickte, schaute er mich aus seinen tiefen, ausdrucksvollen Augen an. Es lag keinerlei Urteil in seinem Blick, seine Augen waren so tief und still wie die eines Hirsches.

Nach diesem einfachen Mahl sagte er: «Du mußt die Familie meines Onkels kennenlernen. Die wohnen den Sommer über hier oben, weil es für die Tiere hier gutes Weideland gibt.»

«So weit oben kann doch niemand wohnen!»

Er zuckte die Schultern. «Du wirst schon sehen.»

Etwa eine Stunde lang gingen wir durch eine gewundene Schlucht mit windgebeugten Rosenbüschen und einem kleinen Bach. Vor uns ragte die steile, zerklüftete Front des Kangri in der Nachmittagssonne auf, ganz mit Schnee bedeckt, blendend. Die Luft hier oben war so dünn und so voller Licht, daß ich mich wie in dieser Atmosphäre aufgelöst fühlte, ein wandelnder Lichtkörper; nur das mühsame Atmen und das Erschöpfungsdröhnen in meinem Kopf sagten mir, daß ich ein Mensch war. Die blumenübersäten Felsen wirkten manchmal so transparent, daß ich glaubte, meine Hand könne mühelos in sie eindringen. Wangchuk ging voran und schaute hin und wieder zurück, um sich zu vergewissern, daß mit mir alles in Ordnung war. Ein großes Dzo ging wie benommen an uns vorbei und streifte uns sanft mit seinem ausladenden Körper. In dieser lichten Stille, zwischen den glimmenden Felswänden und umgeben von Wangchuks rauher Stimme, die von den Felsen zurückschallte, fiel alles Zeitgefühl und alle Hast von mir ab; es war, als hätte ich alle Furcht und jede Art von Panzer abgelegt, und endlich fühlte ich mich ganz gegenwärtig, ganz offen für diese Welt. «Was für ein Lied singst du da?» fragte ich Wangchuk.

«Ich singe kein Lied», gab er zurück, «ich singe einfach.»

Er zeigte schweigend nach vorn, und da, zweihundert Meter über uns, stand im hohen Gras einer Wiese die Hütte. Sie war lang und geduckt, aus rohen Steinen gebaut, und hatte als Dach nur eine große Plane. In der Tür saß eine Frau; ihre beiden Töchter standen zu beiden Seiten neben ihr und schauten zu uns herunter. Als sie erkannten, daß es ihr Cousin Wangchuk war, der sie besuchen kam, fingen sie an zu rufen und herumzuspringen.

«Wangchuk! Wangchuk!»

Wangchuk tat so, als bemerkte er sie nicht, aber er lächelte. Wie schön und klar ein menschlicher Name in dieser Stille klang.

«Wangchuk! Wangchuk!»

Die Mutter war aufgestanden, schirmte die Augen mit der Hand gegen die Sonne ab und rief etwas zu uns herunter.

«Sie sagt, wir sollen zum Tee bleiben», sagte Wangchuk, «sonst ist sie böse mit uns.»

Das konnte nur heißen, daß wir den Paß heute nicht mehr erreichen würden und nach Stok zurückkehren mußten, aber es machte mir nichts aus.

Wir saßen im Schatten der Hütte und tranken Tee, und Wangchuks Tante gab uns Tsampa und alte Kekse, die nach Soda und Pappe schmeckten, und zwei runzlige süße Äpfel, und sie unterhielt sich mit Wangchuk. Dann tanzte eine ihrer Töchter für uns.

«Dolma ist die beste Tänzerin in meiner Familie», sagte Wangchuk. Dolma sagte, sie wolle nicht vor dem Haus für uns tanzen; wir sollten mit ihr auf das kleine Feld gleich hinter der Hausumfriedung kommen. Und dort, mit dem Kangri und einem wolkenlosen Himmel hinter sich, tanzte Dolma. Anfangs war sie noch schüchtern und unsicher; manchmal hörte sie auf und versteckte ihr Gesicht hinter dem Ärmel, doch Wangchuk sprach ihr sanft zu, und sie tanzte weiter; allmählich ergriffen der Schneeglanz und die langen Schwaden des warmen, sinkenden Lichts Besitz von ihr, und sie tanzte entfesselt, mit zurückgeworfenem Kopf und unter Lachen und Rufen und Händeklatschen, ihre nackten Füße blitzten im Gras. Ich dachte an meinen Traum; Dolmas Tanz war gelöster und wilder. Der Berg hinter ihr wurde golden und verwandelte sich im Abendlicht für einen Moment in einen riesigen Kornhaufen.

Wangchuk und ich gingen an diesem Abend nicht mehr nach Stok zurück. Wir blieben in der Hütte seines Onkels, und wir schliefen alle, eng zusammengedrängt, neben dem kleinen Dungfeuer.

Als ich wach wurde, waren alle anderen schon auf. Wangchuk und die beiden Mädchen saßen um mich herum und beobachteten mich. Wangchuk machte sofort Tee und brachte ihn mir.

«Den wirst du brauchen», sagte er, «es ist kalt heute.»

Ich stolperte zur Tür und sah hinaus. Der dickste Nebel, den ich je gesehen hatte, umgab die Hütte, ein lautloser Dunstsee, der alles verschluckte. Selbst der kleine ummauerte Hof neben der Hütte war weg.

«Wie lange wird dieser Nebel bleiben?»

«Manchmal drei Stunden, manchmal drei Tage. Das kann man nicht wissen.»

Macht nichts. Es war einfach so gut, hier oben zu sein. Wir saßen den ganzen Vormittag in der Hütte. Die beiden Mädchen tanzten wieder für uns, diesmal stiller, einen langsamen ladakhischen Tanz, und als er zu Ende war, setzten sie sich zu uns, lehnten sich an uns und schliefen ein. Wangchuk nahm Dolma in die Arme und wiegte sie wie eine Mutter.

Gegen zwölf hob sich der Nebel und ließ alles vollkommen erfrischt hinter sich zurück. Himmel und Felsen glänzten; das Gras um die Hütte war wie ein tiefgrünes Glühen; der Kangri ein großes weißes Messer. Die Dichte und Kraft dieser vom Nebel erneuerten Welt war fast erschreckend, und als ich vor die Tür trat, taumelte ich. Wangchuk stand neben mir. «Wenn der Nebel geht, sind die Berge wieder jung», sagte er. «Alles ist wieder jung.»

Dann sagte er: «Das gute Wetter wird nicht lange dauern. Wenn du noch zur Paßhöhe willst, sollten wir jetzt aufbrechen.»

Langsam stiegen wir an der steilen, glatten Bergflanke hinauf. Wangchuk hatte recht, das Wetter schlug um. Dunkle Wolken ballten sich über uns, die Luft wurde kühler, und das Gras zitterte.

«Jetzt kommt er», sagte Wangchuk. – «Wer kommt?»

«Der Hagel.»

Er hatte es kaum gesagt, als die ersten Hagelkörner uns trafen.

Anfangs waren sie klein und scharf, dann wurden sie immer größer und härter und zerplatzten knallend auf den Felsen.

«Schnell, komm, ich weiß da oben einen Überhang, wo wir uns unterstellen können.»

Keuchend rannten wir die letzten hundert Meter zur Paßhöhe hinauf, duckten uns in die kleine Nische und zogen uns Wangchuks Tuchmantel über die Köpfe. Vor uns sahen wir durch die langen Schleier von Regen und Hagel die Täler, die in Falten herabfallen, um sich zum großen Tal von Ladakh zu vereinigen. Wir waren fast fünftausend Meter hoch.

Wangchuk fing an zu lachen.

«Ist das nicht komisch? Da klettern wir den ganzen Weg hier rauf, um uns dann wie Schafe unter dem Felsen zu verkriechen. Wirklich sehr komisch.»

Sein Lachen war ansteckend. Ich lachte mit. Die Könige der Berge, Adler... da kauerten sie sich vor Kälte zitternd unter einem Mantel zusammen.

Als der Hagel abgezogen war und die Sonne wieder hervorkam, stiegen wir langsam durch die steilen Bergschluchten nach Stok ab. Über fast allen Schluchten standen Regenbögen. Ich zählte neun. «Wenn in den Bergen ein Regenbogen ist», erzählte Wangchuk, «dann sagen wir, die Berge tanzen. Die Regenbögen sind die Schärpen, die sie sich ums Handgelenk binden.»

Hans legte sich in seinem Stuhl zurück, streckte seinen langen, dünnen und etwas schiefen Körper und sah mich an, wie er mich noch oft ansehen würde, leicht spöttisch, argwöhnisch und freundlich. Er war Professor für Psychologie in New York, Ende vierzig, und ein häufiger Besucher Ladakhs. Ich hatte seine Schwester Helena bei Pamposh getroffen. «Kommen Sie doch mal, um meinen Bruder kennenzulernen», hatte sie gelacht. «Seit drei Jahren kommt er jetzt jedes Jahr her. Er hat über alles Theorien.» Ich mochte ihn vom ersten Moment an – seine lange Gestalt mit den leicht gebeugten Schultern, seine kurzsichtigen, kritischen, intelligenten Augen, den dichten Schopf von leicht ergrautem Haar, das ihm in die Stirn fiel.

«Ich bin kein Buddhist», sagte er. «Mir ist es noch nie gelungen, irgendwas aus Überzeugung zu sein. Meine Mutter wollte, daß ich Priester werde, sie sah mich schon in Schwarz und höhere Weisheiten von einer Kanzel verkündend, aber ich habe sie enttäuscht. Ich bin kein Buddhist, aber je länger ich hier bin, desto mehr liebe und bewundere ich den Buddhismus. Klingt das sonderbar? Sollte ich lieber sagen: ‹Ich bin ein akademischer Voyeur, und mir macht es Spaß, ein Phänomen zu untersuchen›? Vielleicht.» Er lachte kurz auf.

«Meine Forschungen führen mich jeden Tag in ein anderes Dorf, um jemanden zu interviewen oder mit einer Familie zu sprechen. Ich habe inzwischen Menschen jeder Art kennengelernt. Ich war in den entlegensten Dörfern und habe mit Lamas, verwestlichten Ladakhi, alten Frauen und Schäfern gesprochen. Ich stelle alle möglichen Fragen. Das ist schon merkwürdig für einen zynischen Psychologen, jeden Tag mit Menschen zu verbringen, die, soweit ich sehen kann, nicht daran interessiert sind, einem was vorzumachen... Und ebenso merkwürdig ist es, unter Menschen zu sein, die offenbar meistens glücklich sind. Verstehen Sie mich nicht falsch – das ist ein rauhes Land, und es ist nicht leicht, auf diesen felsigen Hängen etwas zum Wachsen zu bringen oder an abgelegenen Orten die Einsamkeit des Winters zu überstehen... In Zanskar habe ich eine Frau ohne Zähne getroffen, deren Brüste so lang und ausgemergelt waren wie bei irgendeiner Bettlerin in Kalkutta; sie hat alle Kinder und ihr ganzes Geld verloren und lebt allein und im Wahnsinn in einer kleinen Hütte außerhalb des Dorfs... Aber die meisten dieser Menschen hier leben einfach und unsentimental, mit wenigen Bedürfnissen, wenig Stolz und wenig Eitelkeit. Sie sind nachsichtig mit ihren Alten, mit ihren Kindern und mit sich selbst. Wissen Sie, was ihre Priester ihnen sagen? Sie sagen ihnen, daß jedes Lebewesen in einer früheren Inkarnation einmal ihre Mutter war und daß sie daher jedes Lebewesen wie ihre Mutter achten müssen. Grausamkeit habe ich hier kaum gesehen. Nur einmal sah ich, wie ein Kind einen Hund quälte. Das ist schon alles – in drei Jahren.

Alles ist hier in irgendeiner Weise Religion. Ich will damit nicht sagen, daß hier jeder ein Mystiker ist. Als ich das erste Mal herkam, habe ich meinen Fragebogen einem ladakhischen Gelehrten zum Übersetzen gegeben. Er hatte sehr hohe Ideen und sprach hervorragend Englisch. Er übersetzte den Fragebogen auf eine Weise, daß ihn, wie mein ladakhischer Führer mir versicherte, kein Ladakhi verstehen würde. Die Religion dieses Volks ist praktisch und erdverbunden – sie hat sehr wenig gemein mit den komplexen Feinheiten der Lamas. Eine der Fragen in meinem Fragebogen lautete: ‹Ist Stolz etwas Gutes?› Jeder, ohne Ausnahme, hat mit ‹Nein› geantwortet, und viele fügten hinzu, Stolz und Hochmut seien die Wurzel von allem Bösen. Niemals habe ich in den Antworten auf meine Fragen auch nur andeutungsweise heraushören können, daß Konkurrenzkampf im Leben eine wichtige Rolle spielt oder daß man sich auf Kosten anderer Vorteile verschaffen sollte. Ein Zehnjähriger wird Ihnen im vollen Ernst sagen, daß es falsch ist, irgend jemand oder irgend etwas zu verletzen, und daß man irgendwann in einem anderen Leben dafür zahlen muß. Und eine alte Bäuerin wird Ihnen sagen: ‹Alles ist leer, alles hat nur relative Bedeutung. Wozu also jemanden verletzen?› Aber diese Haltung hat die Ladakhi keineswegs weichlich und schlapp gemacht – Sie brauchen nur durch dieses Fenster auf die andere Talseite zu schauen, auf die Felder, die sie dem Fels abgerungen haben, um zu sehen, wie hart sie arbeiten. Verbunden sind die Ladakhi durch ihr Vertrauen in ihre Rinpoche, die Oberlamas. Es ist leicht, auf diesen Glauben herabzusehen und zu sagen, er sei Aberglaube und erspare ihnen die Verantwortung, selbst zu denken. Aber sie glauben wirklich an die Macht ihrer heiligen Männer, und nicht nur an Macht im übernatürlichen Sinn. Sie gehen zum Rinpoche, wenn sie krank sind, wenn es Konflikte in der Familie gibt, wenn sie sich um ein Stück Land streiten – und sie nehmen seine Entscheidung an, die übrigens in allen Fällen, die ich beobachten konnte, sehr weise war. Dieser Glaube gibt ihnen Frieden. So etwas kann man kaum sagen, ohne dabei herablassend oder skeptisch zu sein... aber wenn man diesen Frieden und diese Würde gesehen und empfunden hat, Tag für Tag und in den gewöhnlichsten Situationen, in der Art, wie eine alte

Frau einem Tee macht, wie sie einem zulächelt und mit welcher Offenheit und Direktheit sie auf Fragen antwortet...» Er hob die Hände und zog die Schultern hoch. «Ich verstehe es nicht, aber es bewegt mich.»

Nach einem Schweigen fuhr Hans fort: «Mir ist klar, daß die Antworten auf die furchtbaren Probleme der Industriegesellschaft, falls es überhaupt welche gibt, sich nicht aus den ganz anderen Problemen einer idyllischen ländlichen Gesellschaft ergeben werden, die jahrhundertelang von der modernen Welt verschont blieb. Aber das Leben besitzt hier noch Schönheit, und vielleicht fassen manche Menschen wieder Vertrauen zum Westen, wenn sie sehen, daß es noch möglich ist, ein gutes Leben zu leben. Ich liebe diese Menschen hier. Ich möchte etwas von dem bewahren, was ich in ihnen gesehen und empfunden habe. Ich weiß nicht, ob das irgendwem helfen kann, nicht einmal, ob es mir selbst hilft. Und ich weiß nicht, ob es ihnen selbst helfen wird bei ihrem Kampf gegen eine Welt, die ihre Identität, ihre Existenz bedroht. Vielleicht können die Ladakhi nicht so weiterleben, wie sie sind, vielleicht muß diese alte buddhistische Kultur untergehen, müssen die Menschen die Zersplitterung und das Konkurrenzdenken der modernen Welt einfach annehmen...» Er sah traurig aus dem Fenster.

Am Nachmittag begleitete ich Hans zu einem Interview mit einem Jungen in einem kleinen Haus in Sankar. Der Junge mochte etwa zwölf Jahre alt gewesen sein. Wir saßen in einer kleinen verräucherten Küche. Der Junge hörte eine Geschichte von einem kaschmirischen Händler, der einer ladakhischen Frau einen billigen Schal zu einem sehr hohen Preis verkaufte. Dann wurde er gefragt: «Wer von den beiden sollte bestraft werden, die Frau oder der Händler?» – «Die Frau», erwiderte er. «Sie hätte es wissen müssen.» Alle lachten, und der Junge musterte uns mit dem herablassenden Blick des anerkannten Komikers. Aber es war nicht bloß eine witzige, sondern eine sehr bezeichnende Antwort.

«Die Ladakhi sind ein sehr gewitztes und praktisch denkendes

Volk», sagte Hans. «So wie sie leben, müssen sie es auch sein; wache Aufmerksamkeit gilt hier viel, die Art von Bewußtheit, die weiß, wann gesät werden muß, wie man Wasser spart, wie man die Qualität eines Schafs oder Schals feststellt. Sie sind nachsichtig gegenüber Schwächen, aber sie nennen sie beim Namen.

Wenn eine Gesellschaft wie diese angesichts so vieler Gefahren und Schwierigkeiten intakt bleiben soll, darf man niemandem gestatten, sich allzu ernst zu nehmen. Deshalb sind nicht einmal die Mönche von spöttischer Betrachtung ausgeschlossen; ihr Macht- und Heiligkeitsanspruch wird in den komischen Einlagen bei den Tänzen persifliert, und zwar gelegentlich recht scharf. In Ladakh werden Menschen nicht als isolierte Individuen mit einem Recht auf Selbstverwirklichung betrachtet, sondern als lebendige Teile eines Ganzen mit einer Verantwortung für das Ganze – einer Verantwortung, vor der man sich zwar nicht drücken darf, in der man sich selbst aber auch nicht allzu wichtig nehmen soll.»

Auf dem Rückweg nach Leh fuhr Hans fort: «Dieser Humor ist aber nicht nur ein Gebot der sozialen Umstände, sondern wurzelt in der Praxis und Philosophie des Buddhismus. Die humorvolle Seite des Buddhismus ist von westlichen Autoren oft übersehen worden; sie neigen – wie Schopenhauer – dazu, den Buddha als weltmüdes, über-kluges Opfer seiner Daseinsverachtung zu betrachten und den Buddhismus als Philosophie resignierter Verneinung. In Wahrheit hat der Buddha ein sehr aktives Leben geführt und sich zutiefst auf seine Welt eingelassen. Selbst auf seinem Sterbelager machte er noch einen Scherz. Einer seiner Schüler kam zu ihm und fragte, auf welche Weise man seiner gedenken solle; der Buddha, der stets die Eitelkeit des Ruhms und die Nichtigkeit des Ichs gelehrt hatte, nahm zwei hölzerne Schalen und stellte sie aufeinander. Damit sagte er: ‹Das Andenken eines Menschen zu feiern bedeutet, die Leere des Ruhms auf die Leere der Ichhaftigkeit, also eine Leere auf die andere zu häufen.› Da er aber allwissend war, muß er wohl gewußt haben, daß dieser Mann nach dem Bild der beiden aufeinandergestellten Schalen den buddhistischen Stupa bauen würde ...

Seinem Wesen nach ist der Buddhismus eigentlich im höchsten philosophischen Sinn des Wortes ‹komisch›. Der Buddha lehrte, daß alle Phänomene, vom absoluten Standpunkt aus betrachtet, nicht-existent oder leer sind, daß sie Projektionen von Begierden sind, Schöpfungen eines fiktiven, neurotischen Ichs, das nur geheilt werden kann durch die Erkenntnis, daß es nicht existiert, daß alle mentalen, emotionalen und spirituellen Konstruktionen falsch sind. Das Wesen aller Dinge und Handlungen ist ‹Dukkha› – Leiden oder Ungenügen –, und nur wer erwacht, das heißt, die Leerheit aller Dinge erkennt, erlangt ‹Sunyata›, die Freiheit vom Leiden. Freiheit vom Leiden, von *allem* Leiden, und zwar in *diesem* Leben ist das Ziel buddhistischer Philosophie und Praxis. Der Buddha wollte nicht, daß die Menschen in trauriger Klarheit über die Nichtigkeit der Welt und die Vergeblichkeit aller Wahrnehmung verharrten; er wollte, daß sie wach sind, daß sie ‹Buddha› sind (was wörtlich ‹der Erweckte› heißt), daß sie frei von Hoffnung und Furcht, frei von Begierden und deren Konstruktionen sind. Das ist eine im tiefsten Sinne komische Sicht der Dinge, denn hier wird dem individuellen Streben, dem tragischen Lebensgefühl und all den scheinbar so wichtigen Schicksalsschlägen, denen das Ego ausgesetzt ist, jede tiefere Bedeutung abgesprochen.»

«Sagten Sie nicht, Sie sind kein Buddhist?»

«Bin ich auch nicht.»

«Sie reden aber wie einer.»

«Das macht Ladakh mit Ihnen. Sie werden es erleben.»

Ich habe schon eine ganze Weile auf Ahmeds allwissenden Vortrag über die Ladakhi gewartet. Jetzt kommt er.

«Sehr gute Leute, Sir. Von den ganzen Göttern verstehe ich nichts, Sir. In Moslemreligion nur ein Gott, Allah. Er ist alles. In Ladakh zu viele Buddhas, dieser Buddha, jener Buddha. Und die Leute wissen nicht, welcher Buddha, Sir. Sie lächeln und beten, aber wissen nicht. Aber gute Leute, Sir. Ich bin Moslem, und wenn ich sage: ‹Ich mag diese Leute nicht, sie sind Buddhisten›, dann ist das schlecht, Sir, und ich bin Dummkopf. Es sind gute Leute. Die betrügen nicht wie die Kaschmiri. Ihr Leben ist einfach, Sir. Was essen sie? Viel Tee, Sir. Sehr viel Tee. Tibetischer Tee. Morgens, mittags, abends. Dieser Tee ist Tee und Salz und Soda. Sehr schlecht. Aber sie mögen das sehr. Manchmal ein bißchen Gemüse, manchmal ein bißchen Fleisch, manchmal ein bißchen Suppe mit Nudeln, Tomaten und Kohl. Thukpa nennen sie das. Immer Thukpa Thukpa Thukpa. Deshalb bin ich so dünn, Sir, ich kann dieses Thukpa nicht essen, ich muß zum Markt gehen und Samosa essen. Sehen Sie diese Familie, Sir. Das sind reiche Leute. Die haben großes Haus. Die haben Felder. Aber sind nicht schlechte Leute. Sie sagen: ‹Ahmed ist gut. Er arbeitet hart. Er muß Tag frei haben.› Manchmal sind sie gierig, manchmal sagen sie: ‹Du mußt dies tun, du mußt das holen›, aber das ist nicht oft. In Delhi, wo ich gearbeitet habe, da rufen und schreien sie alle nur Geld Geld Geld. Manchmal wollen Ladakhi auch Geld, aber nicht so viel. Sie haben ihre Familie gern, sie reden gern, sie trinken gern Tee, und sie sitzen gern einfach so da, Sir, trinken Tee und sitzen einfach da. Und sie arbeiten auch, Sir. Der Boden ist sehr hart. Arbeiten, arbeiten, und dann den ganzen Winter sitzen, sitzen. Und trinken, Sir. Ich bin Moslem, ich trinke nicht. Aber diese Leute trinken sehr. Sie trinken dieses Chang. Den ganzen Winter trinken, trinken und Karten spielen. Dieses Chang machen sie aus Gerste, Sir. Es ist weiß. Und schlecht. Aber sie mögen das sehr. Und wenn sie trinken, dann singen sie und singen und singen und tanzen und tanzen und tanzen. Ich singe nicht gern. Ich tanze nicht gern. Ich mag nur Frau und Geld. Ich bin ein armer Mann, Sir, und Frau ist in Delhi.»

Am Abend grinst Ahmed mich an. «Sie sind Christ. Sie trinken. Sie sind gut dran. Für Chang am besten ist abends nebenan.»
Am nächsten Abend ging ich hin. Und ich ging fast jeden Abend hin, den ich in Leh war – wegen des Lokals selbst, wegen seiner Inhaberin, einer imposanten, rundgesichtigen alten Tibeterin, wegen der jungen Tibeter, die nach etlichen Glas Chang zu tanzen

begannen und die alten Lieder aus Tibet, Lahul und Spiti sangen, und natürlich wegen des Chang. Man trinkt es wie Limonade, Glas um Glas, und plötzlich... Aber es ist nicht schwer. Es wird einem nicht schlecht davon.

Manchmal schlagen die ladakhischen und tibetischen Jungen über die Stränge. Sie fangen an zu tanzen in dem kleinen schmutzigen Raum mit seinen Bildern von Bodhisattvas und vom Dalai Lama. Sie legen einander die Arme um die Taille und drehen sich und schwingen die Hüften – und stoßen einen Tisch um. Dann fliegt die Tür auf, und die alte Frau steht da, königlich und ungnädig. Sie hebt eine Hand wie eine chinesische Kaiserin. Stille.

Gestern lud sie mich zu einem Glas Chang ein und erzählte. Sie ist eine Tibeterin, die in Dharamsala lebte und für den Sommer nach Ladakh kam. Sie stammt aus einer reichen Adelsfamilie in Kham. Sie sagte: «Uns haben früher vierhundert Felder und drei Berge gehört.» Ihr Bruder war ein hoher Rinpoche gewesen; die Chinesen hatten ihn in einer Höhle gefangengehalten und hungern lassen. «Erst im letzten Jahr, nach mehr als zwanzig Jahren, habe ich erfahren, daß er noch lebt.» Sie begann zu weinen. «Nach zwanzig Jahren ist der Rinpoche noch am Leben.» Stimmen von draußen aus der Gaststube: «Mama, wir wollen Chang! Wir haben Durst!» Sie stand auf, zuckte die Schultern, goß Chang aus einer silbernen Henkelkanne in einen gelben Plastikkrug und ging hinaus.

Ich sitze in der Küche und sehe der Frau des Hotelbesitzers zu, die in einem hohen, mit Drachen und Buddhas verzierten Silberzylinder tibetischen Tee bereitet. Dabei erzählt sie, daß es das beste Getränk der Welt sei, besser als Thukpa; man kann es jederzeit trinken, morgens, vor dem Schlafengehen oder mitten in der Nacht; es macht den Kindern rote Backen, und man lechzt danach, wenn man in den Bergen unterwegs ist; die Ladakhi, besonders die Alten wie zum Beispiel ihre Schwiegereltern, trinken diesen Tee den ganzen Tag, und deshalb sind sie gesund und leben lange und überstehen die langen Winter, und die Mönche trinken ihn auch den ganzen Tag und sind dick und heilig davon. Ich bin nervös. Meine Wirtin dreht sich um. Sie ist fertig. Sie gießt mir etwas in eine angeschlagene weiße Schale. «Wenn Sie unseren Tee nicht mögen, können Sie Ladakh nicht lieben.» Ich nehme die Schale. Sie beobachtet mich genau. Ich trinke. Es schmeckt. Der Tee ist salzig, stark und doch fein, köstlich. Ich möchte noch einen. Sie klatscht in die Hände.

Der Morgen dämmert. Eben hat der Muezzin gesungen. Alle Hunde von Leh bellen, wie immer um diese Zeit, und von den Hügeln, von jenseits des Tals, vom Fluß tönt glockenartig das Gebell anderer Hunde herüber. Ich bewohne das «Glaszimmer» des Hotels; die Fenster gehen zum Garten hin. Die dicken, jetzt schon glühenden Köpfe der Sonnenblumen schlagen an die Scheibe, als ich das Fenster öffne. Die Luft ist so frisch, daß sie mich ein wenig berauscht, und meine Hand tastet unsicher nach dem Hemd.

Später saß ich mit dem Besitzer meines Hotels zusammen. Er hatte mich eingeladen, im Garten tibetischen Tee mit ihm zu trinken. Wir saßen in uralten Liegestühlen zwischen Sonnenblumen, riesigen Tulpen und Kornblumen und beobachteten das von Gipfel zu Gipfel wandernde Licht des Sonnenuntergangs.
«Als ich ein Kind war, hat man mir gesagt, daß die Götter in den Bergen wohnen und daß ein Mensch, der sich auf die Spitze eines solchen Berges stellte, sterben würde.»
Ich erzählte ihm, daß ich vor einigen Jahren in Nepal gehört hatte, die nepalesische Regierung verbiete immer noch, den Machepuchare, den «Fischschwanzberg», zu besteigen.
«Das ist nur eine Frage der Zeit», sagte er. «Nur eine Frage der Zeit – und eine Geldfrage. Was kann Geld nicht kaufen, my dear Sir? Als ich jung war, da gab es viele Dinge, die man mit Geld nicht kaufen konnte. Jetzt kann man alles kaufen, sogar einen Berggipfel.»

Ich sagte, mein Eindruck sei, daß er eine Menge Geld verdiene. Seine Miene hellte sich augenblicklich auf. «Yes, dear Sir. Ich werde reich. Das macht mich froh. Letztes Jahr ist wieder ein Baby gekommen. Eine Tochter. Sie hat noch keinen Namen. Wir werden ihr im Winter einen Namen geben. Der Bakula Rinpoche wird einen Namen für sie auswählen, und wir werden feiern. Mein Hotel ist sehr gut. Es war das Haus meines Vaters, aber er hat es mir bei meiner Hochzeit gegeben. Er ist der alte Mann, der bei uns wohnt und im Garten arbeitet. Es ist bei uns so Brauch, daß der Vater dem Sohn sein Haus gibt, wenn er heiratet.»

Ich fragte ihn, ob er sonst noch eine Arbeit hätte. «Ich arbeite nicht. Ich bin glücklich. Ich habe eine Stelle beim Kanalisationsamt. Aber das ist keine Arbeit. Ich stehe um sieben auf und gehe in Leh herum und sehe nach, ob alle Straßenkehrer kehren... Und dann komme ich nach Hause. Zwei Stunden am Tag, manchmal weniger. Fünf Monate im Jahr leite ich das Hotel. Aber was arbeite ich? Meine Frau macht die Arbeit. Ich sehe zu.»

Er lachte. Er ist ein schlanker, gutaussehender Mann, doch sein Gesicht verrät Schwäche. Er hat seit seiner Kindheit ein Magengeschwür, erzählt er. Er verdreht die Hände, wenn er spricht.

«Viele Dinge haben sich geändert», sagte er. «Wir haben europäische Klos eingebaut. Ich habe meiner Frau zwei europäische Kleider gekauft. Manchmal hören wir die Nachrichten in Englisch. Wir haben Radios. Leh hat einen Radiosender. Letztes Jahr habe ich mir eine Cassette gekauft. Rolling Stones, Bee Gees, Beatles, Hindi-Filmsongs. Das macht mich glücklich. Dreitausend Rupien. Teuer. Aber es macht mich glücklich.

Und dieses Jahr kaufe ich mir einen Walkman. So nennt man das doch, oder? Das möchte ich für meine Arbeit am Morgen haben. Ich mag Cassettenrecorder. Ich mag Hosen. Ich mag Ausländer. Ich mag mein Hotel. Und ich verdiene gern Geld. Ich bin glücklich.»

Aber er sah nicht glücklich aus.

«Können Sie mir die Namen der Berge sagen?» fragte ich. Sein Gesicht veränderte sich, und er sagte mit einer ganz anderen, fast andächtigen Stimme: «Kangri... Kangri-La...» die uralten Namen.

Sein Vater, der in einem kleinen Weizenfeld am Ende des Gartens stand, drehte sich um und lächelte uns zu. Namgyal und Rindchen, seine beiden Söhne, kamen um die Ecke gerannt, bauten sich vor uns auf, kicherten und fingen an zu singen: «Bää, bää, schwarzes Schaf, hast du denn auch Woll'?» gefolgt von einem schrillen Crescendo: «Yes, Sir, yes, Sir, Teesäckvoll!»

Der Hotelbesitzer wendete sich mir wieder zu. «Alles ändert sich, und wer könnte sagen, ob es zum Guten ist.»

Alle Berge liegen jetzt im Dunkel, alle außer dem höchsten, dem Kangri-La. Er glüht noch einmal auf und verlischt.

Die Mutter des Hotelbesitzers kommt manchmal in mein Zimmer, wenn ich arbeite, setzt sich neben mich und schaut mir beim Lesen oder Schreibmaschineschreiben zu.

Als ich heute morgen aufwachte, schaute sie mich durchs Fenster an. Sie hatte ein paar Äpfel in der Hand. Kurz darauf kam sie mit ihnen herein, kleine grüne Äpfel auf einem Silbertablett, und stand wartend, bis ich einen von ihnen gegessen hatte.

Manchmal waschen wir gemeinsam unsere Wäsche in dem Bach am Ende des Gartens. Sie schlägt ihre so wuchtig auf die Steine, daß ich mich frage, wie der Stoff das aushält. Wenn wir waschen, erzählt sie.

«Ich habe mein ganzes Leben in Leh verbracht. Als ich jung war, kamen Händler aus Afghanistan und Rußland auf den Markt. Sie hätten sie sehen sollen! Sehr wilde Männer!

Als ich jung war, ist ein Junge aus jeder Familie ein buddhistischer Mönch geworden. Jetzt möchte jede Familie, daß ihr Kind Fremdenführer wird. Hätte ich es mir aussuchen können, dann wäre ich eine Nonne, eine Chömo, geworden. Ich wäre keine gute Chömo gewesen. Ich esse und schlafe gern dann, wann ich will. Warum lesen Sie soviel? Es ist nicht gut, soviel zu lesen. Und Sie haben zu viele Freunde. Freunde wollen immer was. Ich habe nur zwei Freundinnen.»

Einmal fragte ich sie, wie alt sie sei, und sie lächelte kokett. (Drei

Schneidezähne fehlen.) «Was glauben Sie denn, wie alt ich bin?» «Fünfundzwanzig», sagte ich. Sie kreischte vor Lachen. Sie erzählte jedem: «Der Engländer glaubt, ich bin fünfundzwanzig.»

Wenn sie im Feld arbeitet oder ihre Töpfe und Pfannen abwäscht, sitzt immer eines ihrer Enkelkinder bei ihr; sie kocht für sich und ihren Mann, und sie essen unter einem Baum am Bach.
Sie schläft überall. Ich habe gesehen, wie sie sich auf zwei alten indischen Truhen in der Küche für die Nacht einrichtete; ich habe sie am Nachmittag in einem Korridor des Haupthauses schlafen sehen, eingerollt wie ein Schäferhund.
Einmal fragte ich sie bei der Wäsche am Fluß: «Haben Sie keinen besonderen Raum zum Schlafen?»
Sie lachte. «Schlafen ist so langweilig, weshalb sollte ich einen besonderen Raum dazu haben?»

Von den Kindern der Familie mag ich Namgyal am liebsten. Außer ihm gibt es noch ein unauffälliges, ernstes Mädchen mit Zöpfen; dann den achtjährigen Wangchuk, der ständig irgendwelche kleinen Wunden seiner Brüder verarztet, Besorgungen macht oder am Fluß auf den Steinen Wäsche wäscht; und schließlich den trägen, lächelnden Rindchen mit seinem erotischen Augenaufschlag, der den ganzen Tag nichts anderes tut, als allein im Matsch zu spielen. Aber Namgyal, der Vierjährige, ist derjenige, den ich wirklich liebe; er besitzt keinerlei Moral außer der seines Eigeninteresses; er schreit, wenn etwas nicht nach seinem Kopf geht, und zwar so mörderisch, daß man sich kaum vorstellen kann, wie solch ein Lärm aus einem so kleinen Körper kommen kann, und er strahlt wie eine Filmdiva, wenn er bekommt, was er will; er ist ein Meister des Schmeichelns, Befehlens und Manipulierens. Seine Mutter küßt ihn unentwegt; sein Großvater trägt ihn ständig im Huckepack herum; seine Großmutter füttert ihn bei jeder Gelegenheit mit Aprikosen oder spielt auf der Veranda mit ihm. Er führt das Leben, das ich mir immer gewünscht habe – faul, herrisch und verwöhnt.

Er ist sich meiner Zuneigung bewußt und schlachtet sie weidlich aus. Er sitzt an meinem Arbeitstisch, spielt stundenlang mit meiner Schreibmaschine und starrt mit einer Art schaudernder Faszination auf die kleinen schwarzen Buchstaben; er durchwühlt meine Sachen, findet mein Messer und ritzt damit die Buchstaben seines Namens immer wieder in die bröckligen Wände. Er beobachtet mich von außen durch das Fenster beim Lesen oder Schreiben; wenn ich aufblicke, gluckst er und sagt: «Ich spielen, ja?» und dann klettert er zum Fenster herein und hackt auf der Maschine herum, wobei er die Luft durch die Zähne saugt wie ein wichtigtuerischer Bankangestellter.

Er und Wangchuk kommen abends meistens zu mir, damit ich ihnen englische Lieder beibringe. Sie können nur ein paar Brocken Englisch, aber es ist ihr größter Ehrgeiz, englische Lieder zu singen. Bislang habe ich ihnen die erste Strophe von «Cock Robin» beigebracht. Das hat meine Mutter mir abends gesungen, als ich klein war, und es brachte mich zum Weinen. Wangchuk und Namgyal weinen nicht, denn sie verstehen kein Wort, und sie singen es ziemlich falsch und sehr fröhlich, und stets bringen sie mir als «Bezahlung» eine Schale mit Aprikosen und Sonnenblumenkernen.

In früheren Zeiten stellten die Bewohner von Leh an allen Ecken Balsambaum- und Wacholderzweige auf, und der Duft zog durch die Straßen. Vielleicht tun sie das heute noch im Winter.

Im ganzen westlichen Tibet schichtet man das Heu auf den Hausdächern auf. Die Haufen werden so angelegt, daß das Gewicht auf den Außenmauern und nicht auf der Decke des darunterliegenden Raums lastet. In Ladakh fällt einem auf, wie sauber und ordentlich diese Haufen auf den Dächern geschichtet werden; nichts hängt über den Dachrand hinaus, und das Ganze bietet ein Bild von geordneter Fülle. Selbst das Aufschichten von Stroh und Heu auf dem Dach wird zu einer Sache von Schönheit und rechtem Maß.

Jede Gompa, jeder Tempel, jedes Haus besitzt eine weite Einfriedung aus Ästen und Zweigen, die mit Erde bedeckt werden; meist wird diese Mauer rot angestrichen. Häufig sieht man einen weißen, unregelmäßigen Kreis auf diesen Zäunen. Der Kreis ist im Buddhismus das Symbol der Erleuchtung.

Zu dieser Jahreszeit leuchten viele Hausdächer in Ladakh von den zum Trocknen ausgelegten Aprikosen – Kreise, Vierecke und Rauten von flammendem Orange. Immer wieder sieht man sie kurz aus dem vorbeifahrenden Bus oder von einem Paß oder einer Tempelmauer aus, Eindrücke, die ich mir für dunklere Tage aufheben will: Schreie einer wilden Farbigkeit in dieser ockerfarbenen Welt.

Heute fand ich auf dem Basar einen Löffel für einen Freund in Oxford. Es ist eigentlich nur ein langer Kupfergriff mit einem roh zugehämmerten Ende. Seine ganze Verzierung besteht aus einer Reihe ineinandergreifender Dreiecke, die unregelmäßig in den Stiel geprägt sind. Der Löffel könnte von den Ägyptern, den Maya, den Indianern oder den Eskimo sein – oder die neueste Création eines italienischen Designers; er ist zeitlos in seiner Einfachheit.

In Spituk sah ich eine silberne Trompete. Sie war mit massivem Silber überzogen, verziert mit Drachen und Pfauen und einigen Fabelwesen (eins hatte den Kopf eines Löwen, ein anderes die harten Augen und den Schnabel eines Königsadlers) und mit Amethysten, Türkisen und drei Arten roter Koralle besetzt. Soviel überschwengliche und doch disziplinierte Phantasie... Ich hielt die Trompete gegen die Berge und das Licht des wolkenlosen Himmels, und die Drachenschwänze und die Schwingen der silbernen Adler flammten auf.

Während ich dies schreibe, liegt vor mir auf dem Tisch ein Paar uralter ladakhischer Eßstäbchen. Ich kaufte sie für den Sohn eines Freundes, doch als es dann soweit war, konnte ich mich nicht von ihnen trennen und schenkte ihm statt dessen eine alte Glocke. Sie sind klein, bestehen aus altem, rissigem, von Mokmok und Thukpa gelb gewordenem Elfenbein und stecken in der Rückseite der Scheide eines silbernen Dolchs. Nahrung und Tod, Lust und Wachsamkeit, ein fröhliches Miteinander von Gegensätzen. Würden sie in tantrischen Zeremonien gebraucht, so könnte man eine vielschichtige Symbolik um sie weben – das Messer durchschneidet die Bänder der Illusion, und mit den Stäbchen ißt man die Nahrung der Kontemplation. Die Griffe sind aus kaum bearbeitetem Silber und tragen jeder nur ein einziges Ornament, einen fächerschwänzigen feuerspeienden Drachen von so kraftvoller Lebensechtheit, daß man immer wieder erwartet, sich die Finger daran zu verbrennen.

Helena, Hans und ich unterhielten uns bei Pamposh, und Helena sagte: «Jetzt bin ich drei Wochen hier, und ich habe in Leh noch nichts Häßliches gesehen.»
Aber es gibt Häßliches in Leh. Es gibt die beiden verrottenden grünen Anschlagbretter vor dem Postamt; es gibt die offenen Toiletten an der Bushaltestelle und an der Mauer des Moslemfriedhofs; vor Pamposhs Café sind Löcher voller Kartoffelschalen, Spülwasser und Zeitungspapier; in allen Gossen stöbern räudige, verlauste Hunde nach Eßbarem; unter der Brücke liegen blutig und stinkend die Schafe; und es gibt auch Zeichen der Armut – die trüben Augen, die zitternden Hände halb blinder, mit unsicheren Schritten daherstolpernder alter Frauen, deren Brillen nur noch von Tesafilm zusammengehalten werden; alte Männer, die nur noch über wenige schwarze Zahnruinen verfügen und an den Unterschenkeln offene Geschwüre haben.

Am Abend trafen wir uns im Dreamland, dem einzigen halbwegs anständigen Restaurant der Stadt. Ich zitierte ihnen die drei antikaschmirischen Bemerkungen, die ich bei De Vigne gefunden hatte: «Viele Narren in einem Haus werden es entwürdigen, und viele Kaschmiri in einer Stadt werden sie verderben.» – «Triffst du eine Schlange, so laß sie leben, aber verschone keinen Kaschmiri.» – «Gewähre keinem Kaschmiri deine Freundschaft, oder du hängst dir selbst das Beil über die Tür.»

Hans lachte. «Eigentlich sind diese Sprüche durchaus nicht komisch. Seit 1947 steht Ladakh unter dem Regiment der Kaschmiri, weil es zum Staat Jammu und Kaschmir gehört. Die Kaschmiri besitzen alle Macht im Land – alle administrative Macht. Wußten Sie, daß es in der Staatsregierung in Srinagar keinen ladakhischen Minister gibt? Ich könnte Ihnen die haarsträubendsten Geschichten über Korruption erzählen, vor allem über systematische Zweckentfremdung von Geldmitteln, die eigentlich für Ladakh bestimmt sein sollten. Die Ladakhi haben sehr lange Geduld gehabt. Viele von ihnen haben den Versprechungen der indischen Zentralregierung geglaubt, daß ihre Zugehörigkeit zur indischen Republik ihnen eine Zukunft im Zeichen des Fortschritts sichert. Inzwischen hat die meisten Ladakhi aber doch die Wut gepackt. Wut über die kaschmirischen Beamten, die ihr Leben in fast all seinen Aspekten verwalten, keinerlei Verständnis für ihre Religion haben und ihr Land für kahles Ödland halten. Wut darüber, daß Ladakh sich so langsam entwickelt, daß es kaum ausreichend finanzierte Anbau- und Bewässerungsprojekte gibt, die so dringend benötigt werden; Wut über den Mangel moderner Geräte, über den Mangel an Arbeitsplätzen, über die Kaschmiri, die das Geld haben, sich hier oben während der Sommersaison die Läden zu mieten, um die Touristen auszunehmen. Es gibt immer wieder Krawalle, dieses Jahr waren sie im Januar und im Juni besonders schlimm, und für Ende nächsten Monats ist ein Protesttag angesetzt, bei dem es durchaus zu Gewalttätigkeiten kommen könnte. Viele Ladakhi sind illegal bewaffnet. Jeder weiß das. Jeder weiß auch, daß die Ladakhi-Scouts, die Teil der indischen Grenztruppe sind, nicht tatenlos herumstehen werden, falls die Armee einrücken und auf ihre Landsleute schießen sollte.»

«Die Ladakhi wirken so friedlich und umgänglich; glauben Sie wirklich, daß sie kämpfen würden?»

«Natürlich. Sie werden es nicht endlos ertragen, passiv zu bleiben.»

«Und können sie gewinnen?»

«Das bezweifle ich. Ihre einzige Hoffnung ist, daß die Zentralregierung etwas gegen die Kaschmiri unternimmt. Und das könnte durchaus sein, denn das hier ist schließlich ein sehr heikles Grenzgebiet. Andererseits will Indien sich natürlich die Loyalität von Kaschmir erhalten und wird so lange wie möglich alle Probleme unter den Teppich zu kehren versuchen. Niemand kann wissen, was passieren wird.»

Der Strom war ausgefallen. Der ewig brummende Generator war plötzlich verstummt, und das tibetische Mädchen, das die Gaststätte leitete, stellte Kerzen auf.

«Die Kaschmiri haben die Muttersprache der Ladakhi fast ganz aus den Schulen verdrängt», sagte Hans. «Ladakhi darf nur noch bis zur fünften Klasse unterrichtet werden. Und zur Erhaltung der Klöster oder zur Unterstützung der buddhistischen philosophischen Schule werden kaum Gelder bereitgestellt. Die Ladakhi haben schon so viel verloren...»

Wir verließen das Lokal und blieben im Sternenlicht stehen. «Ich hoffe, daß dieses Volk seine Identität bewahren wird», sagte Hans, «aber das ist eine utopische Hoffnung. Und im übrigen eine Hoffnung, die ich mir leisten kann: ich werde nicht dafür bezahlen müssen.»

Die Tibeter sind überall in Leh. Für die kurze Touristensaison, die von Juni bis September dauert, kommen sie von so weit entfernten Orten wie Darjeeling oder Mysore herauf. Sie zahlen exorbitante Preise für Zimmer mit einer nackten Glühbirne und einem Poster von Bruce Lee an der Wand oder schlafen in ihren eigenen zerrissenen Zelten auf einer Wiese oder neben ihren offenen Marktständen. Ein dünnes tibetisches Mädchen in ausgebleichten Jeans führt das Dreamland; mit ihrem noch jüngeren Bruder, der mit seinen vierzehn oder fünfzehn Jahren schon den leeren, ausgemergelten Blick des Opiumsüchtigen hat, arbeitet sie hier sechzehn Stunden am Tag. Eine rundliche tibetische Frau von um die vierzig, die von allen «Mama» genannt wird, führt «Das Restaurant», das ist eine Bretterbude mitten in der Stadt, wo ich jeden Tag esse. Der langgestreckte Markt ist fast ausschließlich in den Händen von Tibetern jeder Art und jeden Alters – dicke alte Männer, dünne Mädchen, die nervös an ihren ersten Zigaretten ziehen, junge Casanovas mit pomadisiertem Haar, amerikanischen T-Shirts («I love Snoopy», «Princeton University», «Make me happy»), Joggingschuhen, dicken japanischen Armbanduhren und Cassettenrecordern, die endlos «Saturday Night Fever» oder Rolling Stones plärren, mittelalte Frauen, die ihre Perlen verkaufen und dabei mit hoher Stimme feilschen. Und sie sitzen den ganzen Tag mit ihren zähen, gegerbten Gesichtern hinter ihren Haufen von Silberglocken und Schriftrollen, hinter kleinen Elfenbeinschachteln und Papierfahnen mit dem Amithaba oder Avalokiteshvara, den Buddhas des grenzenlosen Lichts und Erbarmens, hinter blauen, grünen und roten Jadeketten oder kleinen Häufchen von quadratischen, länglichen oder runden Türkisen, und dabei feilschen und schwatzen sie, trinken tibetischen Tee und taxieren die Ausländer, die vorbeigehen, wie Leute, die sich vor dem Abschluß ihrer Wette auf dem Sattelplatz die Pferde ansehen.

Ich habe mit einem der Casanovas Freundschaft geschlossen. Er schwärmt für Bob Hope und Paul McCartney, und er möchte in Kalifornien leben. «Die Mädchen sollen da sehr liebeshungrig und fröhlich sein» (er schließt die Augen und seufzt leise). Er träumt vom Nichtstun und von einem roten Sportwagen, was er sich als den American Way of Life vorstellt. Er sagt: «Ich bin für alle Zeiten dein Freund, wenn du mir Disco beibringst.» Er sieht gut aus, dunkel, achtzehn, aber er hat schon Krähenfüße, und sein Blick bekommt etwas Angespanntes, wenn er sich unbeobachtet glaubt. «Ich mag dieses Land nicht... aus welchem Grund sollte ich es mögen? Es gibt keine Filme hier, keine guten Cafés, keine Mädchen. Was kann man mit einem ladakhischen Mädchen schon anfangen? Ich kann nicht mal ihre Hand halten. Ladakhische Mädchen sind gar nicht fröhlich.» Wieder dieser Seufzer. «Und Städte mag ich, die ganz großen Städte. Was ist das hier für ein Leben? Den ganzen Tag warte ich auf die Gelegenheit, irgendeine alte Touristin übers Ohr zu hauen. Manchmal muß ich zwei oder drei Tage warten, bis die richtige kommt, die ich dann anlächle, damit ich ihr meine Glocken und Halsketten fünfzehnmal so teuer andrehen kann, wie ich sie gekauft habe. Ich lächle und lächle, und das geht so drei Monate, und dann muß ich das Geld meiner Familie geben – meinem Vater, der alt ist, meiner Mutter, die alt ist, meiner Schwester, die noch zur Schule geht, meinem Bruder, der in Delhi studiert, meinem anderen Bruder, der auch in Delhi studiert. Und im Winter klappere ich die Dörfer ab, da sind die Leute noch dreckiger als hier; den ganzen Winter friere ich mir in Kulu den Arsch ab und beschubse die Dörfler um ihre Glocken, Schalen, Löffel und Türkisketten, damit ich dann hier die alten Europäer damit reinlegen kann. In Amerika muß niemand so leben, oder?»

«Die Tibeter sind schon immer ein zähes Volk gewesen», sagte Hans. «Und das mußten sie auch, um in der kalten Welt da oben überhaupt leben zu können. Und jetzt im Exil passen sie sich an und leben weiter. Warum sollen die Jungen nicht Turnschuhe tragen und sich nach Amerika sehnen? Es ist ein trauriger Traum, aber für sie ist die technische Zivilisation immer noch ein Wunder.»
Nach einer Pause fügte er hinzu: «Aber das alte Tibet gibt es auch noch; es lebt in manchen der Mönche, in manchen Familien, in den Kindern, in den Bergen, in den alten Frauen... Ladakh hält Bruchstücke davon in seinen alten Händen.»

«Du kennst Loti noch nicht? Du mußt ihn unbedingt kennenlernen. Er ist ein Tibeter, bißchen jünger als du, sehr klug...»

Ich traf Loti am nächsten Tag. Ich badete mit Freunden im Fluß, und er war auch dabei. Er badete nicht, saß nur halbnackt auf einem Felsen und sah uns zu. Er war sehr dünn, hatte einen durchdringenden forschenden Blick und saß mit gekrümmtem Rücken.

«Du tauchst ja nie ganz unter», sagte er.

«Das Wasser ist eiskalt», gab ich zurück.

«O ihr Engländer. Ihr seid doch angeblich so ganz besonders unerschrocken.»

«Na und du? Du sitzt da oben bloß wie ein Buddha.»

Er lächelte, und wir wurden Freunde.

«Komm doch heute abend zum Essen», sagte er. «Ich koche Thukpa, und wir können uns unterhalten. Ich muß morgen runter nach Srinagar, also müssen wir uns heute abend treffen oder gar nicht.» Wir saßen in seinem kleinen Zimmer und rauchten zusammen einen Joint.

«Ich habe zwei Dinge getan», sagte er, «die meine Welt auf den Kopf gestellt haben, und jetzt sitze ich hier, rauche einen Joint und rede in deiner Sprache mit dir. Ich habe das Kloster, in das ich sehr früh eingetreten bin, verlassen, als ich von Tibet nach Indien kam. Und ich habe ein Kind von einem amerikanischen Mädchen.»

Er legte dramatisches Gewicht in seine Rede, und ich gab mich entsprechend beeindruckt.

«Ich war in einem Kloster in Benares. Es gefiel mir ganz gut da. Das Klosterleben hat manches für sich. Die Freundschaft, das Lachen, sogar die Disziplin. Disziplin kann manchmal sehr gut sein. Aber ich wollte weg. Ich wußte, daß ich weggehen mußte. Wäre ich im Kloster geblieben, hätte ich die Welt nie gesehen; ich hätte nie erfahren, wie sie eigentlich ist. Ich konnte nicht im Kloster bleiben. Ich war da zu sehr behütet, verstehst du?»

Ich sagte, ich verstünde sehr gut. Schließlich hatte ich etliche Jahre auf einem College in Oxford zugebracht.

«Ich habe nicht mal meinen besten Freunden gesagt, daß ich weg will. Und ich habe so gut wie nichts mitgenommen. Ich ließ meine Kleidungsstücke, meine Bücher und sogar meinen Schreibstift da. Ich weiß jetzt noch nicht, weshalb ich das gemacht habe. Keiner sollte was wissen. Vielleicht habe ich mich geschämt. Sein Kloster zu verlassen, ist für einen tibetischen Mönch eine sehr schwerwiegende Sache.

Ich bin zu meinem Onkel gegangen. Er ist ein Lama. Er ist Vorsteher eines anderen Klosters. Er ist ein sehr gütiger Mann, und er mag mich. ‹So›, hat er gesagt, ‹du hast also das weltliche Leben gewählt. Du hast Samsara gewählt. Mach dir für diesen Schritt keine Vorwürfe und bemitleide dich nicht selbst; lebe, ohne an den Dingen zu haften, aber mit Verständnis.› Wir Tibeter, weißt du, wir sind ein praktisches Volk.»

Er nahm wieder einen tiefen Zug aus dem Joint, warf den Kopf zurück und schloß die Augen. Als er sie wieder öffnete, glitzerten sie verschmitzt.

«Ich war noch nicht lange aus dem Kloster weg, da habe ich ein amerikanisches Mädchen kennengelernt. Ist das nicht komisch, ich schleiche mich aus dem Kloster und lande in den Armen eines amerikanischen Mädchens. Meine Generation von Tibetern hat allerlei Veränderungen erlebt, kann ich dir sagen.» Er lachte trocken.

«Ich habe dieses Mädchen in meinem Dorf in der Nähe von Dharamsala getroffen. Sie war älter als ich. Am Anfang war die sexuelle Seite sehr stark. Ich bin nachts immer bei ihr gewesen. Du guckst so erstaunt. Wir Tibeter sind sehr freimütig in Sachen Sex, vor allem da, wo ich herkomme, in Kham. Es gibt sogar eine Tradition, mit anderen Frauen der Familie zu schlafen, wenn der Mann mal nicht da ist. Ich habe mit meinen Freunden regelrechte Beutezüge dieser Art gemacht. Einer sagte: ‹Soundso ist weg! Sehen wir doch mal nach, ob seine Frau mich reinläßt›, und dann ist er durch das Schlafzimmerfenster geklettert. Fast immer hat die Frau ja gesagt. Manchmal ist dann plötzlich doch der Mann aufgetaucht, aber er war selten wirklich wütend. Schlimmstenfalls gab es eine Tracht Prügel. Und manchmal war dieser Mann natürlich in genau derselben Sache unterwegs gewesen. Einmal ist ein Freund von mir bei der Frau von einem anderen Freund eingestiegen und kam strahlend wieder raus. Dann ist er zum Haus von einem dritten Freund, der auch nicht zu Hause war. Und hier begegnete ihm am Fenster der Mann von der Frau, bei der er zuerst gewesen war. Haben wir gelacht!

Aber ich wollte von dem amerikanischen Mädchen erzählen. Nach einer Weile bin ich zu meinem Onkel gegangen und habe ihm alles erzählt. Er rief uns beide zu sich. ‹Wenn ihr es ernst meint›, sagte er, ‹dann solltet ihr zusammenleben und einander ein Leben lang lieben. Ihr solltet euch verloben.› Und ich dachte, ich mag dieses Mädchen, und meine Mutter wird sich bestimmt freuen, wenn ich mich endlich niederlasse, also warum nicht? Wir haben uns verlobt und häuslich niedergelassen.» Wieder nahm Loti einen tiefen Zug aus dem Joint. «Aber es war schwierig. Meine Güte. Sie hat nie geredet. Nie. Immer war sie still. Und ich rede so gerne. Ich lache so gerne. Wenn ich mal einen Witz gemacht habe, hat sie mich nur knurrig angesehen. Was ist los mit den Amerikanern? Mögen die nicht lachen? Dann sagte sie eines Tages: ‹Deine Freunde sind lauter Taugenichtse›, und von da an konnte ich nicht mehr mit meinen Freunden trinken gehen, ohne daß sie irgendwann auftauchte und mich wie einen Hund nach Hause schleppte. Keiner von meinen Freunden hat gewagt, in mein Haus zu kommen, so ekelhaft war sie. Und sie selbst hatte keine Freunde. Das war das Schlimmste. Sie hatte überhaupt keine Freunde. Nur mich. Also mußte ich alles für sie sein. Das ist ganz schön schwer, alles für jemanden zu sein. Und sie wollte, daß ich alles für sie bin – wunderbarer Liebhaber, wunderbarer Mann, wunderbarer Bruder, wunderbarer Freund. Na ja, sie hat halt ihre westlichen Vorstellungen. Sie hat gedacht, wenn wir zusammenleben, dann haben wir alle Tage Ekstase, absolutes Nirwana. Wir Tibeter denken nicht so. Ja, ich wollte sie heiraten, aber ich habe mir nicht endlose Freude davon versprochen; ich war nur lieber bei ihr als bei irgendeiner anderen Frau, das ist alles. Sie hat mich oft angeschrien: ‹Du bist egoistisch› oder ‹Du bist überhaupt nicht romantisch›, und ich habe gesagt: ‹Ja, ich bin nicht romantisch, aber ich liebe dich.› Dann hat sie mich an den Haaren gerissen und geschrien: ‹Lügner! Du haßt mich!› Da hat es mir natürlich gereicht, und ich bin saufen gegangen. Und dann hat sie mich gezwungen zu kochen. Ein tibetischer Mann lernt das nicht, weißt du. Meine Mutter hatte immer alles gemacht, kochen, waschen. Irgendwann hat also meine Frau gesagt: ‹Ich koche nicht mehr.› Also mußte ich es lernen. Und ich habe schnell gelernt, nur um sie zu ärgern. Ich wurde ein sehr guter Koch. Köstlich. Das hat sie sehr wütend gemacht. Sie hat sich gedacht, sie könnte mich damit demütigen. Ich habe auch gelernt, die Wäsche zu waschen. Sehr sauber.» Loti sah mich an. «Soll ich dir sagen, wo das Problem lag? Sie war so verdammt heilig. Sie wollte alles aufgeben. Trink nicht, fluch nicht, mach keine Witze, nicht zuviel Sex, tu dies nicht, tu das nicht, ununterbrochen. Manche Westler sind wirklich schlimmer als der heiligste Rinpoche. Sie geben alles auf und fühlen sich so erhaben... Na, und dann haben wir ein Kind bekommen. Sie wollte ein Kind, und ich habe gesagt, warum nicht? Wir kamen uns näher während der Schwangerschaft. Ich habe für sie gekocht und mich um sie gekümmert. Dann kam die Geburt. Für mich war es keine Frage, daß das Kind bei uns schlafen würde. In tibetischen Familien schlafen die Kinder immer bei den Eltern. Sie sind dann immer nah am Körper ihrer Eltern, und das macht sie zufrieden und glücklich; sie spüren immer die Liebe ihrer Eltern. Sie hat bei einem Australier eine Wiege gekauft. ‹Was ist denn das?› habe ich sie gefragt. Sie sagt: ‹Das ist für das Kind zum drin Schlafen.› Ich sage: ‹Mein Kind schläft in keiner Wiege. Es schläft bei uns.› Wir haben uns wochenlang gestritten, aber ich habe gewonnen. Und dann ist das Kind gekommen, und ich war selig. Jetzt, wo sie sich um das Kind zu kümmern hatte, ließ sie mich wieder in Ruhe. Ich konnte wieder leben. Nach einer Weile habe ich zu ihr gesagt: ‹Du könntest doch für ein paar Monate wieder nach Amerika fahren. Du kannst unser Kind da besser ernähren. Ich werde den ganzen Sommer in Ladakh sein, und da ist es sehr hoch, sehr unbequem.› Sie hat viel geweint, aber dann doch zugestimmt – und ich bin heilfroh, allein zu sein. Im November fahre ich zu ihr nach Los Angeles.»

Es war nicht so leicht, mir Loti in Los Angeles vorzustellen.

«Schreibt deine Frau dir aus Amerika?»

«Dauernd.»

«Und was schreibt sie?»

«Sie schreibt, daß sie mich liebt und daß sie sich nach Indien zurücksehnt, nach dem tibetischen Leben. Sie sagt, sie kann Amerika nicht mehr ausstehen, es ist nicht mehr ihr Land. Amerika ist so *konkret*, sagt sie. Geld, Geld, Geld, Sex, Sex, Sex. Kein Geist, kein

Glaube an andere Dinge. Sie sagt, sie braucht nur Reagans Gesicht zu sehen, dann kriegt sie schon Kopfschmerzen. Sie sagt, ihre Mutter weiß alles besser und will ihr immer Vorschriften machen – das Baby soll in einer Wiege schlafen, das Baby soll nicht an der Brust trinken. Sie sagt, sie hat keine Freunde, und ich bin ihr einziger Freund.»

Loti schwieg und wirkte ein wenig traurig.

«Liebst du sie?» fragte ich ihn.

Er wurde rot. «Ich weiß nicht. Ich denke nie...» Und dann sagte er: «Wir gehören fürs Leben zusammen, verstehst du? Wir sind verlobt. Wir werden zusammenbleiben. Manchmal denke ich, es ist nur Abhängigkeit, nicht Liebe. Manchmal denke ich, daß ich nur meines Sohnes wegen bei ihr bin. Aber, weißt du, als sie schwanger war, da wurde sie etwas netter. Meine Freunde konnten wieder kommen, und es hat ihr nichts ausgemacht, wenn wir getrunken haben. Sie hat nicht mehr gesagt: ‹Du stinkst, du hast eine Fahne wie eine ganze Schnapsbrennerei.› Sie hat sogar selbst mal einen Schluck genommen. Vielleicht wird sie doch noch eine Tibeterin. Und weißt du was? Kurz vor ihrer Abreise hat sie gesagt: ‹Ich möchte deine Mutter mal sehen, ich möchte deine Mutter kennenlernen.› Sie hatte noch nie ein Wort über meine Familie verloren. Sie hatte noch nie einen von ihnen sehen wollen, und das hatte mich immer so traurig gemacht. Ich liebe meine Leute nämlich, und ich möchte gern, daß auch mein Sohn sie liebt. Und sie hat es endlich gesagt. Sie hat gesagt: ‹Ich möchte deine Mutter kennenlernen.› Jetzt habe ich das Gefühl, daß ich sie lieben kann.»

Er sah mich an. «Ich habe Tibet verlassen, als ich zwei Jahre alt war. Dann habe ich das Kloster verlassen. Dann habe ich ein amerikanisches Mädchen geheiratet. Wenn ich meine Familie im Stich lasse, wenn ich sie nicht liebe und unterstütze, bin ich kein Tibeter mehr und habe keine Heimat mehr. Es fällt mir nicht schwer, meine Familie zu lieben. Das sind brave und nette Leute. Meine Mutter liebe ich sehr. Alle Tibeter haben eine sehr tiefe Verbindung zu ihrer Mutter. Wenn jemand schlecht über seine Mutter spricht, ist selbst ein moderner Tibeter entsetzt. Ich hatte mal einen französischen Freund. Der hat sich sehr für den tibetischen Buddhismus interessiert. Es gibt bei uns das Gelöbnis, alle Dinge wie unsere Mutter zu lieben und zu achten. Wir glauben, daß alle Dinge einmal in früheren Inkarnationen unsere Mutter gewesen sind. Also, dieser französische Freund sagte, daß er jedes Gelöbnis außer diesem ablegen kann. Er sagte: ‹Ich kann jedes empfindende Wesen lieben – außer meiner Mutter.› Ich war sehr schockiert.»

Als wir uns trennten, hatte Loti gesagt: «Morgen werde ich dafür sorgen, daß du Jam Yang kennenlernst. Ich bin dann in Srinagar, aber er wohnt nebenan. Ich werde ihm von dir erzählen. Wenn du gegen Abend herkommst, wird er da sein.»
«Wer ist Jam Yang?»
«Mein bester Freund. Ein Tibeter. Er arbeitet für dieselbe Reiseagentur wie ich. Er trinkt. Er ist ein Tulku.»
«Ein Tulku?»
«Ein Tulku ist eine Inkarnation. Als ganz kleiner Junge wurde Jam Yang ‹entdeckt› und kam für viele Jahre in das Kloster des Karmapa in Sikkim. Dann hat er sein Kloster verlassen, genau wie ich. Und aus demselben Grund: Er wollte die Welt sehen. Aber Jam Yang ist trauriger als ich. Ich glaube, die Welt tut ihm mehr weh als mir.»
Ich kam am nächsten Abend wieder, und Jam Yang war da und erwartete mich; er war schon ein bißchen betrunken und saß mit drei vollen Changflaschen und zwei sorgsam gerollten Joints neben sich auf dem Boden seines Zimmers. In diesem Zimmer gab es nichts als ein Bett und ein Bild des Dalai Lama darüber. Jam Yang schaute ohne ein Lächeln zu mir hoch, als ich eintrat.
«Setz dich», sagte er. «Ich bin schlechter Laune. Ich habe einen schlimmen Tag gehabt. Ein paar blöde Franzosen. Ich werde einfach eine Weile still hier sitzen.»
Er schloß die Augen und saß etwa eine Viertelstunde ganz regungslos da. Ich sah zu, wie sein trauriges, schmales, schönes Gesicht sich entspannte und seine Fäuste im Schoß sich langsam lösten. Er war ganz anders als Loti – dunkler, aufgewühlter, markanter. Er konnte höchstens sechsundzwanzig sein, sah aber älter aus. «Ich glaube,

die Welt tut ihm mehr weh als mir», hatte Loti gesagt. Doch bei aller Traurigkeit des Ausdrucks lag auch etwas Grimmiges und Zwingendes in seinem Gesicht, ein Stolz, eine Entschlossenheit, sich nicht besiegen zu lassen.

Er schlug die Augen auf. «Loti hat gesagt, er mag dich. Ich glaube, ich werde dich auch mögen. Ich bin sehr direkt.»

«Ich bin auch direkt», sagte ich. «Ich glaube, ich werde dich auch mögen.»

Das gefiel ihm, er lächelte, ein unverhofftes, volles, kindliches Lächeln. Wir gaben uns die Hand.

«Tut mir leid, daß ich dich so empfangen habe», sagte er, «aber ich hatte einen sehr schwierigen Tag. Die neue Gruppe, die ich führen muß, ist ziemlich borniert. Ich habe ihnen heute die Inkarnationslehre zu erklären versucht. Ich habe sehr einfach und betont ruhig gesprochen. Aber nichts ist bei ihnen angekommen. Sie haben gesagt: ‹Das ist eine sehr nette Idee.› Da bin ich wütend geworden. Reinkarnation ist keine *nette* Idee. In mancher Hinsicht ist es sogar eine erschreckende Idee. Immer wiederkommen zu müssen, so oft, bis du die Probleme deiner Seele gelöst und Frieden gefunden hast. Ist das etwa ‹nett›? Und im übrigen, habe ich gesagt, ist es keine *Idee*. Für mich ist es eine Tatsache. Ich habe ihnen eine Geschichte erzählt, eine wahre Geschichte, die stopfte ihnen endlich das Maul.»

Jam Yang fing an zu lachen und schlug sich auf die Schenkel. «Ich weiß, ich sollte so was nicht sagen, aber manchmal... Loti hat dir, glaube ich, erzählt, daß ich im Kloster des Karmapa war. Karmapa ist ein großer und sehr mächtiger Mann. Ich möchte nicht über meine Zeit im Kloster sprechen und hoffe, daß du mich nicht danach fragst. Vielleicht hätte ich nie weggehen sollen. Wie komme ich, ein Tulku, dazu, Leute in Ladakh herumzuführen? Aber ich verdiene mein Geld, ich kann etwas tun, um die Leute ein bißchen aufgeschlossener zu machen, und ich muß meine Familie ernähren. Ich erzähle dir die Geschichte, die ich ihnen erzählt habe. Ich glaube nicht, daß du sie schon kennst. Als ich im Kloster war, hieß es eines Tages, daß der Karmapa einen Traum gehabt hat. In diesem Traum wurde ihm in allen Einzelheiten gezeigt, wo ein bestimmter hoher

Lama wiedergeboren werden sollte. Ihm wurde gesagt, daß dies in Amerika sein werde. In Amerika! Was haben wir gelacht. Ausgerechnet in Amerika! Das Kloster hat also drei Lamas nach Amerika geschickt. Sie sind lange herumgereist und haben schließlich den Ort gefunden, wo der Tulku geboren werden sollte. Ich glaube, es war eine kleine Stadt in Arizona. Die Lamas klopften bei der Familie des kleinen Tulku an. Stell dir das vor! In einer amerikanischen Kleinstadt klopfen drei Lamas an die Tür! Sie klopfen also an, und die Mutter des Tulku macht auf. Sehr geduldig und in gebrochenem Englisch erklären sie, weshalb sie gekommen sind. Zuerst war die Mutter natürlich weit davon entfernt, diese Leute ernst zu nehmen. Aber dann haben sie ihr Einzelheiten über die Beziehung zu ihrem Mann erzählt, die ein Außenstehender unmöglich wissen konnte; sie wußten so gut über die näheren Umstände der Geburt und die Zeit danach Bescheid, daß die Mutter schließlich vollkommen überzeugt war. Sie und ihr Mann haben alles verkauft und sind mit ihrem Sohn in das Karmapakloster bei Gangtok gezogen. Ich kannte den Jungen. Es war ein sehr schönes und sanftes Kind. Er sprach viele Sprachen und lernte auch innerhalb kürzester Zeit fließend tibetisch zu sprechen. Mit seiner Mutter war das allerdings so eine Sache. Die hat sich darin gesonnt, Mutter eines Tulku zu sein, und war furchtbar stolz und arrogant; sie meinte, wer so etwas Besonderes zur Welt bringt, der muß auch verehrt werden. Wir wollten sie nicht verletzen und haben sie sehr respektvoll behandelt. Ich bin manchmal mit ihr ins Kino gegangen. Sie mochte nur komische Filme und hat gelacht wie ein Mann.»

«Und hat das deine Gruppe überzeugt?» fragte ich. «Wollten sie alle gleich zum Buddhismus übertreten?»

Er lachte. «Natürlich nicht. Ein paar von den älteren Männern haben genickt und sagten: ‹Interessant, wirklich sehr interessant.› Eine von den Frauen sagte: ‹Auch wenn ihr Sohn ein Tulku war, oder wie Sie das aussprechen, ich hätte meinen Sohn jedenfalls nicht irgendwelchen Mönchen und diesem kalten Klosterleben ausgeliefert.› Und ich habe ihr geantwortet, ich konnte einfach nicht anders: ‹Gnädige Frau, hätten Sie das Glück, einen Tulku zum Sohn zu haben, dann wären Sie gewiß weise genug zu wissen, was mit ihm zu geschehen hat.› Sie war sehr wütend.» Jam Yang lachte. «Jetzt fühle ich mich schon viel besser.»

«Du kannst nicht erwarten, daß die Leute ihre Ansichten so schnell ändern», sagte ich.

«Ich erwarte nicht, daß sie sich ändern», sagte Jam Yang. «Ich erwarte keine Verwandlung. Wer bin ich denn, daß ich wissen könnte, was die Leute zu glauben haben? Wer bin ich, daß ich ihnen vorschreiben könnte, was sie denken und tun sollen? Was ich aber doch erwarte, ist, glaube ich, Respekt. Es ist schwierig, den Leuten etwas zu geben, wenn sie nicht wenigstens achtungsvoll aufnehmen, was du zu sagen hast.»

«Ist dein Job dann nicht eine Quälerei für dich?»

«Nein. Heute war ein schlechter Tag. Vielleicht war das meine Schuld. Ich habe die Gruppe überfordert. Ich habe die Dinge vielleicht nicht gut genug erklärt. Viele von den Gruppen, die ich geführt habe, waren sehr respektvoll, fasziniert, offen. Mir scheint, daß viele Westler jetzt den Osten wirklich verstehen möchten, und nicht nur mit dem Verstand, sondern auch mit Herz und Geist. Ich weiß, das ist sehr schwer für sie, und ich muß geduldiger sein. Aber es gibt einfach so viel in diesem Land, in seiner Kunst, seinen Bräuchen, seiner Lebenshaltung, was für alle Menschen eine Hilfe sein kann; in der tibetischen Lebensweise gibt es soviel Starkes und Schönes.»

Wieder lachte er. «Ich rede schon wie ein Westler. Ich biete dir meine Arbeit feil. Wäre ich ein guter Buddhist, dann hätte ich Geduld und wüßte, daß die Leute sich, falls überhaupt, nur öffnen können, wenn ihre Zeit reif ist. Komm, trinken wir einen.»

Wir tranken und rauchten und redeten. Jam Yang erzählte von seiner Familie, von seinem Sohn und seiner Frau und den Schwierigkeiten, ein Kind großzuziehen. «Ich möchte, daß er eine moderne Ausbildung bekommt», sagte er. «Nicht so was wie meine. Ich habe nichts gelernt, was man irgendwie brauchen kann. Aber er soll auch seine Tradition nicht vergessen. Ich möchte, daß er auch die Schriften liest. Ich möchte, daß er ein guter Buddhist wird. Es wird sehr schwer sein, ihm dabei richtig zu helfen.» Er zeigte mir Fotos von seiner Frau und seinem Sohn. Beim Anblick seines Sohns schmolz sein Gesicht. «Er fehlt mir so sehr. Ich halte es kaum aus, eine Woche lang weg zu sein. Wenn ich manchmal denke, daß mein Leben schlecht und dumm ist und daß ich das Kloster nie hätte verlassen sollen, dann denke ich an meinen Sohn und weiß, daß ich ihn dann nie bekommen hätte und die größte Freude in meinem Leben verpaßt hätte. Ein Kind großzuziehen, ist auch Dharma, meinst du nicht? Es ist schwer, es gut zu machen. Hast du Kinder?» fragte er mich.

«Nein.»

«Hast du eine Frau?»

«Nein.»

«Dann mußt du sehr einsam sein.»

«Ich habe Freunde. Ich habe meine Arbeit.»

«Du redest wie ein Mönch.»

«Ich bin weit davon entfernt, ein Mönch zu sein.»

«An was glaubst du eigentlich?» fragte er unvermittelt.

«Ich weiß nicht.»

«Was meinst du damit?»

«Was ich sage. Ich bin im Dunkeln. Ich warte.»

«Auf was?»

«Wie soll ich das wissen? Wenn ich wüßte, worauf ich warte, würde ich einen Schritt darauf zu machen.»

«Vielleicht ist dein Hiersein dieser Schritt.»

«Ich hoffe es.»

Als ich aufbrach, umarmte er mich und sagte: «Du lächelst viel, und du kannst zuhören, aber ich sehe, daß du irgendwo traurig bist. Ich sehe, daß nichts dich bis jetzt zufriedengestellt hat.»

Ich wollte protestieren.

«Nein», sagte er, «nichts hat dich zufriedengestellt, deine Arbeit nicht, deine Freundschaften nicht, dein ganzes Lernen und Reisen nicht. Und das ist gut. Du bist bereit, etwas Neues zu lernen. Deine Traurigkeit hat dich leergemacht; deine Traurigkeit hat dich geöffnet.»

Ich sagte: «Jam Yang, du bist sehr nett, aber ich fühle mich gar nicht offen.»

Jam Yang lächelte: «Du bist offener, als du denkst, mein Freund.»

Am nächsten Tag fuhr ich mit dem Bus nach Ridzong. Man kommt mit dem Bus nur auf etwa vier bis fünf Kilometer an das Kloster heran, den Rest muß man über einen gewundenen Pfad zu Fuß erklettern.

Jede Schlucht, durch die ich gehe, ist so voller Licht, daß ich mich frage, wie das Gestein soviel Feuer aushält. Eine leichte Brise läßt die grünen Blätter golden aufleuchten. Auf den umliegenden Hügeln ist Schnee gefallen, und in all diesem Gold erinnere ich mich an den riesigen Mond letzte Nacht – Mondflocken auf hohen Hügeln. Und dieses Tageslicht hier scheint auch etwas von «Mond» und «Kälte» zu wissen: Noch nie habe ich so klirrend scharfes und doch hauchzartes Sonnenlicht gesehen. So viele Blautöne sind in diesem einen wolkenlosen Blau, und jeder weckt eine andere Erinnerung – an einen Nachmittag auf Santorini, wo ich vor der Küste Delphine springen sah; an die indischen Abende meiner Kindheit, wenn ich im Garten saß und das immer tiefer werdende Indigoblau über den Hügeln beobachtete; an einsame Frühlingsspaziergänge in Oxford. So viele Blautöne, so viele verschiedene Strahlungen fügen sich zu diesem einen Strahlen zusammen. Alles Ungeklärte in meinem Leben fällt hier von mir ab; diese Landschaft fegt den Geist leer von allem, was die Imagination sonst noch beschäftigen mag. Und ich spüre, daß diese Reinheit nicht mein eigenes Verdienst ist; ich kann nicht stolz auf sie sein, und sie ist nicht mein Besitz. Sie *ist*, wie die Felsen sind, wie die beiden Meisen sind, die im Flug verschlungene Muster in die Luft über dem Bach zeichnen.

Der Geist wird in diesem Licht so weit wie das Land, heiter in sich selbst ruhend und doch alle Dinge, jede Felszacke, jedes Farnbüschel, jeden zerzausten Grasfleck voll Freude berührend. Es ist schwer, dies mit fester Hand zu schreiben, nicht zu fürchten, daß all diese Schönheit und dieser Frieden mir gewiß wieder genommen werden; doch ich will lernen, nicht zu zittern. Ich will versuchen, diese Glückseligkeit ohne Furcht zu leben. Das wird schwer sein. Mir wird nämlich klar, daß ich mich vor dieser Freude mehr fürchte als vor Trübsinn. Mit Trübsinn habe ich umzugehen gelernt; die Freude überwältigt mich, beraubt mich der vertrauten Worte und Verhaltensweisen. Was bleibt von mir, wenn dieses Licht einmal alle meine Häute abgeschält hat? Welche Wörter wird dieses Licht mir lassen? Aber noch während ich diese Fragen denke und schreibe, erscheinen sie mir gegenstandslos. Ich habe gar keine andere Wahl, als in dieser Landschaft, in diesem Licht lebendig zu sein. Ich muß dieses Licht einfach an mir und meinen Worten geschehen lassen. Und da ich ohnehin keine Wahl habe, kann ich auf einmal sehr schnell und leicht gehen, kaum daß ich noch den Grund berühre. Das Kloster erreiche ich nicht. Die Schönheit der Steine und der Aprikosenbäume und der Bäche hält mich fest. So wenig es neulich in den Bergen oberhalb von Stok ausmachte, daß Wangchuk und ich die Paßhöhe nicht mehr erreichen würden, so wenig spielt es jetzt eine Rolle, daß ich das Kloster nicht sehen werde. Seit meinen ersten Tagen in diesem Land spüre ich, daß ich den Dingen ihren Lauf lassen muß, daß ich nichts wollen und planen darf. Einen Bach entlangzugehen und zu beobachten, wie die Kiesel im strömenden Wasser dunkler werden, ist genug; unter den Aprikosen zu sitzen, ist genug; in einem Kreis großer Felsbrocken zu sitzen und zu empfinden, wie sie mit der tiefer werdenden Stille in mir selbst zu pulsieren und zu tanzen beginnen, ist genug – mehr hätte in mir jetzt gar keinen Platz. Ridzong hat mir alles gegeben, was es mir geben konnte. Zweimal traten mir beim Gehen Tränen in die Augen. Es waren nicht meine Tränen. Sie waren einfach eine Antwort auf das, was da war, auf die weite stille Pracht, durch die ich ging, auf den Klang des Baches, auf die Stimmen der Vögel, die von den Felsen zurückflossen, um alles, bis auf die Stille, aus mir herauszuspülen.

Am nächsten Tag traf ich Jam Yang zum letzten Mal. Er fuhr nach Srinagar, um Loti zu treffen.
«Jam Yang, schon wieder so finster? Was hat die Gruppe dir diesmal angetan?»
Er lachte. «Die machen mich noch wahnsinnig. Ich bin ein sehr schlechter Buddhist.»
«Was ist passiert?»

«Wir waren im Kloster von Sheh. Einer von ihnen hat angefangen, die Mönche zu photographieren. Den Mönchen macht das nichts aus. Die denken, wenn die Leute von so weit her kommen, dann sollen sie auch ihre Photos haben, wenn das sie glücklich macht. Außerdem sind viele Mönche wie Kinder und finden es großartig, photographiert zu werden. Also, eine von den Frauen der Gruppe hat sich furchtbar über den Mann aufgeregt, der photographierte. Sie nannte ihn Ausbeuter, Voyeur, bornierter Chauvi und was nicht alles. Ich habe sie beiseite genommen und gefragt: ‹Könnte es nicht sein, daß Sie wütend sind, weil er offen das tut, was Sie heimlich tun?› Sie hat mich angesehen, als müßte ich übergeschnappt sein. ‹Was soll das heißen? Ich photographiere nie.› – ‹Das soll heißen›, sagte ich, ‹daß jeder hier, ich eingeschlossen, zu horten versucht, was er hört und fühlt. Wir photographieren alle – innerlich –, ob wir wollen oder nicht. Wir laden alle dieselbe Schuld auf uns. Solange wir die Dinge nicht völlig absichtslos so betrachten, wie sie sind, laden wir Schuld auf uns. Und wer, außer den Erleuchteten, sieht schon die Dinge ohne Gier und Urteil so, wie sie sind? Nur die Erleuchteten machen keine «Photos»; nur sie horten nichts und eignen sich nichts an.› Das hat sie erst recht geärgert. Die bloße Andeutung, daß sie selbst vielleicht noch nicht vollkommen sei, war zuviel für sie. Aber ich war noch nicht fertig. ‹In gewisser Weise›, habe ich gesagt, ‹sind die Kaschmiri besser als wir alle. Sie sind ehrlich, sie machen aus ihrer Habgier keinen Hehl. Sie tun nicht so, als wären sie heilig oder kultiviert oder rein. Sie wollen Geld und sagen das auch. Wer macht sich mehr schuldig: der Tourist, der einen kleinen illegalen Tanka haben möchte, oder der Kaschmiri, der ihm zu einem Wucherpreis einen verschafft?› – ‹Also ich›, sagte sie, ‹ich will keinen Tanka. Ich will überhaupt nichts.› – ‹Sind Sie da so sicher?› fragte ich. ‹Erst gestern haben Sie gesagt, Sie suchen was, das Ihr Leben ausfüllt. Sie haben mir im Bus erzählt, daß Sie unglücklich sind und nach einer neuen Lebensrichtung suchen. Das heißt doch, daß Sie was wollen. Erwarten Sie nicht insgeheim, daß Ladakh Ihnen die Große Erfahrung beschert? Wünschen Sie sich nicht, von Ladakh verwandelt zu werden? Wozu kämen Sie von so weit her, wenn nicht, weil Sie etwas wollen, was Sie hier zu finden hoffen? Vielleicht ist diese Art von Wollen gefährlicher und unehrlicher als der simple Wunsch nach einem Bronze-Bodhisattva.› Sie ging einfach weg. Sie wollte das nicht hören.»

«Es ist aber auch schwer, sich so etwas anzuhören.»

«Nicht wenn du aufrichtig suchst. Dann bist du unnachsichtig mit dir selbst.»

«Diese Unnachsichtigkeit zu lernen und zu wagen braucht seine Zeit.»

«Nein, das stimmt nicht. Nach meiner Erfahrung hat das mit Zeit nichts zu tun. Du hast diese Aufrichtigkeit, oder du hast sie nicht. Vielleicht ist das karmisch, ich weiß nicht. Die meisten Leute wollen gar nicht wissen, daß ihre ganze Art zu erkennen und zu urteilen unehrlich und verdorben ist. Und wozu auch? Das wäre doch äußerst unbequem. Es ließe einem keine andere Wahl, als dieses Erkennen und Urteilen mit einem Satz zu überspringen.»

Jam Yang kam wieder auf mich zurück. «Du bist Schriftsteller. Du photographierst ständig mit Worten. Wie hältst du es damit?»

«Ich versuche, nicht zu lügen. Ich versuche meine Linse sauberzuhalten. Was kann ich sonst noch tun?»

Jam Yang sagte: «Du mußt schreiben, und ich muß Touristen führen. Es ist unsere Svaha, unsere Natur. Vielleicht haben wir nächstes Mal mehr Glück und sind weniger zu unseren jeweiligen Eitelkeiten verdammt. Ich werde weniger reden, und du wirst keine dicken schwarzen Notizbücher voll unleserlichem Geschreibsel mit dir herumtragen.»

«Was tun wir ohne unsere Eitelkeiten?»

«Wir werden trinken. Wir werden Visionen haben. Wir werden die Kranken heilen und den Wahnsinnigen und den Bösen Liebe und Frieden bringen. Wir werden die ganze Nacht Karten spielen und nicht mehr schlafen müssen. Wir werden vor hunderttausend Kameras übers Wasser gehen und die Materialisten ein für allemal widerlegen.»

Polizeidienststellenleiter (Kaschmiri): «My dear Sir, Sie kommen zu mir, um ein neues Visum zu beantragen. Das kann ich Ihnen nicht geben, tut mir wirklich sehr leid. Aber ich habe einen Plan. Das ist ein sehr guter Plan. Funktioniert immer, dieser Plan.»

Hans: «Und was ist das für ein Plan? Ich wäre sehr dankbar.»

«Wenn Sie für die Verlängerung Ihres Visums nach Delhi schreiben, dear Sir, wird man sie Ihnen natürlich verweigern. Aber die Antwort braucht bis hierher dreißig Tage. Das ist das Schöne an Ladakh, dear Sir.»

«Vielen Dank. Ich bin Ihnen sehr verbunden.»

«Ich finde, daß ich für diese Hilfe eine Gegenleistung verdiene. Schließlich habe ich Ihnen doch wirklich sehr geholfen.»

«Aber ich bin ein armer amerikanischer Gelehrter.»

«Aber Sie haben ein Tonbandgerät.»

«Aber ich habe geschworen, daß ich es nach meiner Rückkehr meiner Mutter schenke. Sie ist körperbehindert und blind und sehr krank.»

«Das tut mir sehr leid, das mit Ihrer Mutter. Wir Kaschmiri lieben unsere Mutter auch sehr. Aber, wissen Sie, ich bin auch sehr einsam in Ladakh. Ich habe ein Radio, aber das genügt nicht. Da bin ich immer noch einsam; nur das Tonband kann mich retten.»

Wir waren im Jeep unterwegs nach Matho, das etwa sechsundzwanzig Kilometer von Leh entfernt liegt. Hans gab eine lebensechte Rekonstruktion dieses Gesprächs zum besten.

«Während wir gestern unterwegs waren, hat der Polizeichef seine Leute geschickt, um meine Wohnung nach dem Tonbandgerät zu durchsuchen. Zu meinem Übersetzer, Wangchuk, haben sie gesagt: ‹Der Polizeichef will nichts weiter, als das Tonbandgerät einmal sehen.› Wangchuk sagte: ‹Wenn das so ist, dann kann der Herr Polizeichef um vier zum Tee kommen, und ich werde ihm das Gerät persönlich zeigen.›»

Alle im Jeep lachten.

«Was wäre Ladakh ohne seine Korruption?» sagte Hans.

Rindchen, unser Fahrer, sagte: «Frei.»

Als wir am Tor des Klosters Matho standen und über das Tal schauten, kam ein dicker kleiner Mönch auf uns zugelaufen und gab uns einen gelben Zettel.

«Das Kloster Matho – auch Masho, Mathro oder Mangspro, eigentlich aber Thubten Shaling Chakor genannt – wurde in alter Zeit von dem Shakya-Gelehrten Dorje Palsang gegründet...»

Und so weiter.

Dort oben zu stehen und weit über das Tal zu schauen, auf die muschelig gewölbten Felder, den Flickenteppich aus Gras und Gerste, die Pappeln und Bäche des Dorfs Matho, gab mir mehr als der Text über die Bedeutung des Klosters. Unter mir grasten Pferde und Esel gemeinsam an einem Bach oder auch einzeln in der Sonne auf den dichten Weideflächen; die gelben und roten und grünen Gebetsfahnen auf den Hausdächern flatterten in der Morgenbrise. Wir befanden uns im Herzen des Klosters, das diese Felder beherrschte, im Schnittpunkt zwischen all den Welten Ladakhs, im Schnittpunkt von Feldern und Himmel, von Bächen und Fels, von Erde, Gebirge und Luft. Rechter Hand in einer kleinen Kapelle rezitierten die Mönche, und durch die offene Tür sah ich im weichen Dunkel des Innenraums die von der Sonne angestrahlten Gesichter zweier junger Mönche, die zu uns herausschauten.

«Die Klöster», sagte Hans, «sind in Ladakh immer noch das Zentrum des Lebens. Sie erzählen einem, diese Mönche, daß sie arm sind und kein Geld haben. Tatsache ist aber, daß den Klöstern das meiste Land gehört und die Bauern immer noch einen Teil ihrer Erzeugnisse abführen. Das bedeutet natürlich, daß kaum Bargeld zur Verfügung steht; das meiste wird in Naturalien bezahlt, und die vorhandenen Werte liegen größtenteils fest, weil sie in Grundbesitz angelegt sind.»

Hans lächelte. «Die Verwalter dieser Klöster, die Chakzod, sind oft knochenharte, erzkonservative Typen, die nicht zu bewegen sind, irgendwas Neues zu versuchen. Immerhin, sie halten den Laden in Gang und sorgen dafür, daß die Butterlampen brennen – und seht euch nur all die grauenhaften modernen Bilder an, die hier entstehen. Es gibt hier eine Kapelle, die ich euch zeigen muß. Irgendwo muß dieses Geld doch herkommen.»

Wir gingen in die ältere Kapelle, in der die Mönche ihre Morgengebete sprachen. Innen war es dunkel, abgesehen von den gleißend hellen Sonnenstrahlen, die durch die hohen Fenster fielen. Nach dem Eindruck der kahlen Felslandschaft mit ihrem erdgelben und manchmal stumpfsilbernen Gestein war dieser Schauer im Halbdunkel glimmender Farben fast erschreckend. An den Pfeilern hingen Tankas und quadratische Seidenbilder von Buddhas und Lamas, ausgefeilt bis ins letzte Detail, manche verblaßt, andere noch in ihrer ursprünglichen Farbenpracht. Gelbe und rote Satintücher an Rollstäben wanden sich um die Pfeiler, und in der Mitte des Raums schwebte ein kleiner gelber Sonnenschirm. An den Wänden, im Halbdunkel nur undeutlich zu erkennen, waren Gemälde der zornigen und friedvollen Gottheiten des tibetischen Buddhismus, Bilder von Yamantaka und Avalokiteshvara zu sehen; ihre sanften oder erschreckenden Gesichter von intensivem Rot, Weiß oder Grün starren den Betrachter wie aus einem Traum an.

Hans sagte: «Immer wenn ich so einen Raum betrete, wird mir für einen Moment etwas mulmig zumute.»

«Und dabei sind die Farben eigentlich so warm», sagte ich. «Das Holz, die Schalen beim Altar, das Gold der Buddhastatue, das Rot und Braun der Bilder – alles warme Farben, Erdfarben.»

Einer der jüngsten Mönche kam auf uns zu und bot uns neben sich auf dem Teppich einen Platz an. Dann förderte er aus einer Falte seines Gewandes eine kleine Teeschale zutage und ließ sie von einem anderen Mönch mit Buttertee füllen. Eine Stunde lang saßen wir, eingehüllt vom stetigen Singsang der Rezitation, in dieser Farbenglut und sahen und hörten nur zu.

«Das ist die seltsamste Musik, die ich kenne. Eigentlich kann man sie kaum als Musik bezeichnen. Diese langen Blasinstrumente... wie die Trommel mitten im Gebet geschlagen wird... das lange Rollen der Becken, mit dem alles seinem Höhepunkt zu geht. Es ist eher wie das Singen von Regen und Wind. Das ist nicht Musik, sondern Klang, essentieller Klang.»

Ich hatte Hans noch nie so poetisch reden hören. Ich sah ihn an. Er lächelte maliziös. Er nahm mich auf den Arm. Dann sagte er: «Wir müssen uns das Orakelzimmer ansehen.»

«Was ist das denn?»

«Kommen Sie mit, ich erzähl es Ihnen.» Wir zogen uns am Eingang unsere Schuhe wieder an und taumelten draußen ein wenig in der plötzlichen Helle.

«Seit dieses Kloster existiert», sagte Hans, «hat es zwei Beschützer, zwei Orakel. Das waren ursprünglich zwei Brüder aus Kawa Karpo in Kham, dem Ostteil Tibets, die sich dem Gelehrten Dorje Palsang anschlossen. Sie kamen mit ihm nach Ladakh. Sie mochten seine Opferkuchen. Sie waren sehr stark und von ziemlich heftiger Natur, weshalb nur der obere Teil des Tals als ihr Wohnort in Frage kam. So sind sie hierher gekommen. Die Orakel werden etwa alle fünf Jahre neu bestimmt. Die Namen der Mönche werden in eine Schale gelegt, die man dann herumwirbelt, bis zwei Namen herausfallen. Das geschieht am fünfzehnten Tag des zehnten Monats.»

«Werden sie dann für ihre Aufgabe ausgebildet?»

«Ja. Sie gehen für ein Jahr in Meditationsklausur und bringen den Beschützern Opfer dar. Für diese Zeit wird ihnen eine besondere Meditation zugewiesen, und sie müssen sich peinlich sauberhalten; sie baden jede Woche und erhalten vom Meditationsmeister des Klosters Duftbäder. Am Ende der Klausur fallen sie in Trance, und die Beschützer, die Rongtsen Karmar genannt werden, ergreifen Besitz von ihnen.»

«Mir gefällt am besten das mit der Sauberkeit und dem Baden.»

«Danach stehen täglich genau festgelegte Zeremonien auf ihrem Programm – Prophezeiungen, Beantwortung von Fragen, Segnung der kommenden Ernte und so weiter. Sie laufen an den Wänden auf und ab, ohne abzustürzen. Sie fügen sich Schnitte zu und bluten, und am nächsten Tag sind keine Narben zu sehen. So jedenfalls heißt es. Am fünfzehnten Tag tragen die Orakel Masken, die keine Augenöffnungen haben. Sie sollen dann mit den Augen der zornigen Gottheiten sehen können, die ihnen auf Brust und Rücken gemalt wurden. Am letzten Tag reiten die beiden Orakel zum ursprünglichen Schrein der Rongtsen Karmar, der von hier etwa drei Kilometer entfernt liegt. Sie begutachten die Getreidekörner in einer Vase, die dort aufgehoben wird. Daraus ist offenbar zu ersehen, wie die Ernte im nächsten Jahr ausfallen wird. Dann verlassen die Beschützer die Körper der Orakel wieder. Was glauben Sie, wohin sie dann gehen?»

«In die Felsen?»

«Viel besser – in die Wacholderbüsche.»

Die Zeremonie findet erst im Januar statt, sagte Hans, und die beiden Mönche, die das Los zu künftigen Orakeln bestimmt hatte, befanden sich bereits in Klausur, so daß wir sie nicht kennenlernen konnten. Er zeigte uns jedoch den Raum, in dem ihre Kleidung und Masken aufbewahrt wurden. Hans ging voran, eine Steintreppe hinauf, dann durch lange, niedrige, muffige Gänge. Schließlich kamen wir auf einen ziemlich großen überdachten Innenhof, wo ein Dzo-Kopf an der Mauer hing. «Nach rechts», sagte Hans. Wir betraten durch eine niedrige alte Holztür den Raum der Orakel.

Er mochte etwa zwanzig Quadratmeter groß gewesen sein, besaß nur ein einziges kleines Fenster und war erfüllt vom Geruch alter Kleider und Butterlampen. Der Boden war mit Korn bedeckt. Nahe dem Fenster stand ein Altar mit einem großen Maiskolben in der Mitte eines Kornhaufens, um den zwei rote Bänder gelegt waren. Hans deutete auf zwei arg mitgenommene Seidenparavans: «Dahinter stehen die Statuen der beiden Orakel. Man holt sie nur einmal im Jahr heraus. Sie sind zu heilig, als daß sie auch zu anderen Gelegenheiten gezeigt werden dürften. Sie stehen hier hinter diesen Schirmen und sammeln Kraft.» Entlang der Wände hingen an langen Eisenschienen die Kleider der Orakel, uralte zerrissene Seide, manches so verblaßt, daß man sich kaum mehr vorstellen konnte, welche Farbe es einmal gehabt haben mochte. Und überall Masken – grinsende, erschreckende Masken mit wilden, hervorquellenden Augen, geifernden Zungen, roten und grünen Wangen und Kronen aus Totenschädeln.

Hans sagte: «Die kraftvolle Dichte dieses Raums geht auf einen Kult zurück, der älter als der Buddhismus ist, irgendein uralter Fruchtbarkeitskult, von dem wir nichts wissen. Vor ein paar Jahren kam mal ein Mönch hier herein, regte sich über den Dreck auf und ließ alles gründlich saubermachen; das Korn wurde zusammengekehrt und weggeworfen. Auf den Feldern des Klosters gab es eine Mißernte, und er selbst wurde krank.

Er sagte, auf den Boden des Orakelzimmers müsse wieder Korn geschüttet werden, sonst würden alle Felder des Dorfs unfruchtbar. Die Tradition verlangt nun mal, daß von den ersten Früchten jedes Feldes etwas hier ausgestreut wird, sonst gibt es keine Ernte.»

Ich traf Hans am nächsten Tag auf dem Basar von Leh; er wirkte verstört und abwesend.

«Ich habe einen der merkwürdigsten Nachmittage meines Lebens hinter mir.»

Wir gingen zu Pamposh. In der Ecke saßen zwei Italiener – beide gegen Ende zwanzig, er mit grünem, sie mit rotem Haar –, schrammelten auf ihren Gitarren und sangen alte Beatles-Songs.

«O Gott», sagte Hans. «Ich glaube, das vertrage ich jetzt nicht. Gehen wir.»

Wir gingen langsam hinunter zum Fluß.

«Ich war eben zu einem Interview mit einem Orakel. Wangchuk hat mir von dieser Frau erzählt. Er war auch dabei. Sie wohnt in Skara, um die fünfzehn Kilometer von hier… Sie ist siebenundsechzig, könnte aber auch zweitausend Jahre alt sein. Diese Luft hier macht die Leute so runzlig. Sie hatte ein hartes, kaltes Gesicht und durchdringende schwarze Augen. Sie redete unaufhörlich in einem schrillen Tonfall. Wir waren in dem fensterlosen Hauptraum des Hauses, wo alles nach Räucherwerk und ranziger Butter riecht. Sie erzählte, daß sie ihre erste Krise mit neunundzwanzig hatte. Da ist ihr plötzlich klargeworden, daß sie Nonne oder Orakel werden muß. ‹Ich war neun Tage lang wie tot. Ich habe meinen Körper verlassen und bin nach Ridzong gegangen, wo ich drei Mönche getroffen habe, die in einer dunklen Ecke saßen und mich anstarrten. Dann bin ich einem Gott begegnet. Er sagte: «Immer weniger Menschen glauben an Geister. Du mußt zur Erde zurückkehren und leben, damit die Menschen wieder an sie glauben.» Am Anfang war es sehr schwer. Der Geist hat plötzlich Besitz von mir ergriffen, in den unmöglichsten Situationen, und ich wußte nicht, was ich tun sollte. Heute weiß ich, wann er kommt. Ich spüre ein Prickeln in den Armen und habe das Geschehen unter Kontrolle.›»

Hans schwieg. Wir hatten eine kleine alte Wassermühle am Fluß erreicht. Es war nur ein hölzerner Verschlag mit einem Wasserrad. «Sie sagte etwas, das mich sehr bewegt hat», fuhr Hans fort. «Als ich sie fragte: ‹Was geschieht nach dem Tod?› da hat sie mich nur ganz still angesehen und dann gesagt: ‹Ich weiß nicht.› Wenn ich diese Frage sonst stelle, bekomme ich immer eine sehr bestimmte Antwort.»

«Erinnert sie sich in der Trance noch an irgend etwas?»

«Sie weiß dann nichts mehr. Sie ist nicht das Orakel, sagt sie; das Orakel kommt und ergreift Besitz von ihr. Wenn das Orakel in ihr ist, dann ist von ihr selbst nichts mehr da.»

  Das Orakel von Lhasa», erzählte Hans, «hat mal einen Brief mit folgendem Inhalt von der tibetischen Regierung bekommen: ‹Jemand, der in einem Schaf-Jahr geboren wurde, ist sehr krank. Was soll mit ihm geschehen? Bitte, gebt eine klare Antwort.› Der Orakelpriester antwortete: ‹Kauft, wenn möglich, einen neuen. Falls nicht, so laßt ihn reparieren, und Ihr werdet ihn noch eine Weile gebrauchen können.› Das war die richtige Antwort: ‹Jemand, der in einem Schaf-Jahr geboren wurde›, bezog sich auf einen Blasebalg, der am Sitz der Regierung in Lhasa benutzt wurde und seit kurzem nicht mehr funktionierte.

Normalerweise beginnt ein Orakel seine Laufbahn früher als das Orakel von Skara, nämlich mit dem Einsetzen der Pubertät. Die ersten ‹Anfälle› treten ohne ersichtlichen Grund auf und oft zum Entsetzen des oder der Betreffenden; nur wenige Tibeter oder Ladakhi sind willens, Orakel zu werden, denn dieser ‹Beruf› bedeutet große geistige und körperliche Strapazen. Solche Anfälle sind nicht mit gewöhnlicher Epilepsie zu verwechseln; die Ladakhi können sehr wohl unterscheiden, wann ein Fall von wirklicher Besessenheit vorliegt.

Um die Identität des Geistes, der von der betroffenen Person Besitz ergriffen hat, zu lüften, wird eine sehr sonderbare Zeremonie abgehalten. An beiden Händen werden dem ‹Patienten› Daumen und Zeigefinger zusammengebunden, und auch um beide Füße bindet man eine Schnur; das Haar in der Kopfmitte wird zu einer Quaste zusammengeschnürt. Man fordert den Geist auf, im Körper des ‹Patienten› zu bleiben und alle Fragen bezüglich seiner Identität klar zu beantworten – bis die Bänder wieder gelöst werden. Ein Gott oder Dharmapala gibt seine Identität meist von sich aus preis. Handelt es sich um irgendeinen anderen umherwandernden Geist oder gar einen niederen Dämon, so folgt normalerweise eine Austreibungszeremonie oder eine Bekehrung dieses Geistes zum Buddhismus.»

«Glauben die Ladakhi an Orakel?» fragte ich.

«Manche von den ‹gebildeten›, verwestlichten Ladakhi tun so, als glaubten sie nicht daran. Trotzdem befragen sie nach wie vor das Orakel. Wir besuchen morgen das Orakel von Sabu. Da können Sie sich selbst ein Bild machen.»

Abends fragte ich meinen Wirt, was er von Orakeln halte. Er sah mich forschend an, um herauszufinden, ob ich mich lustig machen wollte, erkannte, daß dem nicht so war, und sagte: «Sie tun viel Gutes. Das kann ich Ihnen sagen. Meine Mutter hatte einen dicken Knoten am Hals. Das Orakel von Sabu hat das geheilt. Sie hat meiner Mutter die Hand auf den Kopf gelegt, und am nächsten Tag war der Knoten weg. Einmal war mein Sohn Namgyal krank. Ich habe ihn zu einem anderen Orakel gebracht. Sie hat gesagt, sie betet für ihn. Eine Woche später war er wieder gesund.»

«Vielleicht wäre er auch so wieder gesund geworden.»

Er zuckte die Schultern und sagte nichts. Dann lachte er: «Wissen Sie, ich bin in Leh sehr berühmt.»

«Wofür berühmt?»

«Ich kann aus Träumen die Zukunft wahrsagen.»

Er kam in mein Zimmer und setzte sich aufs Bett.

«Ich werde Ihnen ganz einfache Sachen verraten. Dann können Sie auch die Zukunft voraussagen. Sie werden ein sehr berühmter Mann in England, und reich, und können mir jedes Jahr Geld schicken.» Er lachte wieder. «Ja, Sie werden sehr berühmt sein, wie ich. Das ist wirklich ganz einfach. Wenn jemand zu Ihnen kommt und sagt: ‹Ich hatte in meinem Traum ein goldenes Tuch um›, dann können Sie sagen: ‹Ihnen steht eine große Ehrung bevor.› Und wenn einer sagt: ‹Ich habe einen Fluß überquert oder einen Berg bestiegen oder bin auf einem Drachen geritten›, dann sagen Sie: ‹Das ist ein sehr gutes Zeichen. Sie werden gute spirituelle Dinge tun.› Oder wenn einer sagt: ‹Ich habe in meinem Traum einen Sonnenaufgang ganz ohne Wolken gesehen und Trommeln und Trompeten gehört›, dann können Sie sagen: ‹Sie werden bald Geld bekommen›, und dann freut er sich und gibt Ihnen Geld. Aber wenn einer kommt und sagt: ‹Ich hatte in meinem Traum keinen Hut auf und habe in einen Spiegel gesehen›, dann können Sie sagen: ‹Sie werden leiden.›»

Ich träumte weder, daß ich ohne Hut sei, noch daß ich in den Spiegel schaute, noch daß ich auf einem Drachen ritt. Ich schlief tief, wachte erfrischt auf und früh genug, um zusammen mit Hans und Helena den ersten Bus nach Sabu zu bekommen. Es war Sonntag, und im Bus saßen außer uns nur noch drei Bäuerinnen. Hans sagte: «Ich war schon letzten Sonntag in Sabu, habe ich Ihnen das erzählt? Da saß so eine alte Frau neben mir im Zimmer des Orakels. Plötzlich stand sie auf und fing an zu schreien: ‹Ich bin auch ein Orakel!› Sie lief im Zimmer hin und her. ‹Ich bin auch ein Orakel! Der Rinpoche sagt, ich bin ein großes Orakel. Ihr Dummköpfe! Nichts versteht ihr!› Zwei junge Männer haben sie gepackt und nach draußen geführt. Dann tauchte sie am Fenster wieder auf und schrie: ‹Eines Tages werdet ihr's schon sehen! Ich bin das wirkliche Orakel! Ich bin das wirkliche Orakel!› Wangchuk war dabei, und ich fragte ihn, ob so was oft vorkommt. Er hat nur die Schultern gezuckt und gesagt: ‹Natürlich.›»
Sabu ist ein aus wenigen, verstreut liegenden Gebäuden beste-

hendes Dorf zwischen Feldern und sprudelnden Bächen, um die fünfzehn Kilometer von Leh entfernt. Als wir ankamen, stand die Sonne schon am fast wolkenlosen Himmel und ließ das Korn beiderseits der Straße aufflammen. Wir stiegen aus und mußten erst einen Augenblick stehenbleiben und uns an das Licht gewöhnen, bevor wir weitergehen konnten. Ein paar Kinder kamen aus den Häusern, rannten um uns herum und schrien: «Ein Pen, ein Pen, eine Rupie, eine Rupie!» Aber als sie merkten, daß wir nichts geben würden, liefen sie wieder davon.

Helena sagte: «Das sind keine richtigen Bettler. Sie spielen nur.»

«Noch sind sie keine richtigen Bettler», sagte Hans, «aber wie lange wird es wohl noch dauern, bis sie es gelernt haben?»

Hans führte uns zum Haus des Orakels, an einem Bach vorbei, dann ein paar eingeschossige Häuser mit schmalen Mauerdurchbrüchen als Fenster. Ich weiß nicht, was ich erwartete, aber als wir das Haus erreichten, war ich enttäuscht. Man kann sich kaum ein gewöhnlicheres Haus denken; ein Grüppchen ziemlich armseliger Sonnenblumen neben der Tür, ein Windfang aus Beton, und dieselben braunen, durchbrochenen Mauern wie überall. Nur die sieben oder acht Gebetsfahnen auf dem Dach zeigten an, daß es mit diesem Haus eine besondere Bewandtnis hatte – und sie wirkten recht betagt. Zwei Kinder spielten neben den Sonnenblumen im Dreck.

Hans sagte: «Sie wirken enttäuscht. Bis jetzt haben Sie noch nichts gesehen.»

Ich hörte einen vielstimmigen Singsang. Wir betraten einen niedrigen, düsteren Korridor, zogen die Schuhe aus und wurden in einen Raum gewinkt, der rechts vom Gang lag.

In dem verhältnismäßig kleinen Zimmer mit grünen Wänden drängten sich etwa sechzig Menschen aller Altersstufen. Und alle knieten. Alte Frauen mit staubigen Peraks, der für Ladakh typischen Kopftracht der Frauen, alte Männer in schmutzigen roten Umhängen, kleine Kinder, ein kaschmirischer Beamter im Sonntagsstaat, zwei aristokratisch wirkende junge Ladakhi in amerikanischen

Jeans und weißen, bis zum Hosenbund aufgeknöpften Hemden. Alle, selbst der moslemische Kaschmiri, knieten und beteten und schauten zu dem Orakel in der Ecke hin. Wir waren die einzigen Europäer. Niemand schien von uns Notiz zu nehmen.

Wir saßen kaum auf dem kalten Steinboden, als es auch schon losging. Die Gestalt in blauem, grünem und orangefarbenem Brokat in der Ecke, das Orakel, fing an, sich zu schütteln, Schreie auszustoßen und zu stöhnen. Ihre Kopfbedeckung war so breit, daß ich anfangs ihr Gesicht kaum ausmachen konnte, doch allmählich erkannte ich zwei wilde Augen und einen Mund, der nur wie ein Schlitz war. Sie schüttelte sich, zitterte, wand sich, schlug auf den Boden und stöhnte. Eingehüllt in ihren Regenbogenbrokat wirkte sie so klein und zerbrechlich, und doch ging eine unglaubliche Kraft von ihr aus. «Kommt näher! Kommt näher!» schrie sie immer wieder, und danach spuckte sie jedesmal auf den Boden und brach in höhnisch klingendes Gelächter aus.

Die Menge betete lauter und lauter. Auch manche der alten Frauen begannen nun leise und klagend zu stöhnen. Neben dem Orakel standen zwei junge Frauen mit versteinerten Gesichtern und beobachteten alles. Vermutlich ihre Töchter. Langsam bildete sich eine Schlange von Knienden vor der zuckenden Gestalt. Eine alte Frau mit einer Zyste über dem linken Auge rutschte auf Knien zum Orakel hin. Plötzlich und mit einem Schrei stieß das Orakel vor, riß die Bluse der Frau auf und grub ihren stöhnenden Kopf zwischen die Brüste der Frau. Ich spürte, wie mir schwarz vor Augen wurde, und die alte Frau schrie. Sie rührte sich jedoch nicht von der Stelle, und das Orakel blieb mit dem Gesicht zwischen ihren Brüsten. Für einen Moment dachte ich, daß sie der alten Frau das Blut aussaugte, und wäre am liebsten weggelaufen. Nach etwa fünfzehn Sekunden trat eines der steingesichtigen Mädchen vor und hielt dem Orakel eine Silberschale hin. Sie hob den Kopf, stieß einen gackernden Laut aus und spuckte eine bläulichgrüne Flüssigkeit in die Schale.

«Was ist das?» fragte ich Hans.

«Es heißt, das seien die bösen Kräfte. Das Orakel saugt alles Böse aus dem Körper der Frau.»

Alle Anwesenden wiegten sich jetzt unter Stöhnen. Einer nach dem anderen rutschte auf Knien zum Orakel hin, und der gleiche Vorgang wiederholte sich immer wieder. Sie musterte jeden einzelnen scharf, kreischte unter Gelächter oder Schimpftiraden und stieß zu. Bei manchen blies sie nach dem Aussaugen durch ein langes Silberrohr auf die Stelle an der Brust. Überall sah ich verängstigte Gesichter. Der Kaschmiri legte Armbanduhr und Krawatte ab, öffnete den Kragen und entblößte seine Brust, hielt aber die Augen fest geschlossen. Die beiden jungen Ladakhi versuchten ganz gelassen zu wirken, aber als sie an die Reihe kamen, krampften sie die Hände zusammen und zitterten. Ein kleiner Junge wurde dem Orakel von seiner Mutter hingehalten, fast wie ein Kindesopfer, und er wand sich und schrie in solchem Entsetzen, daß ich nicht hinsehen konnte.

Alles an diesem Orakel wirkte hart und heftig – ihre wilden, ruckhaften Bewegungen, ihre Art, den Kopf zu schütteln, ihr plötzliches Vorstoßen. Einmal schlug sie eine alte Frau derart, daß sie leise zu weinen begann. Einem Jungen schlug sie auf den Kopf und schrie: «Lügner! Du bist ein Lügner! Du bist böse!» Einen alten Mann packte sie beim Kragen und schüttelte ihn so heftig, daß ich glaubte, sie würde ihn umbringen. Dabei gackerte und kreischte sie, und anschließend spuckte sie ihm ins Gesicht.

Helena sagte: «Ich möchte gehen. Das ist ja nicht auszuhalten.»

«Du kannst jetzt nicht gehen», sagte Hans. «Die Zeremonie ist noch nicht zu Ende. Außerdem möchte Andrew das Orakel etwas fragen.»

«Nicht daß ich wüßte. Ich würde auch lieber gehen.»

Doch Hans beharrte darauf, nahm mich beim Ärmel und schob mich vor. Ich zitterte. Ich war jetzt nur noch einen Schritt vom Orakel entfernt. Sie saugte an der Brust einer alten Frau, die dabei stöhnte. Das Orakel richtete sich auf, durchbohrte mich mit einem Blick und spuckte in die Schale neben meinem Knie.

«Was willst du?» kreischte sie.

Ich brachte kein Wort heraus.

«Er möchte Ihnen eine Frage stellen», sagte Hans.

Sie gackerte. «Was für eine Frage?» Sie schüttelte die Hände in der

Luft. «Was für eine Frage?» Sie starrte mich an und spuckte noch einmal verächtlich in die Schale. «Er ist ein Fremder. Er glaubt nicht. Er will mich nur mal testen. Er ist ein Narr... Ich werde keine seiner Fragen beantworten!» schrie sie mit immer höherer Stimme und wild fuchtelnden Händen.

Ich fand meine Stimme wieder. Ich sagte: «Ich glaube an die Kraft des Buddha. Ich komme ohne Hintergedanken. Ich bin nicht hier, um Sie zu testen.»

Sie gackerte noch einmal und schwieg. Dann sagte sie mit etwas weicherer Stimme: «Was hast du davon, wenn ich deine Frage beantworte? Du könntest die Rituale nicht ausführen, die ich dir gebe. Du könntest die Gebete nicht sprechen. In deinem Land gibt es keine Lamas.»

«Doch, es gibt Lamas in meinem Land. Ich werde einen finden. Ich werde die Gebete sprechen.»

Wieder gackerte sie. Dann sagte sie: «Stell deine Frage. Ich werde eine einfache Antwort geben. Du wirst keine Gebete sprechen und keinen Priester suchen müssen. Ich werde dir etwas Einfaches zu tun geben.»

«Ich habe eine Freundin», sagte ich, «die in ihrer Familie schon viele Tode gestorben ist. Sie ist sehr unglücklich und sagt mir oft, daß sie sterben möchte...»

Weiter kam ich nicht. «Streck deine Hand aus!» schrie das Orakel. Ich tat es. Sie streute mir etwas Reis hinein. «Wirf das in die vier Ecken des Hauses deiner Freundin.» Ich dankte ihr. Wieder schrie sie: «Streck deine Hand aus!» Sie griff rechts neben sich und hob einen schmutzigen weißen Schal auf. «Gib das deiner Freundin. Sag ihr, sie soll ihn immer tragen. Er wird sie beschützen. Sie ist in Gefahr. Sie braucht Schutz.» Dann schrie sie noch etwas, das ich nicht verstand, und winkte mich weg.

Zitternd ging ich wieder zu meinem Platz in der Ecke, jetzt aber fest entschlossen, bis zum Ende der Zeremonie zu bleiben. Langsam wurde die Reihe der sich wiegenden und stöhnenden knienden Menschen kürzer. Als die letzte alte Frau «geheilt» war, stieß das Orakel einen langen, hohen Schrei aus, klatschte in die Hände und drehte sich zur Wand. Dort in der Ecke stand ein kleiner Altar, den ich bis dahin noch nicht bemerkt hatte; auf ihm befanden sich eine Glocke, ein Vajra, und zwei Silberschalen. Sie nahm Glocke und Vajra, drehte sich wieder zu uns um und begann laut zu beten, wobei sie mit der einen Hand die Glocke läutete und mit der anderen den Vajra schwang. Alle «Geheilten» rutschten wieder zu ihr hin, diesmal aber, um ihren Segen zu empfangen. Einige berührte das Orakel mit der Stirn, andere berührte sie mit dem Vajra an Hals und Rücken. Viele der Anwesenden weinten. Als alle gesegnet waren, schrie das Orakel wieder auf und wendete sich zum Altar. Sie zog eine Trommel aus dem Gewand und fing an, sie zu schütteln. Sie zitterte, schrie, gackerte, wiegte sich und schüttelte die Trommel immer lauter und schneller. Dann ein letzter, langgezogener Schrei; der ganze Raum erstarrte; sie warf sich zurück, kam fast zum Stehen und fiel dann rücklings in die Arme der beiden steingesichtigen Mädchen. Sie lag zuckend und stöhnend in ihren Armen, fiel dann wieder nach vorn und schlug den Boden mit den Händen. Dann richtete sie sich urplötzlich auf, saß ganz gerade und faltete die Hände. Die Trance war vorbei.

Ich sah sie an. Sie war vollständig verwandelt. Fast eine Stunde lang war sie hysterisch und herrisch gewesen und hatte Schrecken verbreitet. Jetzt war da nur noch ein kleines erschöpftes Häuflein in der Ecke, eine müde lächelnde alte Frau, die sich mit einem weißen Lumpen den Schweiß von der Stirn wischte. Sie sprach leise mit einem der beiden Mädchen, von der kreischenden Stimme des Orakels keine Spur mehr. Ich ging zu ihr hin und dankte ihr. Sie lächelte mich schwach an, erkannte mich nicht. Eins der Mädchen schüttelte ein Holzkästchen vor mir. Ich tat fünf Rupien hinein.

Draußen in der prallen Mittagssonne fühlten wir uns alle ein wenig benommen. Hans sagte, er würde gern für sich allein ein paar Schritte gehen. Helena und ich gingen schweigend zum Bach hinunter und setzten uns zwischen den Steinen hin. Weiter oben badeten zwei nackte Jungen und bespritzten sich gegenseitig.

«Mir war himmelangst», sagte Helena, «Ihnen auch?» – «Ja.»

«Ich glaube nicht an Geister, kann aber nicht bestreiten, daß von dieser Frau eine unglaubliche Kraft ausging. Spürten Sie das auch?»

«Ja.»

Die Jungen hatten uns gesehen, brachen in eine Art Kriegsgeschrei aus, hüpften wie wild und bespritzten sich noch heftiger als zuvor. «Ein Pen! Ein Pen! Eine Rupie!» Ihre nackten Körper glitzerten. Ich hatte ein paar Äpfel in der Tasche und hielt zwei davon hoch. Ich warf sie den Jungen zu. Sie fingen sie und standen lachend und mampfend auf einem Felsen.

«Werden Sie Ihrer Freundin den Schal geben?» fragte Helena.

«Ich würde schon gerne, aber sie würde mich für verrückt halten. Wenn ich mit einem schmutzigen weißen Schal und ein paar Reiskörnern ankäme und auch noch behauptete, das würde ihr Leben retten, dann würde sie mich nie wieder ansehen.»

«Was wollen Sie dann mit den Sachen tun?»

«Sie heimlich im Haus verstecken.»

Das Gespräch wich auf andere Gegenstände aus. Wir waren beide außerstande, näher auf das einzugehen, was wir in der Gegenwart des Orakels erlebt hatten.

Erst später in Leh ging mir auf, daß mich vor allem die Härte und Heftigkeit des Orakels erschreckt hatten, weit mehr jedenfalls als all die Kräfte, die sie besitzen mochte. In ihrer entfesselten Wildheit hatte sie alte Ängste in mir wachgerufen, die Erinnerung an meine Großmutter und Mutter, tief vergrabene männliche Ängste vor weiblicher Grausamkeit, der kein Vernunftgrund Einhalt tun kann, vor diesem dunklen und unbegreiflichen weiblichen Wissen, das sich durch kein gewöhnliches Gerechtigkeitsdenken von seinem Zerstörungswerk abbringen läßt. Ich sah auch, daß sich mir durch die Erfahrungen im Haus des Orakels und jetzt durch die Erkundung der Ängste, die in mir wachgerufen worden waren, eine einmalige Chance bot – die Chance, eine Klarheit zu finden, die auch der Gewalttätigkeit ihren Platz einräumte und sich nicht angstvoll vor ihr verschloß, eine Klarheit, die ohne jedes Urteil einfach wußte, was diese Gewalttätigkeit war und was meine Angstreaktion mir über die ungeheilten und unerforschten Seiten meiner selbst sagte. Aus Grauen vor der Begegnung mit dem Furchteinflößenden in mir selbst hatte ich diese Heftigkeit, die, wie ich wußte, von meiner Mutter und meiner Großmutter kam, jahrelang in mir unter-

96

drückt; damit unterdrückte ich jedoch auch die Weisheit, die sich in ihrem Feuer verbarg. Meine Vorliebe für östliche Philosophie beruhte offenbar auf dem Wunsch, die innere Heftigkeit ein für allemal loszuwerden und in erhabenem, gelassenem Gleichmut zu leben. Doch mit der neurotischen Verneinung ganzer Teile der Psyche kann man keine echte Wandlung erzwingen; ich würde also keinen Schritt weiterkommen, solange ich mir mit meiner Vorliebe für den Osten vorzugaukeln versuchte, daß ich nicht gewalttätig und nicht destruktiv war. An diesem Abend begriff ich zum ersten Mal den psychologischen Wert der zornigen Gottheiten, mit denen die Wände der Gompas bemalt sind. Die ungeschminkten Darstellungen der Schrecken von Zorn, Gier und Machthunger flößen dem Betrachter nicht nur Entsetzen ein, sondern geben ihm auch die Möglichkeit, sich den Energien zu stellen, die er in sich selbst unterdrückt – um sie zu verstehen, zu meistern und schließlich in eine heilende Kraft zu verwandeln, so wie das Orakel seine Hysterie verwandelt hatte.

«*Morgen müssen wir* früh aufstehen», kündigte Helena an. «Der Bus zum Tanzfest in Taktog fährt um acht Uhr los.» Ich wachte gegen sechs Uhr auf, rasierte mich mit kaltem Wasser und ging quer durch Leh zu dem Hotel, in dem Hans und Helena wohnten. Wir redeten uns derart fest, daß wir schließlich noch laufen mußten, um den Bus zu erwischen. Und was für ein Bus das war! Die Busse des innerladakhischen Verkehrs sind echte Antiquitäten, so alt, verbeult und verrostet, daß der Vogelkäfig, in dem man von Srinagar herauffährt, dagegen wie ein Pullman wirkt. Und sie haben nichts Besonderes an sich, keine Drachen, Tiger oder glotzäugigen Elefanten, wie man sie auf afghanischen Lastwagen findet; sie tun sich nur durch extrem hohes Alter und ebenso extreme Unbequemlichkeit hervor. Und durch die Menschen, die mit ihnen reisen. Einmal trat mir ein überaus gutmütig wirkender alter Lama mit einer uralten, mit Tesafilm geflickten Brille auf der Nase dermaßen gegen das Schienbein, daß ich einen ganzen Vormittag lang kaum gehen konnte. Und einmal machte ich den Fehler, eine alte, gebeugte Frau, die hinter mir stand, vorlassen zu wollen: aus irgendeinem Grund nahm sie an, ich wolle ihr den Sitzplatz wegnehmen, keifte und knuffte mich deftig in die Rippen.

Es hatte geheißen, der Bus werde um acht abfahren. Bis neun passierte erst einmal gar nichts. Dann begab sich ein junger Kaschmiri auf den Fahrersitz, gähnte, rieb sich den Schlaf aus den Augen und lächelte die Reisenden an, sichtlich stolz darauf, daß es ihm gelungen war, uns das Höchstmaß an Unbequemlichkeit zu verschaffen. Es passierte auch weiterhin noch nicht viel, außer daß er sich ausgiebig streckte, in den Zähnen stocherte und hin und wieder ein paar Worte mit einigen Freunden wechselte. Er besaß die größte Armbanduhr, die ich je gesehen habe, ein riesiger bunter Lolli; achtoder neunmal band er sie ab, um sie herumzuzeigen.

Ganz langsam lernte ich die erste Lektion eines Busreisenden in Ladakh – sich zu ergeben. Es hat wenig Sinn, ungeduldig zu werden, mit den Zähnen zu knirschen, die Abfahrt herbeizubeten, den Fahrer mit schaurigen Verwünschungen zu bedenken, sich nach England, Amerika oder wenigstens Südindien (wo die Busse gelegentlich pünktlich abfahren) zurückzusehnen, oder mit anderen Europäern gehässige Bemerkungen auszutauschen – es bleibt nichts übrig, als sich zu ergeben und alles ohne Hoffnung und Vorbehalt zu akzeptieren. Jede andere Strategie treibt einen unweigerlich in den Wahnsinn. Hat man sich aber einmal ergeben, dann fängt die Sache an, Spaß zu machen. Und an einem Morgen in Ladakh, in einem Bus voller Leute, die zu einem Tanzfest wollen, gibt es manches, woran man sich freuen kann, selbst wenn man, wie ich an diesem Tag, eingeklemmt ist zwischen einer alten Frau, die einem die knochige Schulter tief in den Magen gräbt, und einem kaschmirischen Beamten mit einer Tochter auf der Schulter, die einem fröhlich ihre Plastikpuppe auf den Kopf haut. Da sitzen alte Männer in ihren saubersten roten Gewändern und Wollschuhen, die Haare gewaschen, eingeölt und zurückgebunden, in einem Ohr einen Türkis oder eine kleine Samenperle. Kinder, sauber geschrubbt und frech, sitzen vorn auf Weizensäcken, essen Aprikosen und bewerfen sich gegenseitig oder auch den Fahrer mit den Kernen. Und dann vor allem die ladakhischen Frauen, die an solchen Festtagen ihre ganze Pracht entfalten – Mäntel aus Drachenbrokat, türkisbesetzte Peraks mit schwarzen Fellohren auf dem Kopf, dunkles, glänzendes Haar, in das häufig zur Verlängerung ein Wollzopf eingeflochten wird, und die Ohrgehänge, ganze Büschel von Samenperlen aus China oder Indien, die sich hier so großer Beliebtheit erfreuen und sich so leuchtend von der dunklen rotbraunen Haut der Ladakhi abheben. Selbst der Geruch des Busses, ein Geruch von Schweiß und Öl und Staub und alten Kleidern, ist seltsam anheimelnd wie der Geruch mancher Rumpelkammern und Küchenschränke in der Kindheit. Endlich, so gegen zehn, geruhte der Kaschmiri an seine Arbeit zu gehen. Er band seine Armbanduhr um, drehte sich, lächelte uns alle an, spuckte dreimal aus dem Fenster (eine Art Ritual?) und betätigte den Anlasser. Der Bus keuchte und rüttelte. Helena, Hans und ich brachen in Begeisterungsrufe aus. Den Ladakhi schien das Spaß zu machen, und sie applaudierten ebenfalls lautstark mit Rufen und Getrampel. Schließlich fielen auch noch die Leute auf dem Dach in das Getöse ein. Ich sah den Bus schon in Stücke gehen. Der Kaschmiri strahlte vor Wonne, als habe er genau das geplant, und fuhr besonders langsam, um uns noch mehr zu foltern. Ich dachte an die Menschen auf dem Dach – wie schafften sie es, von den niedrig über die Straße gespannten Leitungen nicht enthauptet zu werden? Es muß wohl einen Bodhisattva der Busse geben, einen besonderen Beschützer all derer, die in diesen schrottreifen alten Seelenverkäufern reisen.

An einem Bach striegelt ein Junge die Flanken eines Pferdes; zwei alte Männer stehen, auf ihre Sensen gestützt, zwischen Haufen frisch geschnittenen Weizens auf einem Feld; zwei Mädchen gehen tief gebückt unter riesigen Bündeln von Zweigen; eine alte Frau steht vor ihrem Haus im Wind, der an ihrem dünnen grauen Haar zaust, und schaut nirgendwohin; ein paar zerlumpte, rotbackige Kinder spielen Fangen um einen Stupa herum und laufen lachend und stöckewerfend dem Bus nach. Jedes Bild scheint in einer ewigen Gegenwart zu existieren, beleuchtet von diesem klaren Nachmittagslicht Ladakhs, das dem Licht mancher Träume so ähnlich ist.

Der Innenhof des Klosters Taktog hätte die anrückende Menschenmenge kaum fassen können, und so wurde das Tanzfest unter einem großen, löchrigen Zeltdach auf einem weiter oben gelegenen Feld abgehalten. Der Wettermacher des Dalai Lama mit seinem zu einem Türmchen aufgezwirbelten dünnen grauen Haar war da; aus den umliegenden Klöstern waren Lamas in ihren verschiedenen Kopfbedeckungen und Gewändern gekommen; und das ganze Dorf Taktog war da. Die Kinder saßen in kleinen, spitzbübischen Cliquen plappernd und sich zankend um die Tanzfläche herum. Ich setzte mich zu ihnen, in die Nähe des Orchesters, das aus sechs älteren und von dem ganzen Trubel völlig unberührt wirkenden Lamas in verblaßten, zerschlissenen Gewändern gebildet wurde; sie hatten die Bewegungen der Tänzer mit ihren Trommeln und Becken zu begleiten.

Anfangs interessierten mich vor allem die Zuschauer, weniger die langsamen, monotonen Drehungen der Tänzer und ihre Masken mit den aufgemalten starren Grimassen und grellen Farben. Ich erwartete gespannt die komischen Einlagen, bei denen zwei der jüngsten Mönche als Skelette verkleidet herumrennen und auf die Leute losgehen oder Purzelbäume schlagen und einander nachhetzen. Doch langsam wurde ich in den heiligen Rhythmus der Tänze, in ihr fremdes, eigenwilliges Tempo hineingezogen. Was dort so betont langsam getanzt wurde, war offenbar das innere Drama jedes einzelnen Zuschauers; die Psyche selbst wurde hier mit all ihren Zügen und Kräften auf ihrem Weg zur Wandlung gezeigt. Und die «äußeren» Kräfte, die Buddhas und Bodhisattvas, die von den Tänzern dargestellt wurden, waren nichts anderes als die inneren Kräfte der Psyche, derselben Psyche, in der auch diese Tänze und alle Tänze lebten. Ich war nicht länger ein Unterhaltung suchender Zuschauer; ich wurde selber zum Tänzer; ich ließ den Tanz nach seinem eigenen Rhythmus in mir selbst Gestalt annehmen.

Im letzten Teil tanzte ein Mönch mit einer Hirschmaske – Symbol der Bewußtheit – um einen in Lehm nachgebildeten Körper, das Abbild des Ego, häßlich und mit den Farben der Begierde bespritzt, rot und grün und blau und gelb. Das Nachmittagslicht fiel als dunkles, tiefes Gold auf alle Zuschauer, auf die umliegenden Felder und Hügel, auf die Maske des Tänzers und auf die Klinge des Schwerts der Unterscheidung, das er zum ständig anschwellenden Getöse der Becken und Trommeln langsam über dem liegenden Bildnis schwang. Dann, als die Musik ihre letzte Steigerung erreicht hatte, fiel der Tänzer auf die Knie, hob das Schwert und vierteilte den Körper des Ego mit vier schnellen, wilden Hieben. Das Trommeln brach ab. Zurück blieb die lauteste und gespannteste Stille, die ich je gehört habe. Der Hirschtänzer schwang über dem zerstückelten Ego vor und zurück und öffnete die Arme weit zu einem grenzenlosen Lachen, das die ganze Welt umspannte.

«*Ich bin Perec*. Georges Perec. Ich bin verzweifelt. Ansonsten bin ich fünfunddreißig Jahre alt, unverheiratet und einigermaßen fröhlich. Man beachte das folgende Lächeln.»
Und er entblößte mit seinem breiten Lächeln eine Doppelreihe gelber Raucherzähne. «Jeden Morgen übe ich dieses Lächeln. Ich möchte, daß es noch breiter und lebhafter wird. Ich träume davon, daß es eines Tages von einem Ohr zum anderen reicht. Ich verkaufe antike Möbel. Nur fünf Monate im Jahr, sonst würde ich im Geld ersaufen. Die übrige Zeit reise ich. Ich liebe primitive Völker, die im Aussterben begriffen sind; ich fühle mich bei ihnen zu Hause. Unter Menschen, die dem Untergang geweiht sind, wird mein Lächeln ganz besonders breit. Ich kann Frauen und Katzen nicht ausstehen. Ich bin sehr tapfer und sehr redselig. Wer sind Sie?»
Ich sagte es ihm, so gut ich konnte. Er war klein, die Stirn tief gefurcht. Er beugte sich beim Sprechen vor, vibrierend vor Intensität. Und was für ein Klangrepertoire er dabei hatte! Er saugte Luft

durch die Zähne, schnaubte, sprach plötzlich mit hoher, dann wieder mit tiefer Stimme.

Ich fragte ihn, ob er in Französisch-Indien gewesen sei, und er sprach in einer Art Verzückung von Pondicherry. «Das Brot in Pondicherry! Dieses wunderbare Brot! O mon dieu! Nicht mal die Pariser essen solch ein köstliches Brot! Aber der Ashram! Quels cons! Quels pigeons blancs... ils emmerdent tout, tout! Wie kann man nur irgendwas glauben? Es sollte Heilanstalten geben für Leute, die glauben. Kennen Sie Cioran? Sollten Sie aber. Der glaubt an nichts. Ich liebe ihn. Jeden Morgen sage ich zu mir selbst: ‹Ich träume von einem Eleusis unverblendeter Herzen, von einem sauberen Mysterium ohne Götter und den stürmischen Enthusiasmus der Illusion.› Klingt gut, nicht? Probieren Sie mal aus, sich das morgens zu sagen. Das entspannt so schön. Sie gefallen mir. Ich werde Ihnen meinen kostbarsten Besitz zeigen. Den zeige ich nicht mal meiner Mutter. Sie ist Jüdin. Sie würde die Hände vors Gesicht schlagen und sagen: ‹Georges, Georges, was habe ich getan?›», und er führte mir vor, wie das aussehen würde; dann lief er aus dem Zimmer und kam mit etwas zurück, das in einen grünen Schal eingewickelt war.

«Was das ist, das raten Sie nie! Es ist – » und er schlug den Schal mit großer Gebärde zurück – «ein Totenschädel! Ein tibetischer Totenschädel, verziert! Dreihundertfünfzig Rupien, und jeden Anna wert!... Sehen Sie sich diese feinen Schnitzereien an! Diese Reihe winziger grinsender Schädel rings um das Schädeldach! O crâne, comme je t'aime... Und sehen Sie diese Augen, wie tot sie sind, kleine ausgebrannte Beeren! Und die Nasenlöcher! Wie von einer Wildsau! Herrlich! Das gefällt mir hier oben, lauter lächelnde, nette Menschen, und darunter dieses... dieses Gespür für das Grauen, für die groteske Komödie von Leben und Tod. Gut gesagt, wie? Das muß ich Cioran mal schreiben. Hoffentlich stirbt er nicht diesen Sommer. Aber wie jeder echte Depressive überlebt er sie alle. Ha, ha. Überlebt sie alle. Diese ganzen sanftmütigen Mandelpuddingbuddhas, die kann man vergessen! Hat man einen gesehen, dann hat man sie alle gesehen! Sitzen da rum, als müßten sie mal ordentlich scheißen... Pardonnez-moi... Ich bin Franzose, ich bin verzweifelt, ich mag die tantrischen Figuren, der Tod vögelt das Leben, daß es nur so schreit, je les adore, und um seinen Schmerbauch hängen Totenschädel! Ich liebe diesen Ausdruck von Todeskampf in den Gesichtern der Frauen, die mit dem Tod vögeln! So subtil! Bitte keine Vorträge darüber, daß Tantra nichts mit Sex zu tun hat. Ich habe alle Bücher gelesen.

Nein, mon cher» (er beugte sich vor und starrte mir wild in die Augen), «das wirkliche Interessante an diesem tibetischen Zeugs ist nicht die innere Ruhe, la sérénité... Meine Mutter, Allmächtiger, die glaubt da dran, arme Irre. Nein, das Interessante ist dieser Glaube an die verrückte Weisheit, la folle sagesse... Das ist es, was ich will, diese verrückte Weisheit! Sehen Sie sich die Mönche an. Engel der Verworfenheit! Wußten Sie das? Und diese Ashramiten glauben alle, Heiligkeit ist weiß, ist Schweiß, ist das Lesen von heiligen Schriften unterm Baum am Bach. Schwachsinnige Phantasten, mon cher. Heiligkeit gibt es nirgends, außer in der Phantasie von Schuljungen. Heiligkeit ist ein Schulmeistertraum. Heiligkeit ist ein Hirngespinst von Mamas Söhnchen, das Mama wiederhaben will, verklärt und vollkommen (macht nichts, wenn sie sich umziehen und ein Buddha werden muß). Verrückter alter Buddha! Wie ich ihn liebe! Er weiß, daß die ganze Chose ohne Bedeutung ist, und er tanzt auf den Knochen, mon cher, und er pißt in die Gesichter der Welt.

Und soll ich Ihnen sagen, was das beste an diesem Buddhismus ist? Nicht Entsagung, nicht das ganze Geraufe mit Dämonen... Nein, Sie finden das an der Stelle, wo Milarepa nach Hause kommt und die faulende Leiche seiner Mutter findet. Erinnern Sie sich? Was macht er? Er benutzt sie sieben Tage lang als Meditationskissen! Quel style! Und gerät in Ekstase. Ich liebe es, an den Tod zu denken, ich habe bislang drei Schädel in meiner Sammlung, und sie wächst. Und jetzt dieser herrliche tibetische Schädel – macht mich ganz geil, ihn nur anzusehen. In Paris habe ich meine Schädel im Schlafzimmer. Die Mädchen stehen da drauf. Macht ihre Brustwarzen ganz hart. Sie glauben mir nicht?

‹Der Wille zu glauben ist eine lyrische Seuche, die die Seele befällt.› Ha! Das sagt Cioran. ‹Jeder Augenblick birgt einen schlafenden Propheten, und wenn dieser Prophet aufwacht, gibt es ein wenig mehr Böses in der Welt; jeder wartet auf seinen Augenblick, etwas zu verkünden, was auch immer, er hat eine Stimme, das genügt. Er muß etwas damit sagen.› Ha! Und wer wäre nicht Prophet, wenn er die Leute dazu bringen könnte, an ihn zu glauben? Das ist die Schwierigkeit dabei. Jedes Absolute, mein Freund, ist nur eine Panik der Sinne! Jede spirituelle Disziplin ist nichts weiter als ebenso frivole wie todtraurige geistige Freßsucht! Könnte man die verrückte Gier nach Glauben und die monströse Bereitschaft zu hoffen im Menschen abtöten, wer weiß –» kurze Pause, dramatisches Augenrollen – «vielleicht würde wahrhaft menschliches Leben dann... *anfangen*.»

Vor dem Frühstück kam Perec in mein Zimmer gestürzt. «Ich komme mich verabschieden! Ich verschwinde! Bis nächstes Jahr! Wer weiß? Vielleicht bin ich dann schon tot – wenn ich Glück habe! Ich will Ihnen noch zwei Palindrome und vier Zitate geben! Sie sind zu vertrauensselig, mein Freund. Ich will Sie vor den Übeln des Vertrauens bewahren.»

Er setzte sich ganz außer Atem auf mein Bett. «Hier erst mal die beiden Palindrome! *Élu par cette crapule*. Welche Vollkommenheit! Letzten Sommer habe ich vierzig Seiten solcher Umkehrsätze geschrieben! Jetzt das zweite, vielleicht mein Meisterwerk – *Ésope reste ici et se repose*.»

Er seufzte ein wenig über seine Meisterschaft. Er riß das Fenster auf, als sollte das Morgenlicht zu seinem Lobpreis ins Zimmer fluten. Seine Hände zitterten.

«Und jetzt die vier Zitate! Ich habe sie auf Klopapier geschrieben! Welches andere Papier könnte man dafür benutzen? Lernen Sie sie auswendig, und sie werden Sie beschützen – vor Hepatitis, Schlangenbissen, Buddhismus und Frauen! ‹Krank vor Hoffnung warten wir weiter; das Leben wartet darauf, Hypostase zu werden.› Ha! Wunderbar! Numero uno! Numero due: ‹Erst am Ende der Philosophie beginnen wir zu leben... wenn wir ihre entsetzliche Gegenstandslosigkeit begriffen haben: daß es sinnlos war, zu ihr hinzuren-

nen und daß sie keinerlei Hilfe darstellt.› O quel désespoir pur, c'est magnifique! Und nun ein Zitat speziell für Sie, mein lieber Poet: ‹Erlösung ist der Tod des Gesangs!› Hören Sie gut zu: ‹Erlösung ist der Tod des Gesangs!› Verstehen Sie? Lassen Sie sich nicht erlösen, singen Sie weiter! Sie müssen krank in all der Krankheit und traurig in all der Traurigkeit bleiben, mein Bester, denn wie wollen Sie sonst schreiben? Na? Na? Und jetzt das letzte, eins für alle Reisenden in antiken Welten! Es ist von Cioran! Es ist herrlich deprimierend! Sie werden es brauchen! Es wird Sie beschützen! Sind Sie bereit? ‹Alle Menschen, die sich nach Ruinen der Vergangenheit umsehen, versuchen sich einzureden, daß sie selbst den kommenden Ruinen entgehen werden, daß es in ihrer Macht steht, etwas radikal Neues zu beginnen. Sie geloben sich feierlich, aus diesem Abgrund der Mittelmäßigkeit, in den das Schicksal sie gestoßen hat, herauszuklettern.› Ah, wie ich das liebe, ‹Abgrund der Mittelmäßigkeit›. Und nichts passiert. Jeder bleibt so, wie er war. Um uns herum sehen wir nur verkommene Inspirationen und ausgebrannte Strohfeuer. Mir ist noch kein einziges neues Leben begegnet, das nicht illusorisch und in der Wurzel schon korrumpiert war.»
Er stand da und ließ seinen Bizeps (sehr klein) im Licht spielen. Er sagte: «Ich gehe jetzt. Wir werden uns nie wiedersehen. Seien Sie vorsichtig. Sie sind leicht zu begeistern, Sie sind ein großer Narr, Sie werden mit Haut und Haaren gefressen, wenn Sie nicht aufpassen. Ich wünsche Ihnen die ganze Weisheit der Melancholie und einen relativ frühen Tod! Ha! Ja!» Er lief hinaus in den Morgen, lachte und schlug sich auf die Schenkel. «Die ganze Weisheit der Melancholie und ein relativ früher Tod! Welcher Rhythmus! Welcher Stil!»

Ich sah Perec noch einmal, als ich mit dem Bus nach Alchi fuhr. Der Bus holperte an einer kleinen Haltestelle am Bach vorbei. Im Staub hockten zwei Mönche, und Perec stand ein Stück abseits und starrte in die Weite. Ich rief ihn aus dem Busfenster an. Er drehte sich um und sah mich traurig an und hob eine Hand.
Am Morgen hatte er mir einen Zettel unter der Tür durchgescho-

ben: «Die Welt existiert nicht. Was wir um uns her sehen und die Welt nennen, ist eine Konstruktion unserer Wünsche und Instinkte. Wenn die verblassen, verblaßt auch die Welt. Und was übrigbleibt, leider, sind wir selbst. Und auch das nur für ein Weilchen. Das kann man nicht als Leben bezeichnen.»

Im Bus sang ein alter Mann und klatschte mit den Händen den Takt dazu.

Allein in Alchi für fünf Tage.

Erster Tag. Es ist sechs Uhr abends. Ich habe zwei Vögel beobachtet, die sich auf der anderen Seite des Flusses in der weiten ockerfarbenen Felswand spielerisch jagten. Manchmal stürzen sie sich viele Meter tief senkrecht hinunter, so daß ich schon Angst um sie habe, doch sie tauchen immer wieder auf, verschwinden in einer Felsspalte, um kurz darauf wieder als blaurote Blitze durch das Dämmerlicht zu schießen.

Vor einer Stunde schaute ich einmal auf und bemerkte, daß der breite, kahle Hügel gegenüber nicht tot war. Er wimmelte sogar von Leben. Für eine Sekunde dachte ich, der Fels bewege sich. Dann erkannte ich unzählige Ziegen mit ihrem steinfarbenen Fell.

Es ist sieben. Ein letztes Mal sehe ich zum Indus hinunter. Er hat ein schmales, weißes, geschwungenes Sandufer. Ein stilles purpurnes Licht liegt auf ihm. Kein Stein, kein Sandkorn, keiner der im Wind dunkelnden Grashalme kann verändert werden. Alles existiert in seiner eigenen Vollkommenheit.

Zweiter Tag.

Weshalb spricht man von der «Festigkeit» und der «stummen Majestät» der Berge? Nichts ist dramatischer und instabiler als die Berge. Jeder Lichtwechsel verändert sie. Man schaut auf, und sie scheinen unermeßlich fern zu sein, so als wollten sie hinter dem Horizont verschwinden. Man schaut wieder auf, und das Licht hat sie so nah herangeholt, daß man glaubt, man könne sie anhauchen.

Sechs. Ich sitze auf den Steinen am Fluß. Der Berg gegenüber ist wie eine Tuschzeichnung auf Reispapier. Ich würde sie zerreißen, streckte ich auch nur eine Hand aus.

Dritter Tag.
Ich sitze auf einem Steinhaufen, und langsam wird mein Atem ruhig, mein Geist leer. Unter mir der Fluß. Oben die Felswand, die über den Fluß hinausragt.
Ich höre die Lieder der Erntearbeiter, die der Wind zum Fluß hinunterträgt; hin und wieder ein hoher Vogelruf.
In dieser neuen Transparenz des Geistes erfahre ich alles – das Tosen des Flusses, den Vogelruf, die Erntelieder – als ein und denselben Laut, nur in verschiedenen Klangfarben und Intensitäten. Selbst die großen Steine klingen von diesem Ton, aber auch die Kiesel, die ich stumpf schimmernd am Wasser liegen sehe, und das kleine Moospolster und der Schafskot neben mir. Mein Atem ist auch dieser Klang und mein Herzschlag und die leisen Geräusche, wenn ich mich bewege.
Fast fürchte ich, daß ich soviel Fühlen nicht überleben kann. Jeder Vogelruf durchfährt mich wie ein Messer; die Linien im Fels bringen mich fast zum Weinen. Ich habe Angst zu sterben, und doch weiß ich, daß ich nicht sterben kann, solange ich ein Teil dieser klingenden Energie bin. Aber wie kann ich in diesem Wissen ruhig werden? Für einen Moment geschieht es. Die Furcht vergeht. Der Fluß rauscht durch mich hindurch, die Felsen verlangsamen ihren Tanz, leuchten golden auf im Abendlicht und werden zu Schatten.

Vierter Tag.
Diesen Fluß, diese Steine, dieses Licht und die mit dem Licht sich verändernden Berge einfach hinzunehmen und in diesen Eindrükken zu schwelgen – hier lerne ich es langsam. Ich lerne, die Dinge nicht mehr mit Namen zu bewerfen. Selbst wenn ich Stein, Fluß, Licht, Berg schreibe oder denke, fange ich jetzt an, durch das Wort hindurch das Ding selbst zu sehen und bin allein mit ihm, mit dem Stein, mit diesem Licht auf meinen Händen, und fürchte mich nicht mehr und muß nicht mehr sprechen.

Die Dinge sind nicht ihr Name. Manchmal bin ich frei – oder durch diese Landschaft dazu befreit –, sie zu sehen, wie sie sind, ohne sie benennen zu wollen. Wenn die Felsen in der späten Sonne glühen oder der Fluß plötzlich zwischen Felsbrocken aufblitzt, verstehe ich manchmal plötzlich, wie weit alle Namen hinter dem Leuchten der Dinge zurückbleiben. Und dieses Verstehen, solange es anhält, ist Frieden.

Fünfter Tag.

Es ist gut, daß der Fluß nie aufhören wird, donnernd durch seine dunklen Schluchten zu schießen, was auch mit dem Dorf und dem Kloster geschehen mag. Die Dinge, die sich nicht um uns kümmern, retten uns am Ende. Ihre Gegenwart weckt die Stille in uns; sie beleben unseren Mut durch die Reinheit ihres Unbeteiligtseins.

Dennoch habe ich in diesen Tagen gelernt, daß ich mehr brauche als diese gute Stille und Einsamkeit; ich brauche mehr als diese Felsen, dieses Licht und die Vögel. Ich muß lernen, mit dem umzugehen, was ich hier zu verstehen beginne, und dazu brauche ich Unterweisung; ich muß einen Menschen finden, der diese Sprache, deren erste, einfachste Worte ich jetzt stammle, schon beherrscht.

Noch nie habe ich mir das so unumwunden eingestanden. Und jetzt bricht sich etwas in mir Bahn, das ich jahrelang in Ketten gehalten habe, und ich stelle staunend fest, daß ich keine Angst mehr vor dem Glücklichsein habe: ich spüre, daß es ein Meister sein wird, klarer und mächtiger als alles Unglück, das ich erlebt habe.

Ich fuhr nach Leh zurück. Am Tag danach besuchten Hans, Helena und ich das Kloster von Thikse.

Thikse liegt neunzehn Kilometer von Leh entfernt. Wir wurden von einem Armeelastwagen mitgenommen und fanden uns in der Gesellschaft von drei Australiern und fünf sich langweilenden Soldaten. Gott, wie die Soldaten sich hier langweilen – keine Frauen und nur ein Film pro Woche. Der Sergeant nahm mich sofort in Beschlag: «Ladakh ist sehr wichtig, strategisch. Ja. Aber auch sehr langweilig, dear Sir. Meine Jungs drehen ab und zu ganz schön durch. Raufen und Fluchen, schlimme Sachen. Sie sind einsam, sie werden verrückt hier oben, sehr traurig. Im Winter ist das am allerschlimmsten. Nichts als Schnee und Wind. Das ist schlimm. Ich sage zu meinen Männern: ‹Ihr dürft nur mit einem Freund rausgehen, sonst werdet ihr verrückt.› Und wenn sie allein losgehen, werden sie verrückt.» Er beugte sich vor und legte mir eine feiste, beringte Hand aufs Knie. «Und ich? Manchmal drehe ich auch durch. Ich habe eine Frau, dear Sir, eine gute Frau, sehr süß und dick. Sie wohnt in Madras. Und meine Tochter auch. Und mein Sohn auch. Was tun?»

Und dann Thikse. Wir kletterten unter großem Händeschütteln aus dem Lastwagen. Hans wiederholte zum fünfzehnten Mal: «Thikse ist eine Imitation des Potala in Lhasa.»

Helena sagte: «Mir ist nicht danach, zum Kloster hochzugehen.» Ich stimmte ihr zu: «Mir auch nicht. Ich war schon mal hier und möchte jetzt am liebsten einfach hier sitzen und bloß hochschauen.» Empört machte sich Hans allein davon und stolzierte theatralisch in deutschem Stechschritt den Hügel hinauf.

Helena und ich lachten, setzten uns auf einen Stein und sagten nichts. Wir saßen in der prallen Sonne, in dieser Wüste aus schimmerndem Fels und Sand, die sich hinter dem Kloster meilenweit bis nach Hemis erstreckt. Ich sehe noch Helenas Hände vor mir, wie sie auf dem Stein liegen und wie von innen zu glühen scheinen. Sie trug ein einfaches rot-weißes Kleid, das sie sehr jung erscheinen ließ. Wir sahen zum Kloster hinauf. Beide hatten wir nach einer Weile den Eindruck, daß es lebendig war. Alles, was wir sahen – jede sich bewegende Gebetsfahne, jeder Mönch, der auf einen der Balkone trat, sich am Ohr kratzte oder in den Zähnen stocherte, jeder Hund, der zwischen den Schatten und Felsen und schwarzen und weißen Gebäuden herumstrich –, schien Teil eines riesenhaften, leuch-

109

tenden, transparenten lebendigen Organismus zu sein. Wir sahen das Kloster nicht als Ansammlung von Gebäuden aus verschiedenen Jahrhunderten und mit verschiedenen Höhen, als Imitation des Potala; wir betrachteten ein Lebewesen, eine Kreatur aus Licht und Stein und Luft; es atmete und bewegte sich nach seinen eigenen Gesetzen; nichts daran war nebensächlich. Wenn ein Mönch sich herunterbeugte, um seine Geranien zu betrachten, und ein Hund dreißig Meter unter ihm den Pfad hinaufzutrotten begann, so schienen diese beiden Ereignisse in einem unbegreiflichen, langsamen und doch ganz einfachen Rhythmus miteinander verbunden zu sein; wenn der Wind plötzlich in die grünen, roten und orangefarbenen Seidenbänder über den Fenstern fuhr, war es, als wären auch die Mauern und die Felsen, auf denen sie standen, lebendig und wogten im sonnendurchfluteten Wind. Ein paar halbverdorrte, knorrige Bäume standen in der Umgebung des Klosters, aber sämtliche Vögel von Thikse, Hunderte, drängten sich an der rechten oberen Ecke des Klosters, wo die große Statue des künftigen Buddha, des Maitreya-Buddha, schweigend in ihrem ziegelroten Tempelraum steht. Wenn die Vögel sangen, sangen auch die Mauern und die Pfade und die vier oder fünf dicken Mönche auf ihren Balkonen und die von Stein zu Stein schnüffelnden Hunde; und der Klang dieses Singens erfüllte die Wüste in allen vier Weiten, erfüllte ihre Stille und war ihr Wesensklang, der Klang, der die ganze brüchige Pracht aus Fels und Stein und Licht trug.

Wir gingen am späten Nachmittag zu Fuß nach Hause zurück. Zwielicht lag über allem – den kleinen Pappelschößlingen, dem Bach neben der Straße, dem weiten, braunen, strudelnden Fluß im Tal dahinter. Mehrere Armeelastwagen hielten an, um uns mitzunehmen. Wir winkten sie weiter, weil wir zu Fuß gehen wollten. «Ich liebe Ladakh und viele der Menschen, denen ich hier begegnet bin», sagte Hans, «aber was soll's? Was haben die Ladakhi von meiner Liebe? Sie haben mir so viel gegeben, und was gebe ich ihnen? Was könnte ich ihnen geben, außer Geld?»

Wieder fuhr ein Lastwagen vorbei. Er hielt nicht an, denn er war schon voll mit jungen ladakhischen Arbeitern, die bei dem Bewässerungsprojekt an der Straße nach Hemis arbeiteten und jetzt heimfuhren. Sie waren erschöpft und staubig, winkten uns aber zu, und wir winkten so ironielos wir konnten zurück.

«Ich gewinne viel aus der Zeit, die ich hier verbringe, Erinnerungen, Freunde, vielleicht sogar ein Buch... was werden die Ladakhi gewinnen? Die bloße Tatsache, daß ich hier bin, ihnen Fragen stelle und ihre Antworten aufzeichne, sagt schon, daß ihre Welt zu Ende geht.» Hans schwieg einen Moment. «Das Schlimmste ist, daß wir das wissen, aber sie nicht, jedenfalls die Mehrheit von ihnen nicht. Sie sind so voller Vertrauen, diese Menschen. Manchmal macht es einen ganz krank.»

Wir gingen schweigend weiter, sahen die Straße dunkler werden und die Berge sich langsam im Abendlicht röten.

Ich sagte: «Wir können nichts weiter tun, als unsere Liebe zu diesem Land und seinen Menschen so klar und klug wie möglich zu bekunden.»

Hans applaudierte ironisch. «Bravo! Aber das ist auch nur eine Form von Ausbeutung, nicht wahr? Ich meine, wenn Sie etwas ‹bekunden›, eloquent und, wie Sie sagen, ‹klar›, wer außer Ihnen hat etwas davon? Ihre Leser natürlich, ein bißchen... aber laden Sie diese Leser da nicht zu einer ziemlich verlogenen Party ein? Noch ein ‹bewegendes Porträt einer untergehenden Kultur›, noch eine ‹poetische Hommage auf den Osten›.»

«Ich weiß, wie zweifelhaft das alles ist», sagte ich. «Ich weiß, daß es für uns und die Ladakhi besser wäre, wenn wir Ärzte, Ingenieure oder wenigstens Restauratoren wären. Viel besser. Aber ich kann nicht akzeptieren, daß das, was wir tun, überhaupt keinen Wert haben soll. Wenn Ladakh sterben muß, dann darf ruhig irgendein Stück seines Lebens weiterbestehen in dem, was wir empfinden und schreiben.»

«Das sage ich mir auch jeden Tag, während ich mir die Zähne putze und die Tonbänder vom Vortag abhöre.»

Am gleichen Abend lernte ich Nawang kennen. Hans hatte oft voll Bewunderung von ihm gesprochen und erzählte mir, er sei der führende ladakhische Gelehrte seiner Generation. Nawang ist dreißig. Ich merkte sofort, daß er anders war als all die Ladakhi, denen ich bis dahin begegnet war. Er wirkte ruhelos, fast gehetzt; wenn er sprach, waren seine Hände in nervöser Bewegung, die Fingernägel pflückten ziellos an der Haut der Handflächen; dunkle Säcke hingen unter seinen verkniffenen Augen; ständige Nervenanspannung hatte sein feines, melancholisches Gesicht fahl werden lassen. Er konnte nicht stillsitzen. Sooft er sich setzte, stand er sofort wieder auf und lief im Zimmer hin und her.

Wir unterhielten uns zu dritt, bis Hans sagte, er sei müde und wolle schlafen gehen. Ich fragte Nawang, ob er Lust habe, noch ein paar Schritte mit mir zu gehen.

«Warum nicht?» sagte er. «Ich schlafe sowieso nicht gut.»

Während wir flußabwärts zu meinem Hotel gingen, erzählte ich ihm von meinem Gespräch mit Hans auf dem Heimweg von Thikse. Glaubte Nawang auch, daß wir kaum etwas tun konnten?

«Ja, das glaube ich auch. Aber das gilt nicht nur für euch Ausländer. Es gilt auch für mich. Ich kann wenig für mein Volk tun. Die Leute glauben, daß es gut ist, mehr Geld, mehr Radios und mehr Medizin zu haben. Und sie haben recht. Wir haben rückständig gelebt, wir haben abseits der Welt gelebt. Jetzt schließen wir uns einfach der Welt an. Aber sie wissen noch nicht, was all diese Dinge kosten werden. Ich weiß es. Ich war fünf Jahre in Benares; ich habe gesehen, was die Verwestlichung die Inder kostet und wieviel Traurigkeit sie gebracht hat, wieviel Leiden, wieviel spirituelle Verarmung, wieviel Häßlichkeit. Und doch kann ich nicht sagen: ‹Ladakh darf nicht verwestlicht werden.› Wie könnte ich so etwas sagen? Die Menschen hier sind arm, sie haben Augenentzündungen, Hautentzündungen, sie brauchen gute landwirtschaftliche Geräte. So vieles wird hier gebraucht...» Dann sagte er: «Hans hat mir erzählt, du bist ein Schriftsteller.»

«Ja, das stimmt.»

«Du kannst uns helfen.»

«Wie denn?»

112

«Du kannst über uns schreiben.»

«Wie soll das helfen? Was ich schreibe, wird immer irgendwie falsch sein. Indem ich über euch schreibe, ergreife ich immer in gewisser Weise Besitz von euch und verfälsche das, was ihr seid. Je mehr ich Ladakh kennen- und lieben lerne, desto mehr empfinde ich, daß ich von dem, was ich hier gefunden habe, kaum etwas aussprechen kann, ohne es zu verraten. Und selbst wenn ich ein Buch über Ladakh schreibe, wer, glaubst du, wird es lesen? Professoren, Dichter, Weltenbummler... nicht die Leute, die es lesen müßten, wenn sich für Ladakh und die Ladakhi etwas ändern soll. Nicht die Politiker. Nicht die Regierungsführer.»

«Du hast recht», erwiderte Nawang. «Aber unsere Lage ist noch verzweifelter, als du denkst. Ich glaube, es ist so gut wie gewiß, daß unsere Kultur untergehen wird und daß nichts uns mehr davor bewahren kann. Unsere einzige Chance, nicht ganz in Vergessenheit zu geraten, besteht darin, vom Westen ‹angeeignet› oder ‹konsumiert› zu werden, von den Menschen, die unser Land besuchen und berührt werden von dem, was sie hier finden. Ich erwarte keine großen Rettungsunternehmen oder die plötzliche politische und geistige Verwandlung meines Volks. Dazu ist es zu spät. Ich wünsche mir nur, daß etwas von uns vor dem Vergessenwerden bewahrt wird. Du mußt über uns schreiben. Du wirst vieles falsch verstehen und nur ein unvollständiges und subjektives Bild von uns geben können, aber wenn du wenigstens das gekonnt und mit Liebe tust, wirst du uns ein bißchen geholfen haben; denen von uns, die wie ich und wahrscheinlich auf verlorenem Posten dafür kämpfen, etwas von unserer Kultur zu erhalten, gibst du damit das Gefühl, daß wir nicht umsonst leben, daß wir in der Welt Freunde haben, die wissen, was das ist, wofür wir stehen.»

Er hatte mit großer trauriger Leidenschaft gesprochen. Dann sah er mich an und fragte: «Interessierst du dich für Volkslieder?»

Ich lächelte. «In den letzten drei Jahren habe ich mehrere Volksliederbücher aus verschiedenen Sprachen übersetzt. Mein neues Buch...»

«Also interessiert es dich. Das ist gut. Wir können zusammen arbeiten. Wir können morgen anfangen. Wir müssen morgen anfangen, weil ich übermorgen nach Delhi muß, um meinen Bruder zu besuchen. Wir können morgen den ganzen Tag arbeiten.»

«Nawang, wovon redest du?»

«Ich rede davon, gemeinsam ein paar ladakhische Volkslieder zu übersetzen. Es gibt bislang kaum Übersetzungen, und die wenigen sind sehr schlecht. Und es gibt so viele Lieder. Und viele sind so schön. Du bist hier, ich bin hier. Da können wir doch zusammen arbeiten. Morgen fangen wir an, und den Rest schicke ich dir, wenn du wieder in England bist.»

«Kannst du singen?»

«Ja.»

«Wirst du mir die Lieder vorsingen?»

«Ja.»

«Dann können wir zusammen arbeiten.»

Wir saßen den ganzen nächsten Tag bis spät in die Nacht im Hotelgarten und arbeiteten.

Nawang sagte: «Unsere Volksüberlieferung stirbt, wie auch alles andere aus der Vergangenheit stirbt. Als ich klein war, haben die Menschen viel gesungen, mit ihren Freunden, an besonderen und an gewöhnlichen Tagen. Jeder konnte singen, auch wenn er nicht gut sang. Jetzt hören die Leute Radio. Es gibt noch wunderbare Sänger in Ladakh, Sänger aus Berufung. Mein Cousin ist so einer. Er ist sogar manchmal im Radio zu hören... aber im Volk stirbt die Tradition des Singens aus. In den Dörfern, wo es kaum Radios gibt, singen die Leute manchmal noch. Aber in Leh...

Vieles von unserer Geschichte und unserer Identität ist in unseren Liedern. Es gibt Lieder über Könige, Lieder über die großen Klöster und Gurus von Ladakh, Erntelieder... wenn sie verlorengehen und mit ihnen die Tänze, die zu ihnen gehören, wie wollen wir uns dann erinnern, wer wir waren, und wo wollen wir die Kraft hernehmen, wir selbst zu bleiben? Wenn ich das zu meinen gleichaltrigen Freunden sage, dann glauben sie, ich bin verrückt. Sie sagen: ‹Du redest dauernd von der Vergangenheit; wir interessieren uns für die

Zukunft.› Aber was soll das für eine Zukunft sein, wenn wir unsere Vergangenheit nicht in Erinnerung behalten und nicht in Ehren halten?

Lange habe ich geglaubt, man kann eine alte Kultur wiederbeleben und am Leben halten. Als ich merkte, daß dafür wenig Hoffnung besteht, war ich erst sehr traurig. Ich war verzweifelt, ich wollte alles aufgeben. Ich habe sogar daran gedacht, Mönch zu werden. Jetzt weiß ich, daß ich einfach noch härter arbeiten muß, um das zu bewahren, was ich kann, und sei es noch so wenig. Wenn wir fünfzig Lieder übersetzen und die Übersetzung veröffentlichen, werden wir in der Tat nicht viel erreicht haben. Eigentlich so gut wie gar nichts. Ein paar Leute in England und Amerika lesen vielleicht diese Gedichte und sagen: ‹Die sind aber schön.› Das wird den Untergang meiner Kultur kaum verlangsamen. Aber es ist doch eine Geste gegen den Tod.»

Und er begann zu singen. Er sang gut, und seine Stimme füllte den Garten.

> In den alten Tagen
> In den alten Tagen von Sheh
> Trug jedermann Drachenbrokat
> Und tanzte wie ein Pfau.

> In den alten Tagen
> In den alten Tagen von Sheh
> Trug jedermann Seidenschals
> Und Gürtel aus reiner Schafwolle
> Und tanzte wie ein Pfau.

«Dieses Lied erzählt von der Zeit, als die Könige von Ladakh noch in Sheh wohnten», sagte Nawang. «Du hast in Sheh sicher die Burgruinen bei der Gompa gesehen. Es gibt kaum einen traurigeren Anblick in Ladakh – diese großen Mauern gegen den Himmel. ‹Drachenbrokat› ist chinesischer Brokat, der früher von Yarkand und Khotan nach Leh kam und auf dem Markt verkauft wurde. Was kannst du da heute noch kaufen? Kaschmirtuch, Jeans, alte Baum-

wollkleidung, ein paar alte ladakhische Gewänder, aber kaum was aus altem Tuch. Die Zeit ist nicht mehr fern, wo niemand, der dieses Lied singt, mehr weiß, wovon es erzählt, wie die alten Tänzer mit ihren Seidenschals und Schafwollgürteln aussahen. Und wenn sie es doch noch wissen, ist es nur noch Museumswissen oder weil die Reiseagenturen Tanzgruppen finanzieren.»
Wieder sang er.

> Ich hatte einen Traum letzte Nacht
> Ich hatte einen wunderschönen Traum
> Ich hatte einen Traum
> In dem alle meine Hoffnungen sich erfüllten.
>
> Ich sah eine große Eisenbrücke
> Die über das Meer gebaut wurde
> Ich sah eine Girlande von Juwelen
> Auf dem Wasser schwimmen.
>
> Nehmt eure Ärmel hoch, Freunde
> Und dreht euch sanft nach rechts
> Schlingt eure Wollschals um
> Und dreht euch sanft nach links.
>
> Mögen die jungen Männer des Dorfs
> stark wie Tiger werden
> Mögen die Männer von Sangra
> Frei und stark wie Tiger leben.
>
> Mögen die jungen Frauen des Dorfs
> Wachsen wie Korn im Sommer
> Mögen die Frauen von Sangra
> Leuchtend wie Korn in der Sonne wachsen.

«Es ist schwer, so etwas heute ohne Bitterkeit zu singen. Wie kann ich von Hoffnung singen, ohne wütend zu sein über all das, was meinem Volk angetan wird? Welche Zukunftsträume könnte ich haben, die auch nur die geringste Chance hätten, Wirklichkeit zu werden? Die große Eisenbrücke über das Meer ist der buddhistische

Glaube, und das Meer selbst ist Samsara. Wird der Buddhismus wohl in diesen Bergen weiterleben? Können junge Männer unter kaschmirischer Herrschaft wie Tiger werden? Können junge Frauen wie leuchtendes Korn wachsen, wenn sie ihre Unbefangenheit verloren haben?»

Wir saßen schweigend da. Nawangs Traurigkeit war zu tief und zu klar, als daß sie von etwas anderem als Stille hätte berührt werden dürfen.

Dann deutete Nawang auf die Berge, die in der Nachmittagssonne glänzten, und sagte: «Es gibt viele Lieder über das Licht in Ladakh. Das Licht ist unser wirklicher König. Ohne dieses Licht, das jeden Tag wieder da ist, wäre ich wohl längst verzweifelt.»

«Für mich ist es auch das Licht», sagte ich, «worüber ich hier am meisten staune und was mir am meisten Freude macht. Es ist ganz anders als jedes Licht, das ich bisher gesehen habe – absoluter, intensiver, reiner. Manchmal habe ich morgens geradezu Angst vor diesem Licht, dem nichts verborgen bleibt.»

«Wir sagen manchmal, das Licht ist das Auge des Buddha, das alle Masken durchdringt und das wahre Wesen der Dinge bloßlegt.»
Und er sang:

> Am dunklen blauen Himmel
> Sind Tausende von Sternen
> Am dunklen blauen Himmel
> Sind Tausende von Sternen.
>
> Wenn Venus aufgeht
> Bin ich glücklich
> Wenn Venus aufgeht
> Ergießt Silber sich über den Palast.
>
> Im Eis des Hochgebirges
> Sind Tausende von Löwen
> Wenn die Sonne, der Vater der Löwen, aufgeht
> Ergießt Gold sich über den Palast.

> Auf dem hohen See
> Sind Tausende von Gänsen
> Wenn die Sonne, die Mutter der Gänse, aufgeht
> Ergießt Gold sich über den Palast.

«Das Licht», sagte Nawang, «ist etwas, das die Kaschmiri uns nicht wegnehmen können.» Er schwieg eine Weile. «Es gibt noch ein Lied über das Licht, das ich dir vorsingen muß. Es ist ein religiöses Lied. Es heißt ‹Das Lied vom Dorf Basgo›. Warst du in Basgo?»
«Ja, schon oft.»
«Dann bist du sicher auch um die Burgruine gegangen.» – «Ja.»
«Diese Burg kommt in dem Lied vor. Aber im Lied ist natürlich noch keiner ihrer Steine gefallen.»

> Die Sonne geht im Osten auf
> Wie warm sie ist
> Sonnenstrahlen strömen aus den drei Richtungen her
> Wie warm und schön die Sonne ist.
>
> Das Land ist heilig in der Sonne
> Die Sonne trifft das Dach des Palasts
> Der Große Kupfer-Buddha
> Brennt in der Sonne.
>
> Auf den Höhen der Berge
> Sitzt der Lama in Meditation
> Auf der Kuppe des Basgo-Hügels
> Sitzt der Lama in der Sonne.

«Das ist ein schönes Lied», sagte ich.
«Es ist mehr als schön», sagte Nawang. «Es schildert eine ganze Welt, die fast verschwunden ist, eine ganze Lebensphilosophie, von der es in Ladakh nur noch Reste gibt. ‹Das Land ist heilig in der Sonne› – welches moderne Lied dürfte so etwas noch sagen?»
Vom Garten aus sah man auf der gegenüberliegenden Talseite das Kloster von Spituk; von der Sonne beleuchtet stand die Gompa auf ihrer Felsklippe.

«Gibt es ein Lied über das Kloster von Spituk?»
«Viele.»
«Sing mir das Lied, das dir am besten gefällt.»
Nawang stand auf, wendete sich zum Kloster hin und faltete die
Hände zum Gebet.

> Schau, die Sonne geht auf
> Sie läßt das Kloster aufleuchten
> Sie läßt das Kloster von Spituk leuchten
> Seine Schroffe aus glitzerndem Fels.
>
> Beim Kloster von Spituk
> Steht ein weißer Sandelholzbaum
> Möge er tausend Jahre währen.
>
> Auf den Höhen über dem Dorf
> Sitzt der Gott des Dorfs
> Auf dem Hügel von Spituk
> Sitzt der Beschützergott für alle Zeit
> Möge der Gott das Dorf immer beschützen
> Mögen die jungen Menschen des Dorfs lange und gut le-
> ben.
>
> Im neuen Klosterhof
> Sitzen die Oberlamas
> Sie beschützen die Dörfler
> Sie vertreiben das Böse
> Mögen die Lamas den Menschen von Spituk
> Immer ihren Segen geben
> Möge die Jugend von Spituk lange und gut leben.
>
> In den neuen Räumen des Klosters
> Sind Tausende von Mönchen
> Auf dem Thron des Hauptraums
> Sitzt der Rinpoche in seinem strahlenden Glanz
> Er predigt den Dörflern den Dharma
> Er lehrt seine Welt, wie man lebt.

In der Küche des Klosters
Sind die Oberen des Dorfs versammelt
Und trinken Chang und scherzen
Dies ist die alte Landessitte
Was für ein schöner Brauch.

«Das gefällt mir besonders gut», sagte ich. «Das Lied endet nicht mit dem Glanz und der Weisheit des Rinpoche, der seine Welt lehrt, wie man lebt, sondern mit einer lustigen Changrunde von Dörflern in der Küche.»

«Das ist sehr ladakhisch», lächelte Nawang, «dieses Empfinden für das Glück des gewöhnlichen Lebens. Wußtest du, daß es bei uns keine Lieder von unglücklicher Liebe gibt?»

«Wie kommt das? Alle Volksüberlieferungen, die ich kenne, sind voll vom Kummer der Leidenschaft.»

«Die buddhistische Lehre von der Vergänglichkeit aller Dinge beinhaltet die Aufforderung, uns weder an andere noch an uns selbst allzu sehr zu klammern. Wir sollen uns selbst nicht zu ernst nehmen und müssen erkennen, daß Trauer und Leid letztlich wenig Wirklichkeit besitzen. Die wahre Weisheit ist Freude. Die wahre Weisheit ist Glück. Die wahre Weisheit ist die des Buddha, der stets im Frieden mit allen Dingen ist. Die ladakhische Literatur hat keine Tragödien, es gibt nicht einmal den Begriff. Es gibt bei uns ein Sprichwort, das heißt: ‹Der größte Mut ist der Mut, glücklich zu sein.› Wenn man leidet, braucht man viel Mut, um über das eigene Leiden hinauszusehen und die klaren Beziehungen zwischen den Dingen zu erkennen, die Gesetze, die das Leiden bedingen und regieren; man braucht viel Mut, um mit dem eigenen Kummer unnachsichtig zu sein.»

Nawang lächelte, während er sprach, doch seine Augen waren traurig. Dann sagte er: «Der Mut, glücklich zu sein, ist heute besonders schwer zu finden, glaube ich. Die Tatsachen scheinen dagegen zu stehen. Aber wenn man dieses starke innere Glücksempfinden nicht hat, wie will man dann arbeiten? Wie will man die kommenden Jahre überleben?»

Den ganzen Tag hatten wir miteinander gesprochen und übersetzt. Über den Bergen ging der Mond auf.

«Trinken wir ein Glas Chang», sagte ich. «Dann machen wir es wie die alten chinesischen Philosophen, trinken im Mondlicht und sprechen über die Dichtkunst.»

«Ja», lächelte Nawang und rief Rindchen, damit er uns Chang brachte.

«Auch unsere Changlieder sind mitunter spirituelle Lieder. Wir machen in Ladakh keinen Unterschied zwischen dem Gewöhnlichen und dem Heiligen. Jedes Tun kann heilig sein; auch das Vergnügen kann dem Buddha geweiht sein. Weshalb sollte nicht auch das Trinken mit Freunden heilig sein?»

Und er schenkte mir ein Glas Chang ein und segnete es und sang:

> Das Kloster ist wie ein großer Vogel
> Kein Wort kann seine Pracht beschreiben
> Möge es ewig währen.
>
> Zu seiner Rechten liegt ein strahlender Gletscher
> Eine Opfergabe für den Buddha
> Möge er ewig währen.
>
> Zu seiner Linken glitzert ein See
> Eine Opfergabe für den Buddha
> Möge er ewig währen.
>
> Vor dem Kloster
> Steht ein schöner Sandelbaum
> Möge er ewig währen.

«Das ist das Changlied mit dem tiefsten spirituellen Gehalt und zugleich eines der besten Lieder von Ladakh. Wir glauben, daß die ganze Landschaft eine Opfergabe für den Buddha ist, daß die ganze Welt Buddha-Bewußtsein hat – auch diese Blume oder dieser Stein hier. Ein Gletscher ist besonders heilig, weil er aussieht wie ein großer weißer Opferschal, der oben im Gebirge um die Felsen geschlungen ist; und Weiß ist für uns die Farbe der Reinheit und Erleuchtung. Auch der See ist heilig. Hast du schon mal die sieben Wasserschalen gesehen, die im Kloster vor dem Buddhabildnis stehen? Sie sind das Symbol der Opferung aller Sinne und Begierden. In Tibet gibt es viele heilige Seen; der bekannteste ist der Manasarovar. Ein Bergsee ist wie eine große Schale voll Wasser, das dem Buddha geopfert wird. Der kleinste See und der kleinste Bach sind heilig, weil auch ihr Aufblitzen in der Sonne irgendeinen Teil des Buddha-Bewußtseins enthält, einen Teil vom reinen Licht des Höchsten Verstehens. Für einen Erleuchteten oder jemand, der auf dem Weg zur Erleuchtung ist, wird die ganze Welt eine Offenbarung des eigenen inneren Wesens, der inneren Natur aller Dinge.»

«Hast du einen Guru?» fragte ich ihn.

«Ja. Fast jeder Ladakhi hat einen Guru. Hast du einen?»

«Nein. Ich habe noch niemanden gefunden, dem ich mich rückhaltlos hätte anvertrauen können. Ich bin klugen und guten Menschen begegnet, hatte aber nie das Gefühl, vor einem Erleuchteten zu stehen. Nicht daß ich wirklich eine Vorstellung davon hätte, was ‹erleuchtet› bedeutet.»

«Wie solltest du auch, bevor du einem Erleuchteten begegnet bist? Und du wirst erst einem begegnen, wenn die Zeit dazu reif ist.»

«Dann muß ich vielleicht noch sehr lange warten.»

«Kann sein, daß du noch viele, viele Leben warten mußt.»

Der Mond stand inzwischen hoch am Himmel. Wir tranken Chang und sprachen wenig, sahen den wandernden Nachtschatten auf den Bergen zu, lauschten den vielen Stimmen der Nacht, dem Lachen in den Gassen, dem fernen Hundegebell.

«Danke, Nawang», sagte ich. «Ich fühle mich diesem Land durch dein Singen und deine Gesellschaft näher als je zuvor.»

«Ein Lied singe ich dir noch», sagte Nawang. «Es ist ein religiöses Lied. Es ist ein Lied der Hingabe an den Guru. Wenn ich zu meinem Guru gehe, singe ich unterwegs dieses Lied. Das Lied besingt Tibets Großen Guru Padmasambhava, den indischen Meister, der das Tantra in diese Berge brachte.»

Im Oberen Tal
Liegt ein dreigipfliger Schneeberg
Es ist kein Berg
Es ist der Thron meines Guru
Meines Guru Padmasambhava.

Im Oberen Tal
Geht die große Sonne auf
Es ist nicht die Sonne
Es ist der Hut meines Guru
Meines Guru Padmasambhava.

Im Oberen Tal
Geht der Mond auf, weiß wie Muschelschale
Es ist nicht der Mond
Es ist das Gesicht meines Guru
Es ist das Gesicht von Guru Padmasambhava.

Im Oberen Tal
Lachen Korn und Wasser in der Sonne
Dies ist kein irdisches Tal
Es ist das Tal des Amitabha Buddha
Es ist das Tal der Glückseligen.

Auf den hohen Gipfeln um das Tal
Sprechen Lamas vom Dharma
Nicht sie sprechen
Es ist mein Guru, der spricht
Es ist Padmasambhavas heilige Stimme.

Nawang sagte: «Es gibt ein ladakhisches Sprichwort, ‹Wenn du dem Guru begegnet bist, leuchtet alles von seiner Weisheit und Schönheit; du siehst ihn in allem; du fühlst ihn in allem, das dir widerfährt.›»

Er stand auf. «Es ist spät. Ich muß jetzt gehen, sonst verpasse ich morgen früh mein Flugzeug. In zwei Monaten komme ich wieder. Bist du dann schon weg?»

«Ja.»

«Ich schicke die übrigen Lieder nach England.»

«Es wird traurig sein, sie nicht von dir gesungen zu hören. Es wird traurig sein, sie nicht in diesem Garten zu hören.»

«Dann mußt du wohl zurückkommen.»

Mit Helena und Hans noch einmal in Taktog.

Der Weidenhain, wo wir vor zwei Wochen nach den Tänzen gesessen hatten, liegt jetzt verlassen da. Die Stämme der Pappeln leuchten weiß in der Nachmittagssonne, überall liegen Zeitungen und leere Changflaschen herum. Ich fühle mich so verloren, wie ich es als Kind war, wenn der Zirkus in Delhi sein Zelt abbrach und verschwand und eine kahle Wildnis zurückließ. Nach den Eistänzern, den Siamesischen Zwillingen und dem Großen Feuerrad – nichts, ein leeres Grundstück wie jetzt dieser verlassene Hain, durch den der Wind alte Zeitungen weht.

Helena und ich setzten uns hin. Langsam tauchten die Bilder jenes Nachmittags wieder auf. Die alten Frauen, die uns mit ihren Changflaschen winkten; die Gruppe junger Frauen in ihren frisch gewaschenen, glänzenden Atlaskleidern, kichernd, als wir ein Päckchen Schweizer Käse anboten; die beiden Jungen, die sich zwischen den Bäumen jagten und ein Bein zu stellen versuchten; der Haufen grüner und roter Äpfel auf einem dunkelblauen Tuch neben dem Tor. Dazwischen das Bild der Siamesischen Zwillinge, die ich vor zwanzig Jahren im Zirkus in Delhi gesehen hatte, wie sie nackt in einem mit sechsarmigen Göttern und Göttinnen geschmückten Zelt gelegen hatten, dumpf keuchend und unter dem Licht der Lampen schwitzend.

Helena sagte: «Sehen Sie nur, die Berge. Dasselbe Licht wie neulich.»

Bei den Feldern von Taktog steht eine Manimauer. Auf diesen Mauern legt man Gebetssteine ab, Wind und Regen und Schnee ausgesetzt. Über ganz Ladakh verstreut gibt es viele Manimauern, vor Klöstern und Dörfern, an der Straße von Leh nach Choglamsar, in Feldern, in gestrüppbewachsenen Einöden, in den Klüften der Bergpässe. Viele von ihnen ließ ein ladakhischer König im 17. Jahrhundert von Kriegsgefangenen errichten; er wollte, daß sie etwas Nützliches und für sie selbst Verdienstvolles täten.

Die Manimauer vor Taktog ist nicht besonders breit oder lang. Der Lehmbewurf bröckelt ab; auf dem Grat wächst eine rauhe Grasart in zahllosen Büscheln; Spatzen hocken auf den Steinplatten und bekleckern fröhlich die Buddhas und die heiligen Anrufungen.

So viele Steine – große, kleine, angeschlagene und heile, rote, okkerfarbene und graue – und so viele verschiedene Dinge, die in sie eingeritzt sind: Buddhaköpfe, lange Zitate aus den Sutren, und immer wieder das große Mantra des Avalokiteshvara. Drei Jahrhunderte des Gebets – für eine gute Wiedergeburt oder eine gute Ehe, für ein Kind, für einen schnellen und nicht zu schmerzhaften Tod. Keine Namen. Kein Zeichen verrät, wer die Steine gemacht oder hier niedergelegt hat.

Und niemand gibt diesen Steinen eine Ordnung. Sie liegen in wahllosem Durcheinander, wie von einem starken Wind hier hingeweht oder von einem zurückweichenden Gletscher hinterlassen. Es ist besser so. Die Ladakhi beten natürlich – am Straßenrand, im Bus, beim Verkaufen von Gemüse oder mitten in einem Feld, während sie sich den Schweiß von der Stirn wischen. Sie brauchen dafür kein besonderes Gepränge. Einzig die Form der Mauer gibt den Steinen eine Art Ordnung, und das wohl auch nicht mehr lange.

Solange die Steine da sind und die Mauer steht, wird der Wind, der von den Bergen herunterweht, die Gebete und Segenssprüche von Feld zu Feld, von Berg zu Berg tragen. Die Ladakhi glauben, daß der Wind die Gebete leise spricht, während er über sie hinwegstreicht, und sie dann immer wieder spricht, entlang der Bäche, in den Grannen des Weizens und nachts in den leeren Durchgängen zwischen den Häusern, wo die Hunde schlafen.

Wir fahren zurück. Die Sterne werden sichtbar, und die Straße nach Leh liegt verlassen. Es fröstelt uns in der Nachtkälte. Links von uns windet sich der Indus im Mondlicht dahin.

Rindchen, unser Fahrer, sagt, er will mehr Geld. Seine Frau ist krank, seine Schwester ist krank, sein Sohn ist krank, sagt er. Wir sollen ihm für diesen Tag viel mehr Geld als sonst bezahlen, weil es so spät geworden ist und er das Geld für Medizin braucht. Wir sind zu müde, um zu widersprechen. Er weiß, daß wir wissen, daß er uns einen Bären aufbindet, und lächelt vergnügt.

Plötzlich ruft Hans: «Anhalten!» Wir haben gerade die Kurve durchfahren, hinter der das Kloster von Stakna sichtbar wird. Da liegt es vor uns, nicht ganz einen Kilometer entfernt, auf einem Felsen im Indus, die Mauern weiß im Mondlicht, umspült, umtost vom Fluß.

Helena, Hans und ich klettern aus dem Jeep. Rindchen sieht uns an und zuckt die Schultern. Wir gehen zum Fluß hinunter und stehen zwischen den Steinen am Ufer.

«Seht euch den Himmel da drüben an!» sagt Helena. Gleich links neben dem Kloster sieht man purpurn und orange den letzten Widerschein der Abenddämmerung.

Hans zeigt auf das Gebäude und sagt: «Es wird in fünfzig Jahren noch da sein, aber was wird es dann noch bedeuten?»

Hundert Schritte weiter sieht man den Anfang einer dicken Betonröhre, die einmal Induswasser in die Felder um Leh leiten soll, wo es dringend benötigt wird. Sie ist seit Jahren «fast fertig».

Rindchen raucht eine Zigarette nach der anderen und schwatzt drauflos. Er freut sich. Morgen kommt für ihn ein altes französisches Ehepaar mit dem Flugzeug aus Srinagar an. Sie waren im Vorjahr auch da und haben ihm eine Menge Geld gezahlt.

Ich traf Helena am nächsten Morgen bei Pamposh. Hans war mit letzten Interviews beschäftigt und konnte an diesem Tag nicht bei uns sein.

«Ich habe von meinem Mann geträumt. Er ist vor fast genau zwei

Jahren gestorben. Ich habe geträumt, daß er mit uns hier in Ladakh ist. Sie, er und ich, wir sind am späten Nachmittag in den Hügeln bei Lamayuru spazierengegangen. Er trug ein dunkles, ledergebundenes Buch unter dem Arm. Es sah sehr alt aus. Von Zeit zu Zeit blieb er stehen und zeigte Ihnen eine Passage aus dem Buch, und nach Ihrem und seinem Gesichtsausdruck muß es ein Werk von großer Schönheit gewesen sein. Ich fragte ihn: ‹Was für ein Buch lest ihr da?› Aber er hat nicht geantwortet. Vielleicht hatte er mich nicht gehört. Etwas später verließ er uns und ging nach rechts zu einem Bach hinunter. Er bückte sich und legte das Buch sanft ins Wasser. ‹Weshalb tun Sie das?› fragten Sie. Er antwortete lange nicht, und ich dachte: ‹Er ist tot, er kann nicht antworten›, aber dann sagte er: ‹Keiner von uns braucht diese Worte mehr.› Er ging weiter, allein. Wir gingen jeder allein weiter. Das Tal wurde enger und füllte sich mit einem gleichmäßigen Licht. Wir gingen getrennt, aber ich hatte das Gefühl, daß wir alle von ein und demselben Geist waren, einem Geist, zu dem auch die Felsen gehörten und der Bach, der jetzt auch in diesem Licht glänzte. Ich sprach mit mir selbst, aber mit Ihrer Stimme; als ich einmal auf meine Hände sah, waren es die Hände meines Mannes. Und es war gar nicht erschreckend, dieses Sich-Vermischen mit zwei anderen Menschen und mit den Steinen und dem Wasser und dem Licht. Es war sehr friedlich und natürlich.»

Etwas von diesem Strahlen in Helenas Traum lag über allem, was wir an diesem Tag sahen oder taten, und wir sprachen wenig, gingen am Vormittag flußaufwärts nach Sankar, wo wir inmitten von Enzian und Sonnenblumen im Klostergarten saßen, und dann am frühen Nachmittag auf die andere Talseite nach Spituk hinüber.

Im Hauptraum des Klosters saßen in einer Ecke sieben Mönche um einen großen, leicht erhöhten, weißen Marmorkreis. In den Händen hielten sie spitz zulaufende Trichter aus Silber, und zwischen sich hatten sie kleine Haufen, die im Kerzenlicht grün, gelb und blau leuchteten.

127

«Was tun die da?» fragte ich.

«Sie machen ein Mandala. Der weiße Marmorkreis ist die Leere, Sunyata, der alle Form innewohnt und aus der alle Form hervorgeht. Durch die kleinen Silbertrichter streuen die Mönche nach einem uralten Muster die Steinfarben, die man in kleinen Haufen neben ihnen sieht. Wenn das Mandala fertig ist, wird es vom Rinpoche von Spituk, dem Bakula Rinpoche, gesegnet, und dann wird alle Farbe wieder weggefegt, so daß nur der weiße Marmorkreis zurückbleibt.»

«Und das wird jedes Jahr gemacht?»

«Jedes Jahr. Es ist eins der heiligsten Rituale des Jahres. Es fällt in die Zeit vor der Ernte. Während die Feldfrüchte reifen, wird das Mandala gemacht. Das Land wird golden in der Sonne, und hier nimmt das heilige Diagramm der Wirklichkeit Gestalt an. Durch die Arbeit an dem Mandala wird ganz Ladakh mit einer heiligen Kraft aufgeladen. Das Mandala ist stets gegenwärtig; die Wirklichkeit ist ein Mandala, und jeder von uns ist sein Zentrum. Wenn der Rinpoche also dieses Mandala segnet, dann segnet er die ganze Welt.»

Die Mönche hatten uns gesehen, winkten uns heran und boten uns Sitzplätze an. Zwei angeschlagene weiße Schalen wurden für uns mit tibetischem Tee gefüllt und neben jede Schale ein Kloß Tsampa gelegt. Als wir uns setzten, nahm der jüngste Mönch Helenas Tsampa und formte daraus einen sitzenden Buddha mit langen Armen und einem dicken Bauch. Er hob ihn feierlich hoch. Alle lachten. «Essen Sie ihn», sagte er. «Seien Sie glücklich.»

Die Mönche arbeiteten in Schüben, jeder in seinem eigenen Rhythmus. Dabei unterhielten sie sich oder rezitierten. Manchmal gähnte einer von ihnen, stand auf und legte sich für eine Viertelstunde auf eine Bank. Als der junge Mönch müde war, setzte er sich in den Schoß des alten Mönchs neben sich und lehnte sich an ihn; er tat so, als schliefe er, vergewisserte sich aber von Zeit zu Zeit verstohlen, ob wir auch zusahen.

Nach einer Stunde dachten wir, es sei angebracht, wieder zu gehen. Aber die Mönche sagten: «Gehen Sie nicht weg! Bleiben Sie noch ein bißchen!» Der jüngste Mönch nahm Helenas Hand in beide Hände und sagte: «Sie können jetzt nicht gehen.»

Wir blieben den ganzen Nachmittag. Als es schließlich Zeit wurde, das Tagewerk zu beenden, sagte der alte Mönch zu uns: «Jetzt muß jeder von Ihnen noch ein Stück vom Mandala machen.» Wir sahen uns an. Man brauchte soviel Feingefühl, um den Steinstaub richtig durch die Trichter rieseln zu lassen. Der Mönch lächelte. «Keine Angst, ich helfe Ihnen.»

Helena begann, und ich übernahm den zweiten Teil; wir fügten jeder ein kleines Häufchen blauen Steinstaub zu einer langen Linie, die zwei große Dreiecke umschloß.

«Blau ist die Farbe des Akshobhya Buddha, eines der Dhyani Buddhas oder Meditationsbuddhas», sagte Helena. «Er regiert den Osten und vermittelt die Weisheit der Leere, die Weisheit, die ‹wie ein Spiegel› ist.»

An unserem letzten gemeinsamen Morgen, ich hatte mich in Leh schon von Hans verabschiedet, fuhren Helena und ich nach Likir und trafen dort zufällig den Rinpoche von Phyang. Wir besichtigten die oberen Räume des Klosters, als plötzlich ein alter Mönch erschien und uns ins Zimmer des Rinpoche führte. Tankas, für den Besuch des Dalai Lama im letzten Jahr frisch gereinigt, leuchteten an den grünen und roten Wänden; ein langer tibetischer Teppich mit blauen und roten Drachen war vor den breiten Kissen ausgerollt, auf denen drei Priester saßen, der Rinpoche, ein sehr beleibter, chinesisch aussehender Mann, in der Mitte. Niemand sagte ein Wort. Wir lächelten uns gegenseitig zu und verbeugten uns voreinander. Die Priester winkten uns, Platz zu nehmen. Wir setzten uns auf Kissen neben sie.

Ein Fenster war offen; die Sonne fiel in warmen, stillen Vierecken auf die Wände. Wir hörten das Lachen der Mönche im Hof, Vogelzwitschern und das Rauschen des Bachs. Und niemand sagte etwas. Dennoch kam keine Spur von Unbehagen oder Peinlichkeit auf. Helena schloß die Augen. Auf dem roten Lacktischchen vor dem Rinpoche brannten zwei kleine Messinglampen mit hoher, vollkommen ruhiger Flamme. Ich starrte in diese Flammen und auf die

Hände des Rinpoche, die sich in rituellen Kreisen über ihnen bewegten. Er bemerkte es und lächelte.

Zwei junge Mönche brachten eine große Kupferkanne mit Tee herein und machten Feuer, um ihn warm zu halten. Sie saßen in einer Ecke des Raums und arbeiteten leise, fast unsichtbar. Bald mischte sich das Knacken des Holzfeuers in die Geräusche, die von draußen hereindrangen.

Zuerst verstand ich die freudige Erregung nicht, die mich plötzlich ergriff. Doch dann bemerkte ich den Grund: das Holz, das die Mönche zum Feuern benutzten, war Eukalyptusholz. Der herbsüße Geruch, der sich im Raum verbreitete, war der Geruch der Nilgiriberge, wo ich als Kind zur Schule gegangen war, dieser Geruch, den der Wind über die Hügel herantrug und am Morgen durch die kalten Schlafräume blies. Und als ich so lächelnd dasaß und den heißen tibetischen Tee trank, stiegen längst vergessene Bilder der Kindheit in mir auf: das Gesicht der dicken alten Frau, die uns in der Schule versorgte; der aufgerichtete Kopf eines Hirsches, der im Garten der Schule zwischen nadelig bereiftem Lavendel im Gras stand; ein gelb blühender Ginsterbusch in der Sonne, und ein Mädchen mit feuerrotem Haar läuft um ihn herum; der Geruch der frisch gewaschenen Bettwäsche in der Pension, in der meine Eltern wohnten, wenn sie mich besuchten; ein Freund, den ich nie wieder gesehen habe, winkt mir von einem Hügel herab zu, das Buch in seiner Hand blitzt in der Sonne. Diesen Teil meiner Kindheit hatte England unter sich begraben; Tee trinkend, in dieser Stille, umgeben vom Duft des Feuers, fand ich ihn wieder und spürte, daß ich ihn jetzt nie mehr verlieren konnte. Die Bilder traten aus einem stillen Licht hervor und kehrten in dieses Licht zurück; sie gehörten zu mir und doch nicht zu mir; ich hatte nicht den Wunsch, sie zu besitzen; sie brannten auf und verblaßten, und ich hatte keine Angst vor ihrem Verblassen, denn ich spürte, daß die so viele Jahre unterbrochene Verbindung zwischen ihnen und mir wieder geschlossen war und sie wiederkommen würden.

Wir verließen den Rinpoche und gingen den Hügel hinunter zum Jeep. Helena lachte. «In meinem Tee war ein Haar. Glauben Sie, ich hätte es behalten sollen? Ich hätte es mit nach Hause nehmen und alle Welt damit heilen können... Weshalb möchte ich lachen und singen in diesen düsteren Räumen mit ihren Bildern von Göttern, an die ich nicht glaube, mit ihren dicken alten Männern, die in ihren Gewändern herumsitzen, Tee trinken und nichts tun? Und ich muß so bald weg von hier. So ist das immer, nicht? Nie genug Zeit. Und vielleicht ist es ein Segen, nie soviel Zeit zu haben, daß man sich ändern muß... Aber ich *habe* mich verändert. Es ist zu spät.» Sie blieb mitten auf der Straße stehen. «Zu spät.»

Ein paar junge Mönche kamen aufgeregt schnatternd und lachend um die Ecke und sprangen um uns herum. Sie zerrten uns um die Ecke, wo die anderen Mönche in einem großen gelben Tümpel badeten.

Zwanzig nackte Mönche aller Altersstufen hüpften im Wasser herum, bespritzten sich kichernd und tauchten und füllten die Bakken mit Wasser. Die alten, dicken Mönche, längst aus dem Planschalter heraus, saßen am Rand auf zwei Felsbrocken, um die herum wie ein persischer Teppich die Gewänder der jüngeren Mönche zum Trocknen lagen, und schauten mit gütigem Blick zu. Sobald wir auftauchten, schrien alle: «Kommt rein! Zieht euch aus und kommt rein! Das Wasser ist warm!» Bald sangen sie im Chor und klatschten dazu: «Kommt rein! Kommt rein!»

Tuktse Rinpoche

Helena und Hans sind heute morgen um vier nach Srinagar abgefahren. Ich wachte um sieben auf, fühlte mich ohne die beiden etwas verloren in Leh und fuhr mit dem Bus nach Lamayuru.

Ein Mann und eine alte Frau saßen neben mir. Sie waren arm und schmutzig. Der Mann trug einen violetten Lumpen um den Kopf, und seine Schuhe wurden von Schnüren zusammengehalten. Ich bemerkte nicht gleich, daß die alte Frau krank war. Sie lehnte sich mit geschlossenen Augen gegen den Mann, ihre rechte Hand lag an seinem Hals. Dann begann sie zu stöhnen, zuerst leise, doch zunehmend lauter. Der Mann streichelte ihr traurig die Stirn.

«Sie ist meine Mutter», sagte er zu mir. «Wir sind gestern nach Leh gekommen, um zum Arzt zu gehen. Sie hat sich vorgestern abend arg verbrannt.» Er zog ihr den linken Ärmel hoch und zeigte mir den Verband, den der Arzt ihr um das Handgelenk und einen Teil der großen nässenden Brandwunde darüber gewickelt hatte. «Der Doktor hat gesagt, es wird ihr heute schon besser gehen.»

Der Bus fuhr los. Das Stöhnen der alten Frau wurde lauter. Bei jedem Schlagloch zitterte sie am ganzen Körper vor Schmerz. Sie begann zu weinen. Ihr Sohn zog sie noch näher an sich und tupfte ihr mit dem Ärmel die Tränen vom Gesicht.

Eine junge Medizinstudentin aus Paris war auch im Bus. Wir hatten uns in Leh kennengelernt und miteinander gesprochen. Ich ließ den Fahrer anhalten und ging zu ihrem Platz.

«Louise, wir brauchen deine Hilfe. Da hinten sitzt eine alte Frau, die sehr krank ist und große Schmerzen hat. Läßt du sie neben dir sitzen und gibst ihr was?»

Der Mann half seiner Mutter nach vorn. Louise nahm sie in die Arme, und die alte Frau lehnte sich an sie. Louise fand in ihrer Tasche ein Beruhigungsmittel und gab es der Frau. Zuerst wollte sie es nicht nehmen, ließ sich dann aber von Louises ruhiger

Stimme überzeugen und schlief ein wenig. Der Sohn saß allein und starrte hinaus auf die Straße. Seine Lippen bewegten sich im Gebet. Von Zeit zu Zeit nahm Louise ihr Halstuch und wischte der Frau über die Stirn.

Kurz vor Lamayuru hielt der Bus an. Der Mann und seine Mutter standen auf. Sie versuchte uns zuzulächeln und hob eine Hand, um zu winken. Dann stolperte sie, und ihr Sohn mußte sie auffangen. Hilflos starrten sie vom Straßenrand zu uns herauf. Es war Mittag und warm, aber sie schien vor Kälte zu zittern. Der Sohn zog einen schwarzen Schal aus einem Beutel und legte ihn ihr um die Schultern.

In Lamayuru fragte ich Louise: «War sie sehr krank?»

«Sie stirbt. Sie wird heute abend nicht mehr leben.»

«Hat sie etwas zu dir gesagt?»

«Ja. Sie wußte, daß sie sterben wird, und wollte gern in ihrem eigenen Haus sterben.»

Das Kloster wirkte herzlos in seinem Pomp und seiner Geschäftigkeit. Ich ließ mir in der Küche etwas kalte Kohlsuppe geben, aber ich dachte ständig an die alte Frau und konnte die Suppe nicht aufessen. Am Nachmittag versuchte ich zu schlafen, aber sobald ich die Augen schloß, sah ich sie vom Straßenrand zu mir heraufstarren. Auf dem Bett neben mir meditierte eine dicke Deutsche. Als sie damit fertig war, fing sie an zu singen und auf einer langen Holzflöte zu spielen. Ich bat sie, so sanft ich konnte, nicht zu singen, da ich gern schlafen wollte. Sie sah mich wütend an und sagte: «Was sind die Leute bloß alle so müde! Wo ist die ganze gute Energie geblieben? Bei meiner ersten Indienfahrt war noch so viel gute Energie da!»

Ich stand auf und ging hinaus in den Nachmittag. Das idiotische Geflöte der Frau folgte mir ins Tal.

Ich drehte mich zum Kloster um und konnte nicht umhin, es ein wenig zu hassen. Ich hätte die Hügel gern wieder leer gesehen. Nichts als Fels und Wasser und Berge und das wechselnde Licht sollte da sein. Ich hätte Lamayuru gern gesehen, wie Naropa, sein Gründer, es gesehen haben muß, bevor es einen Namen hatte, bevor es Mauern hatte und Felder und Gebetsfahnen und Spanier mit «Viva Madrid»-Sweaters, die ihre Blitzlichtkameras auf die alten Fresken richteten.

Und dann war ich hinter einer Wegbiegung in einem anderen Tal. Kein Zeichen von menschlicher Besiedlung, nicht einmal zerfallende Reste eines Tschörten (Stupa) oder Gebetsfahnen.

Meine Stimmung schlug augenblicklich um, und die Gedanken verstummten. Ich ging immer langsamer und rhythmischer das Tal hinauf. Mein Atem wurde leicht und gleichmäßig, mein Blut klar. Es gab hier die absonderlichsten Gesteinsformationen, die ich bislang in Ladakh gesehen hatte. Ganze Kathedralen, die von Dali hätten entworfen sein können, standen da und hallten wider vom Gezeter der verschiedensten Vogelarten. Ich sah einen Pirol hoch oben auf einer der goldenen Felszacken, und überall schüttelten sich kleine, knorrige Rosensträucher im Wind, an denen hier und da noch letzte Sommerblüten hingen.

Weiter vorn glitzerte ein Bach. Ich ging schneller, damit ich noch baden konnte, bevor ich umkehren mußte. Ich zog mich nackt aus und legte mich in das eisig klare Wasser, kreischend. Als ich mich zur Seite drehe, damit das Wasser mir den Rücken entlanglaufen konnte, stach mich etwas, das zwischen den runden Kieseln hervorstand, in den Ellbogen – die feinste und zarteste Versteinerung, die ich je gesehen habe, ein vorzeitliches Farngewächs mit seinen noch halb eingerollten Wedeln, in diese Form gebannt, solange der Stein halten würde. Ich nahm diesen Fund als ein Omen der Hoffnung.

Die Nacht verbrachte ich im Kloster und träumte, ich sei in Benares. Ich kam mit dem Abendzug an. Der Bahnhof war leer. In der Stadt keine Lichter, und kein Mensch auf der Straße. Ein paar geisterhafte, magere Hunde trotteten durch den Schmutz. Langsam ging ich durch die verlassene Stadt und fand endlich ein Hotel. An der Rezeption schlief ein alter Mann. Ich weckte ihn und

137

fragte, ob ich ein Zimmer haben könne. Er sah mich müde an, rieb sich die Augen, zeigte auf eine offene Tür und sagte: «Niemand kommt um diese Jahreszeit, aber da drinnen ist ein Bett.»

Dann saß ich am Fluß. Anfangs sah ich nichts, sondern roch nur den Brandgeruch der Leichen. Während ich dort saß, erinnerte ich mich an meine Kindheit in Heiderabad, wo unser Haus in der Nähe eines Friedhofs gestanden hatte, von wo der Wind manchmal den Brandgeruch bis in unseren Garten trug; für einen Moment sah ich die großen roten und gelben Blüten im Garten, leicht mit Asche bestäubt. Meine Mutter saß in einem weißen Kleid in einem Liegestuhl und las. Ich wollte rufen: «Komm rein! Komm schnell rein!» aber sie konnte mich nicht hören.

Ein Mann setzte sich neben mich. Er war jünger als ich, vielleicht fünfundzwanzig. Sein Haar war weiß, ob durch einen seltsamen Alterungsprozeß oder durch die Asche, weiß ich nicht. Er hatte kleine, halbgeschlossene, gelbliche Augen.

«Warum sind Sie hier?» fragte ich.

Er sagte nichts.

«Wie heißen Sie?» fragte ich weiter. «Wollen Sie nicht reden? Was halten Sie von diesem Ort hier?» Meine Stimme wurde immer lauter.

Er beugte sich zu mir hin und hauchte über mein Gesicht. «Warum sind Sie hier? Warum sind Sie hier?» wiederholte er tonlos mit meiner Stimme.

Ortswechsel. Ich lag in meinem Zimmer im Hotel. Unten auf der Straße hörte ich Sadhus singen, monoton, endlos, im frostigen Mondlicht. Über mir an der Decke sah ich ein großes Quadrat von Dunkelheit, pulsierende Dunkelheit, wie eine Grube voll schwarzer, sich um- und übereinanderwindender Schlangen. Ich wollte den Blick abwenden, aber es ging nicht. Ich starrte weiter auf das Quadrat. Langsam verblaßte es. In seinem Zentrum erschien ein kleiner, gezackter Lichtfleck.

«Sind Sie schon dem Rinpoche begegnet?»
Ich verneinte.
«Sie kennen den Rinpoche noch nicht? Wie lange sind Sie schon in Ladakh?»
«Sechs Wochen», sagte ich.
«Mein Gott, was haben Sie denn die ganze Zeit gemacht? Der Rinpoche *ist* Ladakh!»
«Welcher denn? Es gibt viele.»
«Tuktse Rinpoche, natürlich. Der Bakula ist vor allem Politiker. Der Rinpoche von Hemis ist zu jung. Dem Rinpoche von Phyang bin ich noch nicht begegnet, aber er soll ein bißchen ein Playboy sein. Kann natürlich sein, daß das nicht stimmt. Aber Tuktse Rinpoche...»
Dilip Chatterji sah mich mitleidsvoll an. Sein kahler Brahmanenkopf glänzte in der Nachmittagssonne, die in das tibetische Restaurant schien. Seine kleine, dicke Frau saß neben ihm und aß Hammelfleisch.
«Dilip – sei doch nicht so großspurig. Immer nimmt er den Mund so voll.» Sie kicherte und stupste ihn leicht. Es war rührend, diesen dünnen, würdevollen, sechzigjährigen Brahmanen erröten zu sehen.
Ich kannte Dilip und seine Frau erst seit einer Stunde. Sie waren die einzigen Gäste im Lokal, und ich hatte mich zu ihnen gesetzt. Dilip in seiner Gandhi-Kleidung hatte mich in perfektem Englisch gefragt: «Woher kommen Sie?» Ich sagte, ich sei ein Engländer aus Oxford.
Dilip war außer sich vor Freude. «Mein Gott, wie toll! Setzen Sie sich! Setzen Sie sich zu uns! Ich war am St. Paul's! Ja, und an der Londoner Universität! Technik! Habe am Connaught Square gewohnt! Reiche Tante, wissen Sie... Die Chatterjis wollten all ihren Kindern die britische Erziehung angedeihen lassen. Manche fanden sie grauenhaft. Ich fand sie großartig. Ich war sehr gut im Cricket. Und wissen Sie was, erst letzte Woche habe ich das Squashturnier von Bombay gewonnen. Aber ich will nicht aufschneiden. Setzen Sie sich! Ich langweile mich so in Indien. Ich bin Industrieller, Gott weiß, warum. Ich werde mich bald aus dem Geschäft zu

rückziehen Ich arbeite an einem Plan für Solarheizungen. Jedenfalls... nein. Ich langweile mich so in Indien. Keiner, mit dem man reden kann...»

«Du hast doch mich zum Reden», kicherte Moneesha. «Aber ich bin zu dumm, ich weiß.» Sie war fertig mit ihrem Hammelfleisch und lehnte sich zufrieden zurück.

«Wissen Sie, worüber ich gern reden würde?» fragte Dilip. «Nicht? Raten Sie. Ich würde gern über indische Philosophie reden. Sind Sie interessiert?»

«Es ist mein tiefstes Interesse.»

Dilip sah mich an. «Wirklich? Als ich in England zur Schule ging, hielt jeder die indische Philosophie für kompletten Blödsinn. Einer meiner Lehrer am St. Paul's hat mal gesagt: ‹Chatterji, ich hoffe, daß Sie nicht einer von diesen Nabelschauern werden. Das wäre eine sehr traurige Zeitvergeudung, Chatterji.› Ich habe seine Stimme noch im Ohr. Damals konnte man über indische Philosophie befragen, wen man wollte, die Antwort war immer dieselbe: ‹Vollkommener Quatsch. Ein Haufen Fettwänste, die im Dreck sitzen und nichts tun.› Mir war das Indische damals auch ziemlich egal. Ich wollte nur Cricket spielen. Aber Cricket ist ein sehr philosophisches Spiel, nicht wahr? So viel Geduld...»

Moneesha gähnte. «Du sagst, du brauchst Geduld. Und was ist mit mir? Ich muß an der Seitenlinie sitzen und zusehen. Mein Gott, Dilip, was ich für dich schon an Langeweile ertragen hab. Die Crikketspiele, die Squashspiele. Wie gut, daß ich zu plump bin, irgendwas mitzuspielen.» Und sie gähnte wieder herzhaft.

Dilip ignorierte sie. «Nein, als ich mit fünfundzwanzig wieder nach Indien kam, wußte ich kaum etwas über Indien. Ich war einsam und fühlte mich so fremd wie ein Engländer. Ich fing an mit Yoga, aber nur, um mich fürs Cricket fitzumachen. Stellen Sie sich das mal vor, Yoga als Fitneßtraining! Na ja, und ich war auch Ingenieur. Bin ich noch immer. Habe die meisten Staudämme in Indien gebaut. Und die hydroelektrischen Sachen größtenteils auch. Ziemlich bekannt, kann man sagen... Als Ingenieur habe ich nur technisches Zeug gelesen. Ich war durch und durch rationalistisch. Moneesha sagt, ich bin immer noch ein Rationalitätsfanatiker. Aber dann wurde mir langsam doch bewußt, was ich an meinem eigenen Land alles übersehen hatte. Ich begriff, daß westliche Wertvorstellungen, westliche Regierungsformen und der westliche Materialismus Indien nicht helfen können – Indien muß seinen eigenen Geist und seine eigene Identität finden. Also fing ich an zu lesen. Ich habe die Gita gelesen und die Upanischaden, und dann fing ich mit den klassischen buddhistischen Schriften an. Ich sprach mit Sadhus, mit heiligen Männern aller Art...»

«O diese heiligen Männer», unterbrach Moneesha. «Mein Gott, Dilip, wie viele davon mußte ich durchfüttern. Erinnerst du dich an diesen Sadhu aus Bangalore, der monatelang dablieb? Du hast gesagt, er führt ein sehr strenges Leben. Dabei hat er mehr gegessen als die ganze Familie zusammen. Und den ganzen Nachmittag hat er geschlafen. Und dein Yogalehrer. Der war angeblich auch so heilig. Er hat ständig versucht, unser Dienstmädchen ins Bett zu kriegen.» Dilip sah sie mit schicksalsergebener Miene an. «Meine Frau ist eine Zynikerin. Alle Sindis sind Zyniker... interessieren sich nur für Geld... Verstehen Sie mich nicht falsch. Ich glaube nicht, daß Indien die Welt retten wird oder so was. Ich habe weniger Illusionen über Indien und die Inder, als Sie sich vorstellen können. Die indische Mittelklasse – man glaubt es kaum, wieviel Gier und Dummheit da herrscht. Letzte Woche hat ein Geschäftskollege in Bombay hunderttausend Rupien ausgegeben, um das Dach eines Hotels für einen Empfang seiner Tochter mit Blumen zu bedecken – und das in einer Gegend von Bombay, wo Millionen hungern. Ich bin nicht hingegangen. Was kann man in all diesem Chaos noch anderes tun, als sich Gott zuzuwenden? Und zu versuchen, etwas von der Kultur zu bewahren, deren Erbe man ist?»

«Ich wünschte, ich könnte mich Gott zuwenden», kicherte Moneesha. «Ich bin sehr oberflächlich. Ich esse und schlafe und rede gern. Dilip sagt, an mir ist Hopfen und Malz verloren. Aber er bringt mich immer dazu, seine Bücher zu lesen. Und in allen Geschäftsangelegenheiten hält er sich an meinen Rat. Ich werde selbst ein Geschäft anfangen und ihn seinem Yoga überlassen.»

Dilip sah zur Decke.

«Was tun Sie in Ladakh?» fragte ich Dilip.

«Ich interessiere mich schon lange für den Buddhismus. Ich habe Nepal bereist und eine Zeitlang in Sikkim gelebt. Wissen Sie was, einmal war ich auf einem Ball im Palast von Sikkim...»

«Nein, Dilip, bitte nicht schon wieder diese Geschichte.»

«Na, jedenfalls... bin ich jetzt zum zweiten Mal in Ladakh. Ich war letztes Jahr schon hier und habe mich in das Land verliebt. Die eigenartigste Gegend von Indien. Und ich wandere so gerne...»

«Das ist aber stark untertrieben! Sie müssen wissen, daß mein Mann mich schon auf die meisten von diesen Bergen geschleppt hat. Warum habe ich nicht einen Filmstar statt einen Yogi geheiratet?»

«Ich wollte gerade sagen, ich wandere gerne. Und ich liebe es, allein zu sein...»

«Er liebt es, wenn ich ihm alle Sachen nachschleppe...»

«Ich wandere gern und liebe es, in den Bergen allein zu sein. Das klärt meinen Geist.»

«Das mag *seinen* Geist wohl klären. *Mich* macht es krank. Ich habe schon zehn Pfund abgenommen.»

Dilip sah mich plötzlich direkt an. «Sie sagen, Sie interessieren sich für religiöse Dinge. Ist es nicht seltsam und wunderbar, wie viele Ausländer sich jetzt für indische Philosophie interessieren? Es ist für uns Inder wunderbar, weil es uns zeigt, daß wir keine Dummköpfe sind, daß wir der Welt etwas zu geben haben.»

«Der Welt was geben!» sagte Moneesha. «Diese Gurus verdienen ein Vermögen, mein Guter! Denk an Sai Baba! Denk an Rajneesh! Manchmal sage ich, nur um Dilip zu ärgern, wenn ich mal Multimillionärin werde, dann gebe ich alles auf und werde eine Heilige Mutter und werde noch reicher.» Moneesha fand das wahnsinnig komisch und brach in ein schrilles Lachen aus. «Stellt euch vor, ich eine Heilige Mutter!»

«Als Heilige Mutter müßtest du wohl leiser sein», sagte Dilip.

«Mein Mann ist grausam, finden Sie nicht auch?» Sie kicherte und kuschelte sich an ihn. Dilip errötete wieder.

«Sie müssen morgen mit uns kommen und Tuktse Rinpoche kennenlernen», sagte Dilip. «Ich bin ihm im letzten Jahr begegnet. Er ist der Tutor des jungen Abts von Hemis, Drukchen Rinpoche. Er

142

ist ein alter Mann, ein alter Tibeter. Er war früher der Leiter einiger der bedeutendsten Meditationsklöster Tibets – Klöster der Kargyüpa-Sekte, die, glaube ich, von Milarepa gegründet wurde... Ich habe ihn vor ein paar Tagen gesehen. Er sagte, ich soll ihn besuchen, während er in Sheh ist. Er leitet dort vierzehn Tage lang die Gebete. Wir fahren morgen abend hin.»

«Dilip hat es ja dauernd mit irgendwelchen heiligen Männern», sagte Moneesha, «aber dieser Rinpoche hat wirklich was los. Er ist ein sehr schöner alter Mann. Das mag ich. Und so freundlich. Er sieht mich nicht an, als wäre ich aussätzig oder sowas. Ich glaube, er mag mich. Er sieht meine Seele. Dilip sagt, ich habe keine Seele. Aber der Rinpoche sieht meine Seele.»

«Mein Gott, Moneesha... Nein, Sie müssen morgen mit uns kommen. Ich bestehe darauf. Wissen Sie, wie die Ladakhi den Rinpoche nennen? Tuktse Rinpoche. Das heißt ‹Der Rinpoche, dessen Herz die Sonne ist›.»

Am Abend traf ich mich noch einmal mit Dilip. Moneesha blieb zu Hause, um Süßigkeiten zu essen und ihr Haar zu waschen. «Moneesha», sagte Dilip, «ist eine sehr bemerkenswerte Frau, aber auch ermüdend.»

Dilip trug jetzt einen langen, schlichten Dhoti, und mit seiner dünnen Goldrandbrille hätte er ein jüngerer Bruder Gandhis sein können. Er hatte einen sehr energischen und ziemlich schnellen Schritt. «Mein Gott, Dilip, gehen Sie immer so schnell?»

«Ja. Ich habe Angst, daß ich sterbe, wenn ich mal langsamer werde.»

Den ganzen Nachmittag war mir durch den Kopf gegangen, was Dilip über den Rinpoche gesagt hatte. Wir gingen durch die Hügel hinter der Stadt, wo eine Reihe kleiner, zerfallener weißer Stupas steht. Ein alter Mann saß im Schatten einer der Stupas und spann. «Was beeindruckt Sie an dem Rinpoche so sehr, Dilip?»

«Im Gegensatz zu dem, was Moneesha gesagt hat, bin ich von sehr wenigen Menschen wirklich beeindruckt. In Indien kenne ich jeden, alle Politiker und alle industriellen Führer. Und die meisten finde ich langweilig oder abstoßend. Ich bin auch vielen sogenannten heiligen Männern begegnet, denen ich überhaupt nichts abgewinnen konnte. Sie wirkten auf mich entweder käuflich oder sagten idiotische Sachen oder umgaben sich mit gläubig bewundernden Westlern, und das auf eine Weise, daß ich mich ihrer schämte. Aber der Rinpoche scheint ganz anders zu sein. Vielleicht mache ich mir nur was vor. Vielleicht macht es Ladakh – diese Berge, diese Luft –, daß ich so denke.»

«Was läßt ihn denn so anders wirken?»

«Sie fühlen sich sofort wie zu Hause bei ihm. Er will überhaupt nichts von Ihnen. Er ist so gütig zu allen Menschen in seiner Nähe. Sie spüren, daß er Sie sieht. Ach Gott, weshalb wollen Sie ihn beschrieben haben? Sie müssen ihn sehen!»

Wir gingen weiter.

«Moneesha sagt, ich bin ein Snob. Wenn ich den Dalai Lama getroffen hätte, sagt sie, dann würde ich ihn lieben, weil er ein König und eine Inkarnation ist. Und den Rinpoche mag ich nur deshalb so sehr, weil er eine so überragende Gestalt ist und außerdem alt und ein Tibeter. Moneesha sagt, das ist alles nur spiritueller Snobismus.»

«Und? Hat sie recht?»

«Was weiß man schon so genau?»

Wir erreichten die Kuppe des Hügels. Die Sonne war untergegangen, und über den Bergen erschienen die ersten Sterne. Die Stupas unter uns schienen in sich selbst und in den Schatten des Hügels einzusinken.

Endlich setzte Dilip sich hin.

«Ich habe mein Leben verplempert. Ich habe Dämme und Straßen gebaut und Firmen geleitet. Manchmal bin ich für einen Moment sogar stolz darauf. Aber was ist das schließlich? Mancher andere hätte das auch tun können. Ich hatte einfach Glück, ich war privilegiert, ich war ehrgeizig und hatte die richtigen Kontakte. Und ich besaß die Fähigkeit, Entscheidungen zu fällen und hart zu arbeiten. Aber nichts von all dem befriedigt mich wirklich. Wenn ich das zu Moneesha sage, dann lacht sie und sagt: ‹Das Schlimme mit dir ist, daß du alles willst. Du willst Millionär und Heiliger sein, Geschäftsmann und Yogi, Industrieller, Künstler und Philosoph. Du bist einfach gierig, Dilip. Und deine Suche nach Gott ist auch bloß Gier. Gott, mein Lieber, ist einfach eine Firma, die du noch nicht geschluckt hast.› Sie ist nicht dumm, meine Frau. Sie sieht die Dinge von ihrer praktischen Seite. Vielleicht hat sie recht. Ich habe sie so lange hintangestellt, diese Suche. Es ist mir fast peinlich, überhaupt von Suche zu sprechen. Welches Recht habe ich zu sagen, daß ich etwas suche? Ich folge keinem Guru und keiner Philosophie. Meine täglichen Yogaübungen mache ich hauptsächlich aus Eitelkeit und um Moneesha zu ärgern. ‹Steh nicht auf, Dilip, es ist fünf Uhr.›» Er schwieg und sah mich an. Dann sagte er: «Ein Dichter zu sein, muß eine große Sache sein.»

«Dichter sind genauso eitel wie Geschäftsleute und auf ihre Weise genauso abgeschnitten vom Leben des Geistes – durch Eitelkeit, Ehrgeiz und die Sucht, die Dinge auf ihre Weise zu sehen. Die Beschäftigung mit Sprache kann genauso egoistisch sein wie das Geldscheffeln und genauso grausam. Ich habe meine bisherige Lebensweise gründlich satt – festgefahren in meinen Worten, meiner Vergangenheit, meinen Leiden, meinen Beziehungen. Das ist eine sehr kleinmütige, sehr triviale Art zu leben.»

Wir saßen schweigend und brütend da und sahen zu, wie die Nacht sich über Leh senkte.

«Moneesha sagt, dieses ganze Seelenentblößen ist nur ein Vorwand, damit wir weiter über uns selbst reden können. Gespräche darüber, wie man das Ego loswerden kann, sind für das Ego nur eine Gelegenheit, endlos über sich weiterzuplappern. Ich saß mal mit einem Sadhu in unserer Wohnung in Pune zusammen, und Moneesha kam herein. ‹Worüber sprecht ihr gerade?› – ‹Wir sprechen über die Seele.› – ‹Du meine Güte, wozu denn das?› Der Sadhu wurde ärgerlich und hielt ihr einen strengen Vortrag; er sagte, gewisse Gespräche könnten den Geist zu tieferem Verständnis bringen, und überhaupt solle sie ihrem Mann zuhören. Moneesha sagte: ‹Wenn ich meinem Mann zuhöre, werde ich krank vor Langeweile. Was weiß er denn schon, mein Mann? Männer reden dauernd über Geschäfte oder Politik oder Gott... wir müssen zusehen, daß der Haushalt läuft. Das ist eine viel ernstere Beschäftigung.›»

Dilip lachte. «Ich glaube, daß Moneesha dem Rinpoche deswegen so sehr gefällt. Ihre Hand hält er immer am längsten. Und läßt sie neben sich sitzen. Er lächelt sie immer an. Er sieht einfach, daß sie nicht eitel ist. Sie ist nah an den konkreten Dingen, genau wie er. Und sie ist wirklich lustig. Diese ernsthaften, fanatischen ‹Sucher› und das ganze Gerede über das Ego, die Leidenschaften und die Existenz der Seele muß für die heiligen Männer manchmal schon ziemlich ermüdend sein. Einmal hat Moneesha dem Rinpoche ausführlich über ihre Verwandten und deren ständige Intrigen erzählt, und er lachte, bis ihm die Tränen über die Backen liefen.»

Am nächsten Abend fuhren Dilip, Moneesha und ich im Jeep zum sechzehn Kilometer südöstlich gelegenen Kloster von Sheh, wo der Rinpoche die Abendgebete abhielt.
Dilip sagte: «Erwarten Sie nichts. Sie dürfen auf keinen Fall irgendwelche Erwartungen haben.» Auf der Fahrt war Dilip in einer feierlich philosophischen Stimmung: «Alles außer der Philosophie ödet mich an, mein Lieber. Als junger Mann hielt ich sie für blödsinnig, etwas für Faulpelze und Alte. Ich schwärmte für Nehru, wissen Sie, und der hielt das Ganze auch für Gewäsch, was er natürlich nicht öffentlich sagen durfte, sonst hätte man ihn umgebracht.»
Moneesha saß hinten und aß Toffees. «Dilip sagt immer, daß ich an nichts anderes als Geld denke. Eigentlich bin ich aber sehr spirituell. Auf meine Art bin ich eine Bhakta, eine Anhängerin des ‹Yoga der liebenden Hingabe›, wissen Sie. Ich bin ganz verliebt in Krishna, vor allem den jungen Krishna. Aber ich bin faul. Ich werde noch viele Inkarnationen brauchen, bis ich soweit bin. Aber ich bin nicht nur faul, sondern auch geduldig. Nur keine Hast.» Und sie nahm ein neues Toffee. «Manchmal», spann sie nach einer Weile ihren Faden weiter, «manchmal denke ich sogar, daß ich sehr religiös bin; ich möchte auf Pilgerschaft gehen; ich möchte orangefarbene Gewänder tragen. Und dann denke ich, Moneesha, Moneesha, sieh dich doch an! Du bist albern. Du könntest ja das Haus nicht verlassen. Wer würde auf die Diener-

146

schaft achten? Wer würde den Hund füttern? Wer würde Dilip unterhalten?»

«Ich habe den größten Teil meines Lebens an unnütze Dinge verschwendet», fuhr Dilip fort. «Ausschüsse, Berichte, Dinners... großer Gott! Aber ich war nun mal ein Patriot. Ich dachte, ich würde Indien zu einer großen Zukunft verhelfen. Sehen Sie sich an, was daraus geworden ist. Armut, Heuchelei und Korruption, wohin man sieht. Kaum fähige oder integre Leute in Wirtschaft und Regierung. Und *dafür* hat man nun sein Leben gegeben. Mir wird schlecht, wenn ich nur daran denke. Und jetzt ist es zu spät, neu anzufangen. Ich denke an Gott, aber was weiß ich über Ihn? Was für Hoffnungen habe ich? Mein Gehirn ist müde, mein Körper auch.» Moneesha legte eine ihrer dicken, beringten Hände begütigend in seinen Nakken. «Dilip, was für ein dummes Zeug; letzten Monat beim Squashturnier hast du Dreißigjährige geschlagen. Wie Kaninchen hast du sie gehetzt.»

Dilip sah aus dem Fenster. «Und was wird mit Ladakh passieren? Wird es verkommen wie das übrige Indien? Wird diese Straße hier mit Plakatwänden zugestellt und von Wellblechstädten gesäumt sein? Diese Menschen sind so gut, aber vermutlich so dumm wie alle anderen, und wollen auch Radios und Komfort.»

«Dilip, du magst doch auch deinen Komfort», sagte Moneesha tadelnd und tätschelte seinen Nacken.

«Allerdings», knurrte Dilip grimmig. «Allerdings mag ich ihn.» Wir nahmen die letzte Kurve vor Sheh. An der Straße standen zwei weiße Pferde. Die Scheinwerfer ließen ihre Augen aufleuchten.

Dilip sagte: «Vielleicht sehe ich den Rinpoche nie mehr. Er ist nicht sehr gesund. Ich bin nicht sehr gesund. Wer weiß, was die Zukunft für uns bereithält? Was hat er letztes Mal gesagt? Das Leben ist wie eine Kerze in einer offenen Tür; jeden Augenblick kann ein Luftzug sie auslöschen. Hat er das nicht gesagt, Moneesha?»

Moneesha hatte sich wieder ihren Toffees gewidmet. «Wenn du glaubst, daß du sterben wirst, Dilip, dann spinnst du. Sieh dir doch an, wie du auf diese Berge hüpfst! Der tibetische Führer hat gesagt, du bist ein richtiger Tibeter. Stark wie ein Yak, hat er gesagt!»

Dilip lächelte ein wenig und legte seine Hand auf ihre.

Die Abendgebete hatten schon angefangen. Als wir im ersten Sternenlicht den langen, gewundenen Pfad zum Kloster hinaufgingen, hörten wir die Rezitationen der Mönche. Ein Muschelhorn wurde geblasen. «Das heißt: Hört den Buddha», sagte Dilip. Dann wurde eine Trommel geschlagen; die kurzen, schnellen Schläge ließen die Abendluft pulsieren. «Das heißt: Dies ist das Gesetz! Dies ist das Gesetz!» Eine Glocke klingelte. Dilip sagte: «Das ist der Rinpoche mit seiner Handglocke. Es bedeutet: Erwacht zu dem Wissen, das zur Wirklichkeit führt.» Moneesha klopfte ihm ungeduldig auf die Schulter. «Dilip, um Himmels willen, hör auf mit deinen Vorträgen und geh endlich weiter! Ich friere!»

Wir standen an dem großen hölzernen Tor und schauten zurück über das Tal. Die beiden Schimmel standen noch an derselben Stelle, ihre Schweife wedelten sanft im Wind. Der Mond war aufgegangen, und all die gewundenen kleinen Bäche im Tal glitzerten in seinem Licht. Von links, aus einer breiten Wüstensenke, leuchteten ein paar Stupas herauf. Auf der Straße fuhr ein Lastwagen vorbei. Wir lauschten dem Geräusch nach, bis es sich verlor, und gingen dann die mondlichtbestäubte, halb zerfallene Treppe zum Kloster hinauf, zum Hauptraum, aus dem das Rezitieren kam.

Die Tür zum Hauptraum stand halb offen. Zuerst sah ich nur Licht, ein üppiges goldenes Licht, durchsetzt vom Duft des Räucherwerks und dem Klang der Rezitation. Aus der kalten, dunklen Abendluft kommend, tat dieses Licht geradezu weh.

Ich erinnere mich nicht mehr, wie wir eintraten und was da gerade geschah. Ich weiß nur noch, wie ich mich neben der Tür auf eine Matte setzte und mich zum ersten Mal umschaute.

Dilip und Moneesha saßen links und rechts neben mir. Wir befanden uns in einem weiten, hohen Raum, dessen Wände mit dunklen roten und goldenen Fresken bedeckt waren. Schwach konnte ich die Gesichter mehrerer Buddhas ausmachen, doch es war zu dunkel, um genau zu unterscheiden, welche es waren. Überhaupt war der ganze Raum wie eine Halluzination in Rot und Gold.

Um uns her rezitierten die Mönche. Ein junger Mönch direkt vor mir beugte sich zu mir hin und zeigte nach vorn. Ich schaute seinem

Finger nach. Dort, am Ende einer langen Doppelreihe von Mönchen, in einer glühend roten und goldenen Robe, im flackernden Licht von hundert Butterlampen, saß Tuktse Rinpoche auf einem kleinen Thron. Er hatte in der Rechten eine Trommel und in der Linken eine Glocke und schlug sie zusammen an. Er sah, daß wir zu ihm hinschauten, beugte leicht den Kopf und lächelte. Ich sah, daß wir an diesem Abend die einzigen Besucher waren. Der Rinpoche war allein mit seinen Mönchen, und wir waren allein mit ihm.

Er sah an diesem Abend nicht mehr zu uns hin. Er sah auch zu den Mönchen nicht mehr hin. Sein Blick schien über alles hinaus zu gehen, auch über das Kloster selbst, die roten und goldenen Wände der Gompa, gesammelt und still; wie in Trance führte er alle Bewegungen des Rituals aus.

Dilip beugte sich zu mir hin und flüsterte: «Der Rinpoche ist ein Khampa. Er kommt aus der Provinz Kham in Tibet. Die Khampa sind sehr wild, große Kämpfer. In Tibet sagt man, aus Kham kommen die besten Totschläger und die größten Heiligen... Sehen Sie sich diese breiten Schultern an, diese Hände, diesen Kopf... Ein Löwenkopf, nicht? Ein sanfter Löwe, aber ein Löwe... Letztes Jahr hat er mir eine Karte von Tibet gezeichnet und seinen Geburtsort markiert. Er sagt: ‹Mein einziger Kummer ist, daß ich Tibet nie wiedersehen werde.›»

Wenn man den Rinpoche sah, wie er jetzt in diesem Licht dasaß, konnte man sich kaum vorstellen, daß irgend etwas ihn bekümmern konnte.

Das Ritual ging seinem Ende entgegen. Der Rinpoche begann zu singen. OM MANI PADME HUM, das alte Mantra des Avalokiteshvara, Buddha des grenzenlosen Erbarmens, das große Mantra Tibets, das ich an Berghängen und auf den Steinen der Manimauern gesehen hatte. «Preis dem Juwel im Herzen des Lotus.» Er sang es wieder und wieder, langsam, leise, mit dunkler, sanfter Feierlichkeit, steigend und fallend. Und die Mönche sangen es mit ihm. Immer wieder nahm er den Vajra, der neben ihm lag – das Zepter, Symbol des Geeinten Bewußtseins, des Geistes, der alle Dualität transzendiert hat –, und drehte ihn in der Luft, Kreis um Kreis in das Licht schreibend.

«Der Rinpoche wird Sie jetzt empfangen.»

Wir hatten draußen auf den brüchigen Steinstufen im Sternenlicht gestanden und den über den Mond ziehenden Wolken zugeschaut. Moneesha erzählte, daß die Menschen in Sind sich gegenseitig die Zukunft aus den am Mond vorbeiziehenden Wolken lesen. «Keine Sorge», strahlte sie, «ich habe eben ein Pferd und einen Drachen gesehen. Beides sehr günstig.» Dann entstand zwischen ihr und Dilip ein kleines Wortgefecht über den Mond. Moneesha sagte, er erinnerte sie an das Mondlicht in Sind. «Unsinn», sagte Dilip. «In Sind ist das Mondlicht viel dünner.» – «Dünner! An Sind und den Sindi ist überhaupt nichts dünn!»

«Der Rinpoche wird Sie jetzt empfangen», wiederholte der junge, hellgesichtige Mönch und nahm mich beim Arm. Wir stiegen in den oberen Teil des Klosters, Dilip und Moneesha immer noch streitend. «Was weißt du denn schon vom Mondlicht, Dilip? Du siehst doch nichts.»

«Ich habe bessere Augen als du.»

«Nur eine Frau oder ein Dichter kann den Mond wirklich verstehen.»

Dilip grummelte.

Das Kloster von Sheh ist praktisch eine Ruine. Die einzigen noch nicht eingestürzten Teile sind der Gebetsraum und Teile des oberen Stockwerks, die lange, verräucherte Küche, der Raum mit der berühmten Statue des künftigen Buddha Maitreya und das kleine kahle Zimmer, das der Rinpoche während der Zeit seiner Anwesenheit benutzte.

Der junge Mönch klopfte zweimal. Von drinnen kam eine Antwort, die wie ein weiches Knurren klang. Wir traten ein. Ein Raum mit leeren Wänden und einer schmalen Scharte als Fenster; auf dem Boden zwei lange, mit rotem Tuch bedeckte Matten, ein Lacktisch und ein abgetretener blauer und roter Teppich mit Drachenmuster.

Der Rinpoche saß im vollen Licht einer Paraffinlampe auf einer der Matten und schlürfte geräuschvoll seinen Tee. Was für ein Unterschied zwischen diesem entspannten und müden Mann und dem anderen, den ich vor kaum einer Viertelstunde unten im Hauptraum gesehen hatte! In der Ruhe dieses Mannes, der das Abendritual geleitet hatte, war etwas Unnahbares und Majestätisches gewesen; das Gesicht, das jetzt zu uns aufschaute, mit seinen tiefliegenden braunen Augen, dem dünnen, weißen Bart und einer glatten, goldenen Haut, hatte überhaupt nichts Unnahbares. Sein Umhang war beim Trinken heruntergerutscht; er warf ihn sich mit einem Schwung wieder um die Schultern, lächelte strahlend und winkte uns, Platz zu nehmen. Wir gingen einer nach dem anderen zu ihm hin, reichten ihm jeder, wie es der Brauch ist, einen weißen Opferschal, den Katak, und er legte ihn uns mit einem tiefen «Haaa» der Begrüßung und Segnung, wie ich es noch oft von ihm hören sollte, um den Hals. Ich zitterte ein wenig, als ich mich verbeugte. Er tätschelte mir leicht den Kopf, wie um mir Mut zu machen.

Wir saßen schweigend da, und er sah uns nacheinander an. Mir fiel zum ersten Mal etwas an ihm auf, was ich noch oft bemerken würde – seine Gabe zu schweigen. Wenn er sprach, dann geschah es leise und langsam, mit tiefer, sonorer, aber sanfter Stimme; häufig sagte er jedoch nichts und saß nur, wie jetzt, mit locker im Schoß gefalteten Händen da und sah die Anwesenden ganz entspannt und doch mit spürbarer Intensität an. So oft ich bei ihm war, habe ich ihn nie jemanden flüchtig oder mechanisch begrüßen sehen.

Als er mir jetzt zum ersten Mal in die Augen sah, fiel mir auf, daß ich ihn anlächelte. Ich hatte keine Ahnung, weshalb ich lächelte. Ich dachte, es müsse wohl ziemlich albern wirken, einen alten Mann, den ich nie zuvor gesehen hatte, so vertraut anzulächeln, aber das war mir gleichgültig. Plötzlich brach das Lachen förmlich aus ihm hervor, er breitete die Arme aus und sagte in seinem tiefen, wunderschön intonierten Tibetisch: «Ich bin so froh, daß Sie alle gekommen sind.» Wir lachten ebenfalls, wenn auch etwas nervös.

Nawang Tsering, ein junger Mönch, war inzwischen ins Zimmer gekommen. Er saß als unser Übersetzer zu Füßen des Rinpoche.

«Woher kommen Sie?» fragte mich der Rinpoche.

«Aus England.»

«Weshalb kommen Sie nach Ladakh?»

«Ich interessiere mich seit meiner Kindheit für Tibet. Ich bin in

Indien geboren. Ich habe in Delhi einen jungen Franzosen getroffen, der mir von Ladakh erzählt hat; in Oxford hatte ich einen Freund, dem ich erste Einblicke in den tibetischen Buddhismus verdanke. Jetzt bin ich hier, um die lebendige Tradition Tibets zu erleben. Ich würde gern etwas vom Wesen des tibetischen Buddhismus verstehen.»

Der Rinpoche blickte für einen Moment auf seine Hände und schwieg. Dann sah er mich sehr direkt an und sagte: «Sie sind gekommen, um etwas über den Buddha zu erfahren. Ist das so?»

«Ja.»

«Gut. Dann sind Sie zur richtigen Zeit am richtigen Ort. Sie haben Glück! Sie müssen soviel lernen, wie Sie können.»

Wir saßen eine Weile schweigend. Dann fragte ich den Rinpoche: «Eure Heiligkeit, ich bin jetzt etliche Wochen in Ladakh. Ich spüre, daß es ein gutes Land ist, aber auch in Gefahr – seine Identität zu verlieren, sein Herz zu verlieren. Was können wir, die wir nach Ladakh kommen, für das Land tun?»

Der Rinpoche antwortete nicht sofort. Er antwortete, wie ich bald merkte, nie unmittelbar auf eine Frage. Er ließ die Frage und den Frager selbst erst eine Weile auf sich wirken. Wenn er dann antwortete, beugte er sich stets leicht vor, als lauschte er auf die innere Gestimmtheit seines Zuhörers, auf einen weit unterhalb der Worte zwischen den Menschen schwingenden Rhythmus. Seine Antworten, selbst auf ganz oberflächliche Fragen, waren stets lang und detailliert und voller schöner Wendungen und verblüffender Bilder.

«Ladakh ist gegenwärtig sehr arm und traurig. Ladakh ist von Gefahren umringt. Das Herz dieses Landes, seine Seele und sein Blut, ist der Buddhismus, ein Buddhismus, der in diesen Bergen schon zweitausend Jahre lebendig ist. Und dieses Herz ist in Gefahr. Die Klöster verfallen, die Mönche verlieren ihre Disziplin. Ihr könnt Ladakh nur helfen, indem ihr es liebt und sein Herz versteht. Und wenn ihr es liebt, werdet ihr sehen, daß Ladakh stirbt, wenn sein Herz, der Buddhismus, nicht am Leben erhalten wird. Unsere Klöster müssen restauriert werden, unsere Mönche müssen wieder die Schönheit und den Adel des Dharma erfahren können; Schulen, viele Schulen müssen gebaut werden, damit die Menschen ihren alten Glauben bewahren und in einer sich wandelnden Welt erneuern können. Ohne den Buddhismus wird Ladakh hilflos sein, ein alter, geblendeter Ochse, der im Dunkeln auf scharfen Steinen herumstolpert.»

Dilip sagte, ihm sei aufgefallen, daß viele der Gemälde in den Klöstern von den Wänden bröckelten.

«Das ist kein Problem», sagte der Rinpoche. «Wir haben viele neue Maler.»

«Aber viele der alten Gemälde sind Meisterwerke. Und die meisten neuen Maler sind nicht so gut wie die alten.»

«Es kommt vor allem darauf an, daß die Tradition der religiösen Kunst in den Herzen der Menschen lebendig bleibt – Ladakh soll kein Museum werden.» Dann fügte er hinzu: «Schulen sind wichtiger als Gemälde. Die Zukunft ist wichtiger als die Vergangenheit. Wozu die Gemälde erhalten, wenn niemand mehr da ist, der ihren Sinn versteht?» Er sah uns an und fragte: «Hätten Sie Lust, mit mir zu kommen und meine Schule zu besichtigen?»

Obgleich es schon spät und dunkel war und wir wußten, daß unser Fahrer unruhig werden würde, stimmten wir zu. Der Rinpoche schien sich darüber sehr zu freuen.

Wir gingen den Klosterberg hinunter und dann ein paar hundert Meter nach links bis zu der Wüstensenke, die ich von der Gompatreppe aus gesehen hatte. Hier stand die Schule neben einer Gruppe mondlichtübergossener Weiden.

Es gab bislang nur zwei halbfertige Räume, zwei nackte Betonzimmer mit Fensterschlitzen. Im Mondlicht wirkten diese Räume so einsam und verloren. Man konnte sich kaum lernende Kinder darin vorstellen.

Ehrerbietig umrundeten wir das Gebäude. Der Rinpoche klatschte immer wieder in die Hände. Er sah die Schule offensichtlich schon fertig, groß und voller Schüler, die den Dharma praktizierten und Tibetisch und Mathematik lernten.

Nawang Tsering flüsterte mir zu: «Der Rinpoche ist in allen Dingen Optimist. Tatsächlich gibt es aber kein Geld. Das hier ist das Ergebnis von zwei Jahren Bauarbeit. Es fällt schwer zu glauben, daß es je fertig wird. Und wie will man irgend etwas erreichen ohne Schulen?»

Der Rinpoche wies uns beim Umschreiten des Gebäudes immer wieder auf die Standfestigkeit der Wände und die solide Schönheit des Entwurfs hin – und auf die Räume, in denen er schon Generationen von Schulkindern sah, die ihre Mantras rezitierten und die Technik des tibetischen Disputs erlernten.

«Es ist wahr», sagte der Rinpoche, «daß wir kein Geld haben. Es ist wahr, daß die Regierung uns nicht hilft. Sie verbietet uns nichts, aber sie hilft uns auch nicht. Aber ich gebe die Hoffnung nicht auf. Dieses Land ist ein buddhistisches Land. Der Buddhismus wird in diesen Bergen niemals sterben.»

Er lachte. «Und wenn wir keine Schule bauen können, werden wir den Unterricht im Freien halten. In Höhlen oder unter Bäumen am Fluß. Hat so nicht auch der Buddha seine Schüler gelehrt?»

Nawang Tsering sagte: «Keiner von uns versteht, wie der Rinpoche immer so zuversichtlich in allen Dingen sein kann. Vielleicht ist das so, weil er selbst schon so viel verloren hat. Er klammert sich an nichts, und so kann nichts ihn bekümmern und enttäuschen.»

Ich stand in einem der Räume und sah durch das hohe, glaslose Fenster den Mond. Nawang trat zu mir und legte mir die Hand auf die Schulter.

«Weißt du, was der Mond im Buddhismus bedeutet?»

«Nein.»

«Der Mond ist das Symbol des Erleuchteten Bewußtseins. Der Buddha wurde bei Vollmond geboren und ging bei Vollmond ins Nirwana ein.»

«Heute ist auch Vollmond.»

«Ja. Was für ein Glück, daß wir hier bei Vollmond zusammensein können.» Dann sagte er: «Morgen wird der Rinpoche besondere Gebete abhalten. Gebete für Avalokiteshvara, den Buddha des Erbarmens. Aus ganz Ladakh werden viele Menschen kommen. Du mußt auch kommen.»

Der Rinpoche ging aus dem Zimmer. In der Tür drehte er sich noch einmal um, Gesicht und Schultern leuchteten im Mondlicht, und sah mich an, lächelte und nickte zweimal, ohne etwas zu sagen.

Ich fuhr am nächsten Tag nicht nach Sheh. Ich war nervös, fast verlegen angesichts der Intensität dieser ersten Begegnung mit dem Rinpoche. Ich wollte meine Distanz noch ein wenig wahren.

Am Nachmittag fuhr ich mit Dilip zum Kloster von Stakna. Moneesha blieb zu Hause, um sich die Haare zu waschen und auf dem Markt Mitbringsel für die Familie zu erstehen. «Geht ihr nur und macht was zusammmen», sagte sie und scheuchte uns aus dem Bungalow. «Ich möchte allein sein und über ernste Dinge nachdenken.» Im Jeep sprachen Dilip und ich über den Rinpoche.

«Was halten Sie von ihm?» fragte er.

«Ich war sehr beeindruckt und bewegt.»

«Wodurch?»

«Er war so einfach!»

Dilip lachte: «Aber Sie haben auch Angst, nicht?»

«Ja.»

«Ich hatte Angst, als ich ihn zum ersten Mal traf. Ich war tagelang außerstande, ihn wieder zu besuchen. Männer wie er sind einfach erschreckend. Sie sind so klar, daß man sich selbst schmutzig fühlt. Seit zwanzig Jahren habe ich mir gewünscht, solch einem Mann zu begegnen – und als es dann soweit war, wollte ich nur noch weg, weg von Ladakh, und ihn nie wiedersehen. Ich dachte wirklich, ich suche einen Meister, aber dann hatte ich ihn gefunden und fühlte mich bedroht. Ich war auf allzu spielerische Weise mit dem Gedanken umgegangen, mein Leben zu ändern; als ich die Chance bekam, wollte ich plötzlich überhaupt nichts mehr aufgeben. Eine Zeitlang war ich sehr böse auf ihn. Welches Recht hatte er, mir einen Spiegel vorzuhalten? Welches Recht hatte er, mir das Gefühl zu geben, daß ich nichts als lächerlich, eitel, hilflos und unecht bin? Ich dachte sogar, daß seine Macht auch böse sein könnte, daß er

155

vielleicht ein übler Schwarzmagier ist, der irgendein falsches Spiel treibt, um meine Seele zu bekommen. Ich bot meine ganze englische Schulung in Skepsis und Ironie auf, um ihn auf Distanz zu halten – aber es ging nicht, konnte nicht gehen.»

«Wie ging es weiter?»

«Schließlich ging ich wieder zu ihm. Ich war voller zorniger Gedanken und Fragen, bevor ich in sein Zimmer ging. Aber als ich drinnen war, brachte ich kein Wort heraus. Mein Leben lang bin ich noch nie um Worte verlegen gewesen. An diesem Morgen fehlten mir einfach die Worte; ich konnte mich kaum bewegen. Er sah mich an und sagte: ‹Möchten Sie heute gern hierbleiben?› Ich sagte: ‹Ja› und verbrachte den ganzen Tag schweigend bei ihm in seinem Zimmer, sah ihn mit all den Menschen, die kamen und gingen, all die Mönche, die Dörfler und Westler, und sagte und tat sonst nichts. An dem Tag wurde mir klar, wem ich da begegnet war. Er hat mich gesegnet, bevor ich am Abend ging, und da erkannte ich, daß er mich angenommen hatte.»

«Sind Sie ein Buddhist geworden?»

«Solche Bezeichnungen interessieren mich nicht. Ich habe einen Mann gefunden, an dessen Kraft und dessen Geist ich glaube, und das gibt mir Kraft. Wir im Osten glauben, daß die Beziehung zwischen Meister und Schüler stärker und wichtiger ist als alle Glaubenssätze, daß die Wahrheit etwas Lebendiges ist, das von Person zu Person weitergegeben wird, eine lebendige Erfahrung und kein Übungsprogramm oder philosophisches Gebäude. Ich verehre den Buddhismus; ich meditiere auf buddhistische Weise; aber ich würde mich nicht als Buddhisten oder Hindu bezeichnen. Ich bin einfach ein Mann, der sich nach einem ziemlich verhunzten und ignoranten Leben selbst verstehen möchte, bevor es zu spät ist. Das ist alles.» Er sah mich an. «Ich muß Ihnen etwas sagen. Ich kenne Sie erst seit drei Tagen, fühle mich Ihnen aber schon tief verbunden. Sie könnten mein Sohn sein. Ich habe einen Sohn in Ihrem Alter, Sie würden ihn mögen und er Sie auch. Wenn Sie beim Rinpoche irgend etwas empfunden haben, dann gehen Sie dem nach, folgen Sie Ihrem Gefühl so mutig Sie können. Öffnen Sie sich dem Rinpoche ohne Furcht. Er kann Ihnen helfen zu verstehen – wenn

Sie ihn lassen. Entschuldigen Sie diese Predigt, aber wir haben nicht mehr viel Zeit. Moneesha und ich müssen morgen abfahren. So lange habe ich nur das geglaubt, was ich sehen und berühren und mit einem kleinen, scharfen, harten Teil meines Bewußtseins erkennen konnte. Ich war Skeptiker, Materialist, Ingenieur, Zyniker – und ich bin dankbar dafür, denn ich brauchte und brauche die geistige Härte und Strenge, die mir daraus erwachsen ist, die Klarheit und Bestimmtheit des Urteils. Glauben Sie nur ja nicht, daß das spirituelle Leben nur Hingabe verlangt; es verlangt auch höchste Intelligenz und unbestechliche Unterscheidungs- und Urteilskraft. Ich habe nicht das Gefühl, daß ich mein altes Leben aufgegeben habe; ich nehme dieses alte Leben als Grundlage und fange an, es zu seiner Reife zu bringen. Kann natürlich sein, daß ich mir etwas vormache und Sie jetzt nichts weiter als das Hoffnungsgefasel eines verstörten und verängstigten alten Mannes hören. Das müssen Sie selbst herausfinden, und das Leben muß es erweisen.»

Wir hatten Stakna erreicht. Wir gingen den langen, gewundenen Schotterweg zum Kloster hinauf.

Das größte Gemälde von Ladakh befindet sich im Kloster von Stakna. Wenn man die Haupthalle betritt, sieht man es an der rechten Wand. Man braucht eine Fackel, um es zu betrachten, und es blättert bereits von der Wand. In zehn Jahren ist es vielleicht nicht mehr zu erkennen.

Es ist das Porträt eines großen Lehrers des 17. Jahrhunderts, eines Rinpoche aus Bhutan, der in Lotushaltung in einem Kreis aus weißem Licht sitzt. Seine Augen sind halb geschlossen, und er hebt segnend die linke Hand. Das Bild zeigt ihn in Lebensgröße.

Das Porträt hat nichts Idealistisches an sich. Dies ist ein wirklicher Mensch an einem wirklichen Ort, kein mythischer Held, kein Gott. Der Bart ist zerzaust, die Hände sind starke Bauernhände; die Linien des Gesichts bezeugen die Strapazen und inneren Kämpfe jahrzehntelanger Selbstdisziplin. Die breiten Schultern sind leicht gebeugt.

Da der Raum recht schmal ist und ein großer Teil seiner Fläche überdies von dem breiten, quadratischen Altar eingenommen wird, muß man ziemlich nah vor dem Bild stehen, um es zu betrachten.

Der Rinpoche starrt mich an, und ich starre zurück. Er lächelt mich an, und fast bin ich versucht zurückzulächeln. Er beugt sich leicht vor, als fände er jeden Abstand zwischen sich und dem Betrachter unerträglich.

Ich habe bisher nur ein anderes Gemälde gesehen, dessen geistige Intensität diesem gleichkommt, und das ist die «Auferstehung» des Piero della Francesca in San Sepolcro. Doch der Rinpoche von Stakna hat nichts von der unheimlichen Majestät, die Pieros Christus ausstrahlt, nichts von seinem «heiligen Schrecken». Die Farben dieses ladakhischen Bildes sind fast körperhaft warm – tiefe Rottöne, glühendes Grün und das tiefe Orange des Gewandes. Man empfindet Ehrfurcht und doch letztlich kein Getrenntsein, kein heiliges «anderes»: der Rinpoche ist das Höchste im Betrachter selbst, das hier seinen Ausdruck gefunden hat.

«Es gibt im Buddhismus keine Götter», sagte Dilip. «Die ‹Götter› und Bodhisattvas des Mahayana-Pantheons sind innere Prinzipien, Energien der spirituellen Entwicklung, die in jedem Menschen sind. Als der Buddha im Sterben lag, sagte er: ‹Ich bin kein Gott. Ich bin nur ein Mensch, der gelernt hat, das Meer des Seins zu überqueren und euch den Weg zu zeigen. Geht und arbeitet voll Eifer für eure Erlösung.› Jeder und alles ist Buddha; allen Dingen und Lebewesen wohnt das Buddhawesen inne. Was sagte der Rinpoche letztes Jahr zu mir? ‹Es ist keine Frage des Werdens; es geht darum, das *aufzudecken*, was Sie schon sind, sich selbst sein zu lassen, was Sie sind, und alles abfallen zu lassen, was Sie nicht sind.›»

«Und was bleibt, wenn alles abfällt?»

«Nichts. Leere. Sunyata. Es gibt kein wahres Selbst. Es gibt keine letzte Identität, keinen Gott, keine Seele, kein Absolutes. Nur Sunyata. Es gibt zwei Arten, Sunyata auszusprechen, hat mir der Rinpoche gesagt. Man kann es hart und man kann es sanft sagen. Man kann es sagen, daß es wie die eiserne Hand des Todes an der Tür klingt, oder so, daß es wie weite, flüsternde Wellen am Meer klingt. Sagt man es auf die erste Art, dann zittert man ein wenig, weil man weiß, daß die Erfahrung der Leere das Ende des Ego bedeutet; sagt man es aber sanft, dann ist man froh, weil die Erfahrung der Leere auch eine Erfahrung von Weite und Freiheit ist, von Nirwana. Frei von aller falschen Wahrnehmung des Ich zu werden, das ist das Ziel des Buddhismus; und wer erkannt hat, daß nichts und niemand da ist, der weiß auch, daß er in allem und jedem ist, daß es keinen Tod, keine Furcht, keinen Schmerz und keine Trennung gibt.»

«Empfinden Sie das, was Sie da aussprechen?»

«In manchen Augenblicken. Oft genug, um zu wissen, daß es kein Unsinn ist. Nicht oft genug, um im ständigen Bewußtsein der Wahrheit zu leben.»

Ich sah noch einmal hinauf zu dem Gemälde und bemerkte etwas, das mir vorher nicht aufgefallen war; der Lichtkreis um den Rinpoche war nicht scharf begrenzt, sondern in großen, kreisenden Pinselstrichen gemalt. Der zuvor so greifbar wirkliche Rinpoche kam mir jetzt mehr wie eine Erscheinung vor, eine Gestalt, die aus der Tiefe von Dilips und meiner Meditation heraufbeschworen worden war. Für einen Moment wirkte im Licht der Fackel selbst die flakkernde schwarze Mauer gewichtlos.

Moneesha lag auf dem Bett. «All diese großen Erfahrungen, die hohe Philosophie... das macht die Leute nur noch eitler, verrückter und weniger menschlich. Erinnerst du dich an den Sadhu mit dem einen Auge, Dilip? Für dich war der ein Wunder an Weisheit. Er war der arroganteste alte Idiot, den ich je gesehen habe, und das will was heißen, denn ich habe eine Menge alte indische Politiker getroffen. Einmal habe ich ihm gesagt, daß ich deprimiert bin. Da sagt er mit seinem grauslichen Schielgrinsen: ‹Sie müssen sich sagen, und zwar mit tiefem Gefühl: ‹Ich bin Gott, ich bin Gott›, und ich habe rein gar nichts gefühlt. Nur Kopfschmerzen hatte ich danach.»

«Aber du kannst nicht leugnen, daß es die Großen Erfahrungen gibt», sagte Dilip.

«Nein, natürlich leugne ich sie nicht. Ich weigere mich nur, ihnen die Bedeutung zu geben, die du ihnen gibst. Gut zu leben ist wichtiger, als ständig mystische Offenbarungen zu haben. Zu einer langweiligen alten Frau gut zu sein und den Armen zu geben ist wichtiger, als Gott in einem Baumstamm oder Sandkorn zu sehen.»

«Und doch erzählst du immer, wie sehr du den Rinpoche liebst.»

«Ja, den liebe ich. Und vor allem, weil er einem nie mit seinen Wahrnehmungen, Visionen und Erfahrungen in den Ohren liegt. Er ist längst darüber hinaus. Er hat neun Jahre für sich allein in Meditation verbracht – da dürfte er wohl die Nase voll haben von all diesen mystischen Sachen. Er ist ein aufmerksamer, einfacher, sanfter und lustiger alter Mann, und deshalb liebe ich ihn. Er kümmert sich voll und ganz um die Welt, die ihn umgibt, und hat gar keine Zeit, jedem seine *Erfahrungen* aufzubinden. Und wenn er die Zeit hätte, würde er es nicht wollen. Ihr sucht; er hat gefunden. Das ist der Unterschied, und deshalb müßt ihr euch ständig das Hirn zermartern und reden und analysieren und vergleichen. Das hält doch kein Mensch aus, dieses Buddha- und Nirwanagefasel von lauter Neurotikern, die völlig von ihren eigenen Empfindungen und Reaktionen besessen sind! Ihr solltet Latrinen schrubben oder sonst irgendwas Nützliches tun!»

Sie sah uns an und brach plötzlich in Lachen aus. «Gott, was seid ihr immer so bierernst! Ihr glaubt, ich will euch am Zeug flicken. Ihr seid doch diejenigen, die angeblich glauben, daß sie gar nicht existieren, daß alles ein Traum ist, Maya, Sunyata!» Sie schüttelte den Kopf. «Was für Wichtigtuer ihr doch seid. Hier, nehmt euch ein Toffee. Steht nicht so begossen herum.»

Und dann sagte sie: «Ihr seid das, die soviel Aufhebens um den Rinpoche machen, die ihn so groß, so wunderbar machen. Er ist nichts weiter als ein lieber alter Mann. Und das ist natürlich das Wunderbare an ihm. Ein lieber alter Mann, wahrscheinlich mit allerlei ungewöhnlichen Kräften, aber weder von sich selbst eingenommen noch von den Bildern, die eure schwärmerisch verehrenden Augen ihm zurückspiegeln.»

Sie wandte sich zu mir. «Sie lassen Dilip hoffentlich nicht zu viel predigen. Er ist ein großer Narr. Reden, reden, reden und große Worte und Selbstsuche. Weshalb kann er nicht einfach sein? Wes-

160

halb kann er die Dinge nicht einfach so nehmen, wie sie sind? Weshalb kann er nicht weise und gewöhnlich sein?»

«Weil er immer noch nach echtem Wissen sucht», sagte Dilip. «Weil er Angst hat zu sterben, ohne etwas wirklich Wissenswertes zu wissen.»

«Großer Gott, hören Sie sich das an! Was macht es denn, wenn du unwissend stirbst? Was ist denn so wichtig an dir?»

«Das geht jeden Tag so», sagte Dilip zu mir. «Ich habe den Rinpoche letztes Jahr über die spirituelle Verfassung meiner Frau befragt. Er sagte, sie ist sehr gut für mich, weil sie mich zu genau kennt, um mich ernst zu nehmen. Ich sagte, daß ihre Kritik und ihr Spott mich manchmal ärgern und demütigen und oft sogar entmutigen. ‹Gut›, hat er gesagt. ‹Sehr gut. Das wird Ihre Aufrichtigkeit fördern.› Ich war sehr wütend.»

Am Abend stiegen Dilip und ich noch einmal auf den Hügel oberhalb von Leh. Alle Sterne standen am Himmel.

«Wenn ich daran denke, daß ich nach Bombay zurück muß», sagte Dilip, «zurück ins Büro, zu den Geschäftsbeziehungen... das ganze Elend... Aber wir müssen immer dahin zurück, wo wir herkommen, nicht wahr? Letztes Jahr habe ich daran gedacht, hier zu bleiben. Ich habe Moneesha nichts davon gesagt – sie hätte mich ausgelacht oder, noch schlimmer, gehaßt. Ich dachte ernsthaft daran, alles aufzugeben, meinen Job, mein Leben, sogar Moneesha, und hierherzukommen. Ich hätte in ein Kloster eintreten und unter dem Rinpoche studieren können. Weshalb habe ich das nicht getan? War es Feigheit? Oder war es einfach, daß ich mir einen so radikalen Schritt selbst nicht abnahm, daß ich nicht sicher war, ob ich mir nicht nur selbst etwas vorspielte? Es wäre doch grauenhaft, allem zu entsagen und dann festzustellen, daß man diese Entsagung auch nur inszeniert hat – mit der gleichen Ichbesessenheit, mit der man alles andere inszeniert hat.»

«Waren Sie nach Ihrer Zeit in Ladakh verändert?»

«Ich möchte gern sagen können: Ich war bewußter, fürsorglicher, intelligenter. Aber wenn ich ehrlich bin, dann war das eigentlich nicht so. Nach der Begegnung mit Ladakh und dem Rinpoche war ich sogar für eine Weile in recht trostloser Verfassung. Menschen waren mir unerträglich; sogar mit Moneesha hatte ich meine Schwierigkeiten. Ich schlich herum wie ein kranker alter Hund. Ich war reizbar, bitter, alles war mir zuviel. Und natürlich hatte ich Schuldgefühle. Weil mir so viel gegeben worden war und ich nichts damit anfangen konnte. Aber dann, langsam, habe ich mich verändert. Ich fing an, mich mit der Lage abzufinden. Anstatt mich vor Sehnsucht zu verzehren oder zu stöhnen oder mich zu kritisieren, fing ich an zu meditieren. Nichts Großartiges und nicht sehr ausdauernd. Ich bin wirklich für niemanden ein Vorbild. Ich habe meine Suche zu spät angefangen. Ich kam müde und enttäuscht zur Philosophie, der größte Teil meiner Kraft war schon verausgabt. Einen Mann wie den Rinpoche zu treffen ist viel, sehr viel, aber nur der Beginn einer neuen Suche, einer tieferen Praxis – und ich fühle mich zu erschöpft, um noch einmal eine so lange Reise anzutreten. Vielleicht finde ich den Mut. Ich bezweifle es.»

Er schwieg ein paar Augenblicke. «Der Glaube an Reinkarnation hat nur eine einzige gute Seite. Manche Westler stellen sich das so verlockend vor. Ich nicht. Endlos wiederzukommen und nicht zu sterben – was für ein entsetzlicher Gedanke! All das Sehnen und Suchen niemals abhaken zu können... ständig in Samsara gefangen zu sein... Aber ein Gutes hat dieser Gedanke auch. Man bekommt eine neue Chance, sich der Wirklichkeit zu nähern, eine neue Gelegenheit zu lernen. Ich habe den Rinpoche darüber befragt. Er sagte: ‹Warum wollen Sie auf ein neues Leben warten? Wenn Sie ein Auto und Benzin bekommen, gehen Sie dann noch zehn Jahre zu Fuß, bevor Sie es benutzen?› Moneesha und ich fahren morgen sehr früh ab. Bitte kommen Sie nicht zum Winken. Schreiben Sie uns mal. Ich wünsche Ihnen Glück und Mut.»

Er sprach so warmherzig und ernst, daß ich gerührt war. Wir gaben uns die Hand, und Dilip ging den Hügel hinunter. Unten drehte er sich um, winkte und ging weiter.

Ich blieb auf dem Hügel, um die Sterne zu beobachten und dem

Murmeln der Bäche in ihren Felsbetten zu lauschen. Ich dachte: «Morgen werde ich den Rinpoche besuchen. Ich kann mich nicht länger drücken.»

In der Nacht hatte ich diesen Traum: Ich saß im Salon eines Hauses in Nordamerika, in dem ich mal gewohnt hatte. Ich war allein. Die großen Schiebefenster waren geschlossen, denn es war Winter. Der Rasen vor dem Fenster lag unter einer Schneedecke, und Schneezotten hingen in den Zweigen der Kiefern.
Ich war allein und unglücklich. Ich hatte das Gefühl, ich würde diesen Raum nie verlassen können. Alles darin schien mir älter, als ich es in Erinnerung hatte. Der Tisch war mit Staub bedeckt; die vier Porzellanvögel auf dem Kaminsims waren alle irgendwie beschädigt. Hier fehlte ein Flügel, dort ein Schnabel. In allen Ecken des Zimmers lagen Stapel von Zeitschriften und Büchern, manche geöffnet, wahllos, wie von der Hand eines Depressiven. Der Tonarm des Plattenspielers hing auf den Boden herunter.
Der Herbst, den ich vor zwei Jahren in diesem Haus verbracht hatte, war voller Schmerz gewesen, und in meinem Traum durchlebte ich diese Traurigkeit noch einmal. Ein Freund hatte im Sommer einen Zusammenbruch erlitten und befand sich in Philadelphia, wo ich ihn nicht sehen und nicht erreichen konnte. In meinem Traum hörte ich ihn in einem Nebenraum lachen und dann schluchzen, endlos; danach sprach er ganz klar, aber mit einer hohen Idiotenstimme. «Das ist dein Werk. Das ist dein bestes Gedicht. Ich hoffe, du bist zufrieden. Schreie ich in der richtigen Höhe? Sage ich das, was ich sagen soll?»
Ich schloß die Augen. Ich fühlte meinen ganzen Körper einsinken, als müßte ich jetzt sterben, als bestünde ich aus schwarzem, rieselndem Sand.
Dann öffnete ich die Augen wieder. Alles war aus dem Zimmer verschwunden – der Plattenspieler, die Bücher, der schmutzige Teppich, die zerbrochenen Porzellanvögel. Der Raum war leer. Ich saß auf dem Boden. Keine Stimme kam mehr von nebenan, kein La-

chen, kein Schluchzen, keine Anklagen. Ich sah aus dem Fenster, und wo der Rasen gewesen war, der beschneite Rasen und die Kiefern, erstreckte sich jetzt bis zum Horizont ein Gewässer und glitzerte im weißen Licht.

Dilip und Moneesha fuhren wie geplant früh ab. Ich schlief noch. Als ich meine Zimmertür öffnete, um frühstücken zu gehen, fand ich diesen Brief:

Ich bin so froh, daß wir uns in Ladakh begegnet sind und miteinander sprechen konnten. Vielleicht sehen wir uns wieder, vielleicht nicht. Ich las heute abend in den Gesängen des Milarepa und fand diese beiden Stellen:

Kühles Bergwasser
Heilt die Übel des Körpers,
Doch nur Bergvögel erreichen es,
Den Tieren des Tals ist es verwehrt.

Der Juwel unter dem Meer
Ist ein Wunderstein, der alle Wünsche erfüllt,
Doch er gehört dem Drachen des Glücks,
Menschen der Erde erlangen ihn nicht.

Ich bin kein Bergvogel. Ich bin ein altes Pferd, das den glatten Fels hinaufzuklettern versucht, atemlos und leicht ermüdbar. Und was den Glücksdrachen angeht – ich habe ihn nie gesehen. Ich hoffe, Sie sehen ihn.
Meine Verehrung dem Rinpoche. Lernen Sie von ihm.
Alles Gute.

Dilip

In die linke Ecke hatte Dilip einen Drachen gezeichnet. Er hatte große, schuppige Flügel und einen feurigen Juwel mitten auf der Stirn. Das Gesicht war äußerst gutmütig. Ich kannte es irgendwie, wußte aber nicht gleich, woher; dann fiel es mir ein, es war das Gesicht der Grinsekatze aus *Alice im Wunderland*. Dilips englische Erziehung war also alles andere als für die Katz.

Ich nahm den Frühbus nach Sheh. Ich hatte Angst. Was, wenn Dilip und ich den Rinpoche erfunden hatten? Und was, wenn nicht? Beide Alternativen waren fatal. Enttäuschung wäre das Sicherste; da hätte ich wenigstens die Ironie noch als Zuflucht. Aber so weit gegangen zu sein... Andererseits, wenn der Rinpoche das war, wofür Dilip und ich ihn hielten, was hätte ich dann zu tun? Irgend etwas würde ich dann tun müssen. Es würde kaum ausreichen, einfach nur zuzusehen, ein wenig zu lernen, das Gelernte zu notieren und wieder abzufahren. Das wäre armselig, trostlos, verlogen. Aber was konnte ich denn tun? Was sollte ich tun? Ich hatte keine Ahnung. Beinahe wäre ich in Choglamsar ausgestiegen. Dieses Dorf noch besichtigen, dann zurück nach Leh, morgen nach Srinagar und das ganze verrückte Zeug hinter mir lassen – warum eigentlich nicht? Aber ich wußte, das ging nicht. So weit war ich gekommen, jetzt mußte ich weitergehen. Ich mußte zu verstehen versuchen, was mich zum Rinpoche hingezogen hatte und weshalb ich bei all meiner Angst und allen Fluchtimpulsen lächelte bei dem Gedanken, ihn wiederzusehen.

Das letzte Mal hatte ich den Hügel im Mondlicht erstiegen. Abgesehen von den Silberbändern der Bäche und den schimmernden Stupas hatte die Ebene von Sheh im Dunkel gelegen. Diesmal war es heller Morgen. Die Felder waren noch nicht abgeerntet, volles, reifes Korn wiegte sich in der warmen Brise. Die Stupas, die in der Nacht selbst aus der Nähe geisterhaft gewirkt hatten, waren jetzt von leuchtender Festigkeit, strahlende Brotkuchen, die in der Sonne aufgegangen waren. Auf manchen flatterten grüne, rote und gelbe Gebetsfahnen im Wind, zitternde Farbflammen vor dem Ocker und Rot des Gesteins und dem von der Sonne entzündeten Blaßblau des Himmels. Neulich waren Dilip, Moneesha und ich hier ganz allein gewesen; jetzt drängte sich halb Ladakh auf dem schmalen Pfad – alte Männer und Frauen mit verrunzelten, braunen Gesichtern, schwarzen Zähnen und quietschenden Gebetsmühlen, Mädchen in ihren Sonntagskleidern aus Satin und Brokat, junge Väter in sauberen weißen Gewändern und mit Blüten im Ohr. Der Vater des Hotelbesitzers ging neben mir und sagte: «Sie wollen also auch den Rinpoche sehen. Wir gehen alle zu ihm. Es ist gut, mit ihm zu beten. Wir werden zum Buddha des Erbarmens beten. Wir werden beten und Tee trinken und uns unterhalten und dann mit dem letzten Bus nach Hause fahren. Jetzt ist Festzeit. Jetzt ist das Sommerfest.» Dabei drückte er mir Äpfel und Aprikosen in die Hand und stopfte auch noch welche in meine Hemdtasche und meine braune Segeltuchtasche. Oben blieben wir stehen. Er holte eine Flasche mit Wasser vom Bach heraus und gab sie mir. Es schmeckte nach Stein und Licht.

Wir stiegen die Treppe zum Hauptschreinraum hinauf. Auch da war alles verändert. Beim ersten Mal war er, abgesehen von den wenigen Mönchen, dem Rinpoche und den flackernden Lampen, leer gewesen; an den Wänden hatte man kaum mehr als ein paar traumhaft verschwommene Buddhagesichter erkennen können. An jenem Abend war die Atmosphäre geisterhaft und von ritueller Strenge gewesen, eine Art Trance, die mich zwar bewegte, in die ich aber nicht eintreten konnte. Nun war der Raum von Morgenlicht durchflutet. Von allen Seiten her leuchtete das Rot und Grün der Buddhas, und ich erkannte jetzt ganz deutlich ihre stillen Gesichter, die erhobenen Hände, die grünen, roten und gelben Lichtkränze. An der gegenüberliegenden Wand, flankiert von riesigen, wirbelnden Mandalas, befanden sich zwei breite Holzgestelle mit vielen Fächern für Bücher, deren Seideneinbände im Licht der zahllosen Butterlampen und der durch einige Oberlichter hereinfallenden Sonne glänzten. Und diesmal war das Gebäude voller Menschen, so voll, daß ich kaum einen Sitzplatz finden konnte, mindestens dreihundert Ladakhi, Mütter und kleine Kinder, alte Männer, junge Männer, ganz Sheh und die umliegenden Dörfer, und alle redeten und beteten und sangen und drehten ihre Gebetsmühlen und gingen hin und her, um einander zu begrüßen. Und mitten in diesem strahlenden, lärmenden, schwärmenden Leben saß der Rinpoche mit gekreuzten Beinen auf einem kleinen Thron. Als ich eintrat, schlug er gerade mit der einen Hand die Trommel und läutete mit der anderen die Glocke. Ich blieb einen Augenblick in der Tür stehen und sah ihm zu. Sonnenlicht fiel ihm von oben über Kopf und Schultern. Er leuchtete, ein strahlender Paterfamilias inmitten seiner Lieben. Nachdem er Trommel und Glocke angeschlagen hatte, löste sich eine alte Frau aus der Menge und verbeugte sich vor ihm. Er beugte sich weit vor und nahm ihren Kopf in seine Hände. Sie richtete sich auf und reichte ihm den weißen Katak. Er nahm ihn ihr sanft aus der Hand und legte ihn um ihren Hals.

Ich war für einen Tag gekommen und blieb eine Woche. Den ganzen Tag saß ich auf dem kalten Steinboden der Gompa, trank Tee, unterhielt mich, betete, meditierte und sah dem Rinpoche zu, und immer wieder fiel mir dabei ein, was Dilip über seinen ersten Besuch in Benares gesagt hatte.

«Ich war entsetzt», hatte er gesagt. «Ja, ich, ein Inder, war entsetzt, als ich das erste Mal in Benares war. Soviel Lärm! Soviel Leben! Ich fand es widerlich, gottlos. Ich war eben die St. Paul's Kathedrale gewohnt. Damen in dunklen Hüten, der weiche Widerhall kultivierter Stimmen, ‹Lasset uns beten›. Und auf der Schule hatte Religion aus Reihen von Jungen mit gestärkten Kragen bestanden und den salbungsvollen Reden des Direktors über Teamgeist, Dienen und Berufung. Wenn man dann nach Benares kommt... möchte man gleich wieder weglaufen. Aber ich bin geblieben. Und langsam habe ich verstanden. Ich begriff, daß Indien Gott nicht vom Leben abgeschnitten hat; daß Gott für die Inder in allem ist, in allem seinen Ausdruck findet, ob man sich die Zähne putzt, Süßigkeiten verkauft, eine Tongafahrt macht oder meditiert oder im Ganges badet.»

Dann hatte er mich direkt angesehen. «Die höchste Gottesliebe, so glauben die Inder, besteht nicht darin, Gott als Vater, als Geliebten oder als Freund zu lieben – sondern als Kind. Sanft und zärtlich zu sein, wie Krishnas Amme es war... das ist das Schwierigste. Es ist leicht, sich vor Gott zu erniedrigen; schwer ist es, unsere Schuldgefühle zu vergessen, unseren Selbsthaß aufzugeben und lächelnd zu Ihm zu kommen.»

Alles, was Dilip über Benares gesagt hatte, schien dort in diesem großen überfüllten Raum in Ladakh zu mir zu sprechen. Der Lärm, das Stimmengewirr, die Hunde, die singenden alten Frauen – anfangs hatte es mich erschreckt. Ich fühlte mich in meinen schmutzigen Jeans und dem braunen Kaschmirhemd höchst deplaziert und gehemmt. Langsam entspannte ich mich, vergaß meine Verwirrung, meine halb ironische innere Distanz und fing an, das Ganze zu genießen – die Gesichter alter Nonnen, die mit stets zum Beten gefalteten Händen dasaßen, die verstohlenen, unterwürfigen Bewegungen der Hunde, die Art, wie die Mönche den Tee ausschenkten, die Türkis- und Perlenohrgehänge der jungen Frauen, die beim Beten leise schaukelten, die ganze Geräuschkulisse und ihre einzelnen Elemente – das Rezitieren, das Singen, das Reden, das gedämpfte Schreien kleiner Kinder, das Quietschen der großen Klostertür. Ich bekam eine Ahnung davon, wie es sein mochte, das ganze Leben als Meditation zu leben, jedes Tun in seiner ganzen köstlichen Fülle zu erfahren, jede Geste als Teil eines anfangs- und endlosen Gebets, das älter und doch frischer als jedes noch so durchgestaltete und schöne Ritual war. Nichts, was in diesem Raum geschah, war wichtiger als irgend etwas anderes – ein Mann, der aufstand und sich im Licht, das durch die Tür fiel, reckte, war so fesselnd wie ein Rollen auf den Trommeln des Rinpoche; eine alte Frau, die halb schlafend mit einem Enkel im Schoß dasaß, war ein ebenso vollkommenes Bild der Zärtlichkeit und Fürsorge wie einer der Buddhas an der Wand in seinem Kreis aus grünem und rotem Feuer; ein Bellen erinnerte ebenso lebhaft an das Gesetz, das Rad des Lebens, die schmerzhafte Vergänglichkeit der Dinge wie das tiefe Rezitieren der Mönche und das Klingeln der heiligen Glocke; ein Mädchen, das plötzlich durch die Tür hereinrannte, wirkte in seiner Jugend und mit seinem schallenden Lachen so heilig wie der Rinpoche, war sogar Teil von ihm, Teil der Meditation, die er mit seinen Händen, Gesten, Blicken und seinem Lächeln webte.

An einem dieser Tage traf ich im Bus einen jungen Deutschen und schlug ihm vor, mich nach Sheh zu begleiten. Wir kauerten uns zwischen zwei alte ladakhische Frauen, und er verfolgte das sonderbare Geschehen mit sichtlichem Mißvergnügen.

«Aber die sind ja gar nicht bei der Sache», sagte er. «Sieh dir das an – die Frau da drüben! Sie redet mit ihrer Freundin. Sie betet nicht. Und sieh dir die Mönche an... der da drüben schläft schon halb.» Er zeigte auf einen alten Mönch, den ich schon oft kurz vor dem Eindösen gesehen hatte.

«Wir sind hier Zeugen eines Schauspiels sozialer Unterdrückung, mein Freund», fuhr er fort. (Er nannte mich dauernd «mein Freund».) «Der Rinpoche ist der Boss, und die Ladakhi sind Mietsklaven, denen zum Jahresende eine Party gegeben wird, damit sie bei Laune bleiben.»

Die Hörner setzten wieder ein. Die beiden alten Frauen, zwischen denen wir saßen, nahmen ihre Gebetsketten auf, begannen laut zu singen und wiegten sich, so daß wir uns mitwiegen mußten. Ein alter Mann näherte sich dem Rinpoche und brachte ihm einen Beutel Äpfel dar.

«Wie kannst du hier mitten in diesem mittelalterlichen Blödsinn hocken?» fragte der Deutsche. «Was um alles in der Welt hast du davon?»

«Es macht mir Freude», sagte ich.

Er sah mich voller Verachtung an.

Bis zum Abend des fünften Tages, an dem ich vom Rinpoche wieder empfangen wurde, beobachtete ich ihn genau. Im Herzen seines Klosters und seines Volks sitzend, beobachtete ich ihn Stunde für Stunde, Tag für Tag.

An den Abenden in Leh versuchte ich zu formulieren, was ich an ihm gesehen und gespürt hatte. Was ich niederschrieb, sind Augenblickseindrücke, mehr nicht. Sie sagen vermutlich mehr über mich aus als über ihn. Aber ich mußte versuchen, etwas über ihn zu sagen – wissend, daß es unzureichend sein würde.

«Wie alle Menschen hier, verrichtet der Rinpoche seine Andacht in heiterer Entspanntheit. Er übergeht niemanden; niemand kommt zu ihm, um sich vor ihm zu verbeugen oder seinen Segen zu erbitten, ohne daß er ihn ansieht oder mit ihm spricht. Er versieht seine Aufgabe so spielerisch; er lacht, wenn ein Hund im Halbdunkel bellt, scherzt mit alten Männern oder Frauen, die ihn um Rat bitten, und macht jede Bewegung und Geste wie jemand, der unerschöpflich viel Zeit hat.»

«Es liegt etwas Mitreißendes in seiner spielerischen Art, ein ununterbrochenes Strömen von tiefem Humor und Freundschaft. Wie der Rinpoche auf dem Gemälde in Stakna wünscht auch dieser Mann keine Barrieren zwischen sich und anderen, keine Distanz. Der Humor ist die Brücke zwischen ihm und diesen Menschen, die ihn tief verehren.»

«Ich darf ihn aber nicht als *verspielt* darstellen. Mitunter sehe ich für Augenblicke den Mann, der zehn Jahre allein in einer Höhle meditiert hat. Wenn er beim Ritual die Glocke anschlägt und in der anderen den Vajra hält, liegt auf seinem Gesicht ein Ausdruck von unfaßbarer Entrücktheit. In diesen Momenten ist er nicht mehr der gütige, jeden einzelnen herzlich empfangende Vater, sondern fast fremd, unbegreiflich, mit keinem Menschen zu vergleichen, dem ich je begegnet bin. In der Art, wie er das heilige Zepter hält und die Glocke oder Trommel anschlägt, liegt etwas grimmig Entschlossenes, über das man erschrecken könnte, würde er sich nicht anschließend augenblicklich wieder entspannen und im Raum umsehen, wie um sich zu vergewissern, daß alle noch da und wohlauf sind.»

«Je mehr ich das Ritual und die Gesten des Rinpoche verstehe,

170

desto deutlicher wird mir, woher seine Entspanntheit kommt: aus einem Zustand fast ununterbrochener Meditation.»

«Gewiß, er sitzt auf einem Thron, aber es ist kein hoher Thron. An allen Seiten ist er von Menschen umgeben. Wie er dort sitzt und sich gibt, deutet nichts darauf hin, daß er sich in irgendeiner Weise wichtig nimmt. Er ist der spirituelle Führer dieser Menschen, ihr Symbol der Vollkommenheit, ihr Vater; er nimmt die Verantwortung, die ihre Liebe bedeutet, mit vollkommener Natürlichkeit an, in der keine Eitelkeit zu entdecken ist.»

«Heute bellte mitten im ekstatischen Teil des Rituals ein Hund. Der Rinpoche schaute auf und lächelte. Er winkte einem der jungen Mönche, dem Hund zu fressen zu geben.»

«Heute nachmittag platzte mitten im Gebet eine Gruppe von älteren Touristen herein. Sie sprachen laut, stapften in der Gompa herum, machten Nahaufnahmen von den Ladakhi und ließen die Mönche lächeln und ihre Bücher vorzeigen. Ich war wütend und schämte mich zugleich für sie. Der Rinpoche winkte einem jungen Mönch, sie zu begrüßen, jedem einen Apfel anzubieten und sie einzuladen, neben ihm zu sitzen. Still und versunken saßen sie eine Stunde lang neben dem Rinpoche.»

«Heute morgen krabbelten zwei kleine Kinder über das freie Stück Boden links vom Rinpoche auf ihn zu. Die Mönche brachen in Gelächter aus. Die Mutter setzte den beiden nach, aber anstatt sie an ihren Platz zurückzuholen, hielt sie sie dem Rinpoche hin. Er lächelte strahlend, beugte sich so weit vor, daß er fast vom Sitz zu fallen schien, und legte ihnen beide Hände an die Backen.»

«Wie kann ich dies schreiben, ohne daß es so klingt, als wäre ich übergeschnappt? Aber ich muß es versuchen. Viele Stunden habe ich während dieser Tage empfunden, daß alles, was geschah, *im* Geist des Rinpoche geschah. Er dirigierte und kontrollierte das Geschehen nicht, aber ich empfand seinen Geist als alles umfassend, was da war und geschah – die Buddhas, die Hunde, die alten Frauen, das Rezitieren, das Singen, meine Gedanken und Meditationen, einfach alles. Und dieses Allumfassende erschien mir nicht fremd oder erschreckend, sondern natürlich, es war das Natürlichste, was ich je erfahren hatte. Sein Geist, so empfand ich, war kein persönlicher Geist mit Plänen oder Besitz- und Herrschaftsansprüchen – sondern ein tanzender Geist, ein Geist, so weit wie der Himmel.»

«Was würde der Deutsche sagen, wenn er das läse? Er würde sagen: ‹Dieser Mensch ist verrückt oder naiv. Hat er noch keine kinderküssenden Politiker gesehen? Weiß er nicht, daß das pausenlose gütige Lächeln einer der plumpsten Tricks des klerikalen Gewerbes ist? Wie kann er sich davon bloß so einwickeln lassen? Die Antwort ist leider höchst banal: er ist auf der Suche nach dem Guten Vater und hat ihn gefunden. Er hat ihn gefunden in einem alten Mann aus einer Kultur, die ihm so fremd ist, daß er sie nicht verstehen kann und dadurch endlich von der Last seiner Ironie, seines kritischen Verstandes und seines distanzierten Urteils befreit ist. Daher kann er sich hemmungslos seinen Phantasien hingeben und sie sich in ihrer ganzen (und möglicherweise gefährlichen) Breite ausmalen. Der Rinpoche ist nicht nur der Gute Vater, er ist auch ein idealisiertes Porträt des Schreibers selbst. In diesem alten Mann aus einer ganz anderen, unbegreiflichen Welt hat er endlich die Chance gefunden, sich selbst zu erhöhen und sich mit seiner Spiritualität groß aufzuspielen.› Diese Einwände des Deutschen würden mich nicht überraschen. An jedem von ihnen ist etwas Wahres. Doch letztlich kann ich über sie nur lachen – nicht selbstgefällig, sondern eher ziemlich beunruhigt. Wenn der Rinpoche echt ist und meine Freude über ihn echt ist, was dann?»

Es ist Abend. Die meisten Leute sind mit den letzten Bussen nach Hause gefahren. Das Kloster ist fast verlassen. Im Hauptschreinraum schlafen im schwachen Licht der Butterlampen ein paar Hunde in den Ecken. Die Buddhas an den Wänden sind in ihr geheimnisvolles Halbdunkel zurückgetreten, die Gesichter kaum noch zu erkennen, nur hier und da fängt noch ein Fuß oder eine Hand das Licht der Lampen auf. Ein alter Mönch kehrt den großen Raum aus – ein ganzer Berg von Apfelschalen, Aprikosenkernen, Papier und Fäden. Ein ausgedienter Schuh liegt mitten im Raum, wo vor wenigen Stunden noch die langen Hörner und die in rote und gelbe Seide gebundenen Bücher lagen.

Nawang Tsering hatte mir nach den Gebeten des Tages gesagt, der Rinpoche werde mich empfangen, wenn er mit all seinen Geschäften fertig sei. Mir machte es nichts aus zu warten; ich ging an den Mauern des Klosters entlang, dann um den großen weißen Stupa links vom Hauptbau, und beobachtete die feinen Übergänge, mit denen sich das Tal in die Nacht hüllte. Nach und nach gingen unten in den Bauernhäusern die Lichter an, kleine Leuchtfeuer in der dichter werdenden Dunkelheit. Das war schon immer der glücklichste Augenblick des Tages für mich, wenn die Lampen angemacht werden. Mit dem Blick über das Dorf Sheh erinnerte ich mich an all die anderen Orte, wo ich mich an den ersten Abendlichtern gefreut hatte – als Kind im Haus meiner Großmutter in Coimbatore, wo die weißen Gardinen sich im Licht auflösten und ein alter Diener, von dem nur das Gesicht angeleuchtet war, sich in den Schatten bewegte; in Venedig, vor zehn Jahren, an einem strahlenden, frostkalten Winterabend, allein auf der Accademiabrücke und unter mir das stetig dunkler werdende Wasser; und hundertmal in Oxford, wenn die Tagesarbeit getan war.

Nawang Tsering, fast substanzlos im dichter werdenden Mondlicht, kam die Treppe herunter. Das tiefe Rot seines Umhangs war in diesem Licht fast schwarz. «Du kannst jetzt zum Rinpoche gehen.»

Wir stiegen wortlos zum Zimmer des Rinpoche hinauf. Wir klopften an. Von drinnen kam wieder diese dunkle, fast knurrende Antwort, und wir traten ein.

Der Rinpoche war allein und saß mit gekreuzten Beinen auf einer der roten Matten. Vor ihn hatte man etwas zu essen hingestellt, zwei kleine, mit einem schmalen weißen Tuch bedeckte Porzellanschalen. Er trank Tee. Er sah müde aus. Drei Kerzen und eine schwache Paraffinlampe waren im Raum. Nur der Rinpoche saß ganz im Licht, alles andere war in Dunkel getaucht.

Er winkte mir, auf einer der Matten zu seiner Linken Platz zu nehmen. Nawang setzte sich zwischen uns auf den Boden.

Der Rinpoche sah mich an und sagte: «Sie sind von weither gekommen. Ich nehme an, Sie möchten Unterweisungen bekommen. Ist das so?»

«Ja.»

Er sah mich wieder an und wendete den Blick dann ab. Er schloß die Augen. Er schien sich mit aller Kraft zu sammeln. Und dann begann er zu sprechen, langsam, mit tiefer, sonorer Stimme, die die einzelnen Abschnitte seiner Unterweisung zu einer Art fließenden Rezitation verband. Nawang und ich warteten schweigend, bis er geendet hatte. Ich hatte einiges mitbekommen, aber nicht alles. Nawang übersetzte.

«Viele Menschen sagen, sie wollen Unterweisung, aber in Wahrheit sagen sie damit nur: Ich will etwas mehr Wissen, damit ich andere beeindrucken kann. Was hat das für einen Sinn? Manche sagen, sie möchten etwas über den Buddhismus erfahren, aber ihre Art zu lernen ist nur eine Flucht vor der Wahrheit und keine Annäherung an sie. Es ist für Sie deshalb das allerwichtigste zu verstehen, daß es vor allem auf Wahrhaftigkeit ankommt, auf die richtige Motivation und den richtigen Zugang. Wenn Sie das nicht haben, wird nichts von dem, was Sie lernen, irgendeinen Nutzen für Sie haben.»

Mit geschlossenen Augen schwieg er für einen Moment. «Um im rechten Geist zur Unterweisung kommen zu können, müssen Sie viele Dinge wissen und empfinden. Sie müssen die Flüchtigkeit und Vergänglichkeit aller Phänomene erkannt haben, und nicht nur mit dem Verstand, sondern mit Herz und Geist. Sie müssen verstehen, daß alle Dinge leiden – daß Liebe ohne Bewußtheit Leiden ist, daß Verlangen ohne Bewußtheit Leiden ist. Sie müssen das Wesen des Leidens so tief erkannt haben, daß Sie sehen können, wie alle Welt leidet, wie alles Sein leidet. Der Buddha sagte, daß die Welt in Flammen steht. Und selbst an diesen Worten werden Sie sich verbrennen, wenn Sie sie nicht im richtigen Geist hören. Sie müssen das Wesen des Leidens verstehen und sich mit Ihrem ganzen Sein wünschen, ihm zu entkommen, es zu transzendieren, die Welt des Feuers hinter sich zu lassen und ins Nirwana einzutreten, die Folter der Begierden zu überwinden und in Frieden und Liebe zu leben.»

Er legte die Hände an die Stirn. «Im Hinayana heißt es, das Ziel aller Disziplin sei, dem Leiden endgültig zu entkommen. Das sagen

174

wir in Tibet, im Mahayana-Buddhismus, nicht. Wir ertragen es nicht, selbst zu entkommen, während die übrige Schöpfung im Leiden verharrt; wir würden es nicht aushalten, frei zu sein, während der Rest der Welt in Fesseln bleibt. Deshalb müssen Sie nicht nur für sich selbst Nirwana erlangen wollen, sondern von ganzem Herzen wünschen, daß alles Sein ins Nirwana, in die Glückseligkeit eintritt. Und wenn Sie alle Dinge wahrhaft lieben, werden Sie Ihre eigene Erlösung zurückstellen hinter die Freude, beständig für die Befreiung anderer zu arbeiten. Das ist das Bodhisattva-Ideal. Das Herz des Boddhisattva ist so groß, daß es erst zufrieden ist, wenn die ganze Schöpfung, auch das kleinste Insekt und jeder Grashalm, Nirwana erlangt hat. Das Bodhisattva-Ideal ist das große Ideal Tibets.»

Er schwieg. Das Wort «Tibet» schien ihn traurig zu machen. Ich beobachtete die Schatten, die die Kerzen an die Wände warfen.

«Ein Bodhisattva ist man, wenn man von der Ich-Täuschung frei ist, wenn man zutiefst erkannt hat, daß alle Dinge miteinander verbunden sind und nichts eine getrennte, absolute Existenz hat, wenn man die irrige Vorstellung von der Persönlichkeit endgültig überwunden hat. Ein Bodhisattva handelt nicht zu seinem eigenen Nutzen; er handelt im vollen Bewußtsein der Leere, der Leere aller Dinge, der Leere allen Handelns und sogar der Leere seines eigenen Erbarmens. Und doch ist sein ganzes Sein Erbarmen. Alles, was er tut, ist anderen gewidmet, jedes Handeln, jeder Gedanke, jede Ekstase, jede Meditation – alles wird leichthin gegeben, alles ist Hingabe, ein gebendes ‹Ich› tritt hier gar nicht in Erscheinung.»

Wieder machte er eine kurze Pause, und jetzt wirkte er plötzlich erschöpft und zerbrechlich. «Das ist die wahre Motivation. Das ist das wahre Fühlen – alle Dinge so sehr zu lieben, daß man sie ins Nirwana führen möchte, alle erschaffenen Dinge so sehr zu lieben, daß man selbst vollkommen werden möchte, um ihnen von Nutzen zu sein. Meditieren Sie darüber. Das ist der Anfang.»

Wir saßen schweigend. Der Rinpoche schaute auf seine im Schoß gefalteten Hände. Nawang sagte: «Wir sollten jetzt gehen. Der Rinpoche ist müde. Komm morgen wieder.» Ich stand auf und verbeugte mich vor dem Rinpoche. Er hob seine Hände und berührte meine.

Nawang begleitete mich in den Hof. Der Mond war aufgegangen. Der Himmel voller Sterne. Er nahm mich am Arm und sagte: «Du mußt jetzt was essen. Komm mit.» Und wir gingen zusammen in die Küche, einen langen, verräucherten Raum, wo ein alter Mönch uns Suppe in zwei Messingtöpfe schöpfte. Sie schmeckte salzig und gut. Der alte Mönch nickte und lächelte, Gesicht und Hände rußgeschwärzt.

«Wie ist das, für den Rinpoche zu arbeiten?» fragte ich Nawang.

«Für ihn zu arbeiten!» Nawang lachte. «Das klingt so geschäftlich. Ich arbeite nicht für den Rinpoche. Ich diene ihm.»

«Und bist du glücklich dabei?»

«Du stellst komische Fragen. Ja, ich bin glücklich. Ich denke nicht viel darüber nach, ob ich glücklich bin oder nicht. Sein Dolmetscher zu sein ist ganz schön hart. Stundenlang muß ich dasitzen. Und so oft muß ich dieselben Sachen übersetzen. Inzwischen weiß ich sehr gut, wie sein Geist arbeitet. Ich weiß, was er sagen wird und wie er es sagen wird. Aber manchmal legt er mich rein. Dann fügt er irgendeine besondere Redewendung ein und lacht mich an, als wollte er sagen: ‹Da hast du's! Wach auf!›»

«Aber du bist mehr als sein Dolmetscher, nicht? Du bist fast den ganzen Tag bei ihm.»

«Ja, ich tue fast alles für ihn. Er ist jetzt alt und schwach. Wenn man sein Arbeitspensum sieht, will man es kaum glauben. Er wird es nie leid, Leute zu empfangen und mit ihnen zu sprechen. Sieh dir allein den heutigen Tag an – er hat den ganzen Tag gearbeitet, die Gebete geleitet und Menschen geheilt, und findet trotzdem noch Zeit, mit dir zu reden. Das ist seine Art. Sein ganzes Leben ist für andere da. Aber manchmal wird er auch sehr müde. Manchmal sehe ich ihn spät am Abend, und dann kann er sich kaum noch bewegen, so müde ist er. Ich wecke ihn morgens und bade ihn. Manchmal muß ich ihn zur Toilette begleiten, wenn er sich zu schwach fühlt, um allein zu gehen.»

Nawang trank schlürfend den Rest seiner Suppe und bat um mehr. Der Suppentopf war leer. Der alte Mönch verschwand irgendwo in den Schatten und förderte zwei alte Brote und eine Schale Kohl zutage.

«Manchmal bin ich morgens sehr müde», sagte Nawang. «Diese Klöster sind morgens so kalt... aber ich ärgere mich kaum je über den Rinpoche. In unserer Tradition wäre es auch eine schlimme Sünde, dem Rinpoche böse zu sein, und außerdem würde man es kaum schaffen, ihm böse zu sein.»

«Ich kann mir nicht vorstellen, wie man einem so gütigen Menschen böse sein kann.»

«Ja, er ist gütig. Aber das ist nur ein Teil von ihm. Vielleicht wirst du immer nur diese Seite von ihm sehen. Schließlich siehst du ihn ja auch nicht wie ich tagein, tagaus, morgens, mittags, abends. Der Rinpoche kann sehr heftig werden, wenn er will. Bei dir und allen anderen, die kommen, um etwas zu lernen, ist er mild und gütig, aber bei seinen eigenen Mönchen ist er manchmal schrecklich wie die zornigen Gottheiten, die du an den Wänden unserer Klöster siehst mit ihren Flammenkreisen, ihren Messern, ihren Schädelschalen voll Blut und ihrem entsetzlichen Starrblick. Sein Zorn hat immer einen Grund, aber nie einen *persönlichen*. Niemals, so lange ich ihn kenne, ist er wegen einer persönlichen Kränkung oder eines persönlichen Mißgeschicks böse gewesen. Wenn er zornig wird, dann wie die Götter an den Wänden, nämlich um Stolz und Unwissenheit auszuräumen.»

Nawang lachte. «Das zu wissen mag beruhigend sein... aber manchmal wird mir doch angst und bange. Die Wände wackeln. In unserer Tradition gilt, daß ein Lehrer *alles* tun kann, was zu deinem Besten ist – er kann dich im Extremfall sogar töten oder in den Tod schicken. Manchmal, wenn der Rinpoche böse auf mich ist, habe ich Angst, daß er mich tötet. Ich bekam einmal ein Buch und etwas Geld geschenkt und wollte es heimlich für mich behalten. Der Rinpoche ließ mich rufen und sagte: ‹Geh, hol das Buch, das du bekommen hast.› Ich brachte es ihm. Er sagte: ‹Du bist ein Mönch. Du versuchst ohne alle Besitzgier zu leben. Du behältst keine Geschenke.› Ich war erst zehn Jahre alt, und der Blick in seinen Augen hat mich tief entsetzt. Ich habe geweint und gesagt, daß es mir leid tut. Da hat er sofort drei Äpfel aus einer Schale neben sich genommen und mir gegeben. So ist sein Zorn. Immer gefolgt von einer Geste der Liebe.

Du mußt nicht denken, ich hätte nie ‹kleine› Gedanken über ihn. Der Rinpoche hat überhaupt keinen Sinn fürs Praktische, und das kann einem schon manchmal den Nerv töten. Wir sind zum Beispiel auf einem Bahnhof, weil wir nach Darjeeling fahren wollen, um dort den Winter zu verbringen – und wenn der Zug abgefertigt wird, steht der Rinpoche immer noch da und unterhält sich angeregt mit den Leuten. Er muß einfach mit den Leuten reden. Das ist zwar sehr schön, aber manchmal auch lästig. Und dann ist er manchmal so verträumt. Ich glaube, es fällt ihm schwer, hier in Ladakh ständig der Öffentlichkeit ausgesetzt zu sein. Am glücklichsten ist er im Winter, wenn er sich zurückziehen kann und nur ein paar Mönche sieht. Die organisatorischen Dinge machen ihm eigentlich gar keinen Spaß. Der Abt, Kempo, erledigt das meiste. Hast du Kempo schon gesehen? Er sieht wie ein alter Koch aus. Ein sehr anspruchsloser und bescheidener Mensch. Er und der Rinpoche sind seit vierzig Jahren Freunde. Der Rinpoche, weißt du, der hat einen altmodischen, langsamen Geist von wirklich prächtiger Fülle und Majestät – aber manchmal werde ich sehr ungeduldig. Dann will ich nur noch, daß er endlich zur Sache kommt und einfach sagt, was er sagen will. Aber er kommt aus einer Welt, in der die Menschen viel Zeit hatten, miteinander zu reden. Das ist gut, ich weiß. Aber ich bin ein moderner Tibeter. Ich bin in Benares zur Schule gegangen. Ich mag moderne Filme und Bücher. Manchmal zieht der Rinpoche mich auf und nennt mich ‹Filmstar› – wegen meiner schwarzen Sonnenbrille und meiner Armbanduhr und weil ich so gern Filme sehe.»

Der alte Mönch gab uns zu verstehen, daß wir jetzt gehen sollten, weil er gern schlafen wollte. Nawang sagte: «Komm mit. Du kannst auf einer Reserveliege in meinem Zimmer schlafen. Heute abend kommst du sowieso nicht mehr nach Leh.»

Wir lagen im Dunkeln und unterhielten uns.

«Was für Kräfte hat der Rinpoche?» fragte ich.

«Das weiß ich nicht, und wenn ich es wüßte, würde ich es dir nicht sagen. Buddhisten machen kein Aufhebens um irgendwelche Kräfte. Der Buddha hat mal einen Mönch aus der Gemeinschaft ausgestoßen, weil der ein Wunder getan hatte. Hast du das gewußt?

Und weißt du warum? Weil die Wandlung des Herzens das wirkliche Wunder ist.»

«Ich weiß, Nawang. Du brauchst nicht zu predigen. Meine Frage war schon etwas ernster gemeint.»

«Tja, ich weiß es wirklich nicht. Vielleicht kann er levitieren. Vielleicht kann er die Zukunft voraussagen. Spielt das eine Rolle?»

«Nein.»

«Das Wichtigste ist, in der Gegenwart zu leben, nicht? Ohne Phantasien und Illusionen. Stimmt das nicht?»

«Doch.»

«Ich habe schon wieder gepredigt.»

«Ja.»

«Der Rinpoche würde sich freuen. Er sagt immer, ich soll mehr reden.»

«Nawang, wie willst du das denn machen? Du redest jetzt seit zwei Stunden ununterbrochen.»

«Jaja, der Rinpoche ist schon ein komischer Mann.»

Wir wachten vor dem Morgengrauen auf, wuschen uns in eisigem Wasser und gingen zu den Morgengebeten hinunter in den Hauptraum. Der Rinpoche amüsierte sich darüber, daß ich die Nacht geblieben war. Nach den Gebeten winkte er mich zu sich und sagte: «So, Sie wollen also bei uns bleiben.»

«Ich wünschte, ich könnte es.»

«Sie können bleiben, solange Sie wollen. Kommen Sie, wann Sie wollen, und gehen Sie, wann Sie wollen.»

Ich beugte den Kopf, um ihm zu danken, und dabei fiel mir die Brille vom Gesicht und in seine Hände. Er lachte und lachte und schwenkte meine Brille, und dann steckte er sie mit großer Bösewichtgeste in sein gelbes Seidenhemd.

«Die werde ich jetzt behalten», sagte er.

«Sie können sie gern behalten. Ich wünschte nur, Sie würden mir Ihre Augen dafür geben. Behalten Sie meine, solange Sie wollen.»

Er setzte mir die Brille wieder auf. «Nein, Sie müssen mit Ihren

Augen sehen, nicht mit meinen. Vielleicht kann ich Ihnen helfen, mit Ihren Augen zu sehen.»

«Wenn Sie mir helfen könnten, mit meinen Augen zu sehen, wäre ich Ihnen sehr dankbar.»

«Ich will keinen Dank. Ich möchte, daß Sie ein bißchen bei uns bleiben, daß Sie kommen, wann Sie wollen, und lernen, was Sie brauchen. Das ist alles.»

Und als er dann in sein Privatzimmer zurückging, sagte er noch: «Kommen Sie heute abend zu mir.»

Er wirkte so jung an diesem Morgen, fast unheimlich jung, vor allem, wenn ich daran dachte, wie müde und zerbrechlich er am Vorabend gewirkt hatte. Seine Haut glänzte. Er bemerkte, wie ich ihn anstarrte, und lachte.

«Mit wessen Augen sehen Sie mich an? Ihren oder meinen?»

Noch eine Stunde bis zu den Morgengebeten. Die ersten Besucher aus Sheh und den umliegenden Dörfern kamen an. Ich saß auf der Treppe und sah sie den langen Pfad zur Klostertür heraufsteigen – die alten Männer mit ihrem noch federnden Schritt und der Blüte im Ohr; die alten Frauen, schwatzend und mit Körben voll Obst und Brot beladen.

Nawang kam und fragte: «Hast du schon das Bild von Shamunatha gesehen, das wir hier haben? Er hat das Kloster von Hemis gegründet, und sein Porträt ist einer der Glanzpunkte von ganz Ladakh.»

Ich mußte lachen.

«Was gibt es da zu lachen?»

«Du hast das so pompös intoniert, daß ich dich schon als Fremdenführer gesehen habe.»

«Lach lieber nicht», sagte er. «Wenn alles so elend weitergeht wie bisher, dann muß ich vielleicht noch wirklich einer werden.» Er lachte. «Stell dir vor, was für einen bombastischen Fremdenführer ich abgeben würde. Ich würde berühmt werden. Ich würde lange Vorträge halten. Vor allem den Franzosen. Die stehen auf lange Vorträge.»

«Ich weiß genau, was du tun würdest. Du würdest die Vorträge des Rinpoche wiederholen, ihm alle Bilder klauen und vielleicht sogar seine tiefe Stimme imitieren.»

«Natürlich. Woher weißt du das?» sagte er langsam mit tiefer Stimme und prustete los. «Am besten wäre ich über Karma. Ich habe damals in Benares eine große Studie über Karma angelegt. Ich kann Käfer zum Weinen bringen, so mitreißend rede ich über Karma.»

Wir waren jetzt im Schreinraum, und Nawang führte mich ans Ende der linken Wand, wo ein kleiner Altar stand. Er zündete die Lampe an, die über Nacht ausgegangen war, und zeigte zur Wand. Da war das Gemälde.

Nawang legte die Hände zusammen und verbeugte sich vor dem Bild. «Ich werde dich jetzt mit ihm allein lassen», sagte er.

Mit ‹ihm› meinte er offenbar nicht das Bild, sondern die Gestalt des dargestellten Lehrers, dessen machtvolle Präsenz das ganze Gemälde beherrschte. Ich blieb vor dem Bild stehen, während Nawang verschwand und bald darauf mit einer kleinen brennenden Lampe wiederkam, die er mir wortlos reichte.

Dieses Bild ist auf seine Weise ein ebenso bewegendes spirituelles Porträt wie das des Rinpoche von Stakna, doch es ist ein Porträt ganz anderer Art. Der Rinpoche von Stakna hatte etwas Unbedingtes und Zwingendes gehabt, eine beinah erschreckende Strenge der Züge und des Blicks. An Shamunatha ist nichts Strenges. Er sitzt auf einem mit goldenen Quadraten und Kreisen bestickten roten Kissen und trägt ein locker sitzendes weißes Baumwollgewand. Vor ihm steht ein Tisch mit Blumen, einer Glocke, einem kleinen Kessel, einem Vajra. Hinter ihm und zu beiden Seiten Lotusblüten und Chrysanthemen und ein Spalier kleiner, leuchtend roter Äpfel, halb versteckt in Kränzen dunkelgrüner Blätter. Zwei große schwarze Ohrringe symbolisieren die Vollkommenheit des Bewußtseins, eine Kette aus weißen Steinen liegt glimmend um seinen Hals. Der Rinpoche von Stakna ist allein in einem Kreis aus grünem Licht; Shamunatha atmet das Leben, das ihn umgibt und trägt. Alles an ihm ist lebendig, selbst die in zarte Wirbel gelegten Falten seines Gewands. Von hinten nähern sich Miniaturgestalten mit Bärten und

Kappen, die Geschenke tragen und dem Rinpoche ihre Verehrung bekunden wollen. Die große rote Blüte links von ihm und die beiden weißen Blüten beiderseits seines Kopfs scheinen sich in der Wärme seiner Gegenwart zu öffnen. Sein Körper ist golden, halb entblößt, sinnlich, der Körper eines Prinzen, aber auch eines Asketen.

Nawang war zurückgekommen und stand neben mir. Ich fragte ihn: «Warum sind so viele Blumen und Menschen auf dem Bild?»

«Shamunatha war ein großer tantrischer Meister. Der Weg des tantrischen Buddhismus ist der Weg des Annehmens, der Arbeit mit allen Energien und Kräften des Lebens; keine wird verworfen oder geleugnet, alle werden genutzt, alle werden in Weisheit verwandelt. Deshalb wird er von lebendigen Dingen umgeben dargestellt. Wir sagen, er hat einen Geist, der die Welt erblühen läßt; sein Geist hat nichts verworfen und alles in ihm selbst und der Welt in Harmonie und spirituelle Kraft verwandelt. Das ist der Weg des Tantra. Der schwerste Weg.»

«Weshalb?»

«Weil es der gefährlichste ist. Weil es auf ihm so viele Versuchungen gibt – Genußsucht und der Rausch weltlicher Macht. Es ist aber auch der wirksamste Weg. Wer ihn in der richtigen Weise geht, so glauben wir, kann in einer einzigen Lebensspanne zur Erleuchtung kommen. Ich freue mich, daß dieses Bild dir gefällt. Immer wenn ich Ladakh verlasse, erinnere ich mich an dieses Bild. Im Winter in Darjeeling meditiere ich über dieses Bild. Es drückt alles aus, was ich gern werden möchte. Als ich jünger war, wollte ich allem entsagen. Jetzt weiß ich, daß das nur Eitelkeit und Sicherheitsstreben war. Der tantrische Weg ist härter und verlangt größere Reinheit und Furchtlosigkeit. Die Welt zu lieben ist schwerer, als ihr zu entsagen; mit Dankbarkeit und Freude anzunehmen ist schwerer als abzulehnen; mit Gier und Zorn umzugehen, sich ihnen zu stellen und sie langsam in die Kraft der Liebe zu verwandeln, ist schwerer, als sie einfach abzutöten. Der tantrische Weg ist ein Weg der Disziplin ohne Dogma, der Entsagung ohne Verachtung.»

«Nawang, du predigst!»

«Ja, aber ich predige ganz gut, findest du nicht? Warum soll ich nicht von ihm schwärmen? Ich liebe ihn!»

Durch die großen Türen kamen Leute herein, um mit den Morgengebeten zu beginnen. Nawang hob die kleine Lampe hoch, so daß sie fast unter Shamunathas Gesicht war.

«Hätte ich doch so einen Schnurrbart!» sagte Nawang. «Er hat so einen schönen, so einen feinen Schnurrbart. Meiner wird immer nur so aussehen, als säßen die Motten drin. Vielleicht bin ich noch nicht weit genug entwickelt.»

«Was würde der Rinpoche sagen, wenn du dir einen Schnäuzer wachsen läßt?»

«Er würde sagen: ‹Reicht es dir nicht, dich als Filmstar aufzuspielen? Mußt du jetzt auch noch so tun, als wärst du ein Meister?›»

Den ganzen Tag sah ich dem Rinpoche zu, und langsam wuchs in mir das Gefühl – nein, die Gewißheit –, daß der Mann, den ich beobachtete, in gewisser Weise den Rinpoche von Stakna und Shamunatha in sich vereinigte. Ich will damit nicht sagen, daß er in irgendeiner konkreten oder auch mystischen Hinsicht eine Kombination der beiden war; er vereinigte vielmehr etwas in sich, was ich an beiden Gemälden gesehen und empfunden hatte. Er war der strenge und grimmige Meditationsmeister von Stakna ebenso wie der tantrische Meister, der von Freude kündet, für den alles Leben ein Fest ist, der heiter gelassene Sachwalter der Liebe, Shamunatha von Sheh. Er war ebenso entrückt wie präsent, abstrakt und unmittelbar, schroff und sanft, ernst und ausgelassen, er war von unglaublicher, fast erschreckender Disziplin und der ungezwungenste und unbefangenste Mensch, den ich je gesehen hatte. Den ganzen Tag ging mir durch den Kopf, was Nawang am Abend des Vortags gesagt hatte:

«Wir nennen einen Mann Rinpoche, was ‹Diamant› bedeutet, wenn er Vollkommenheit erlangt hat. Wir glauben nicht, daß der Mensch ein mangelhaftes Tier ist; wir glauben an die Möglichkeit seiner Vervollkommnung. Buddhisten glauben nicht an Gott; sie glauben an den Menschen, an die Kräfte der Wandlung im Menschen. Wir nennen einen Mann ‹Diamant›, wenn er alles Böse in sich in Weisheit, jede dunkle Energie in lichte Energie und jeden Impuls des Hasses oder der Ungeduld in einen Segen verwandelt hat. Wir wissen, daß es möglich ist. Vielen Menschen ist das in unserer Tradition gelungen, und deshalb wissen wir, daß es möglich ist. Wir haben es gesehen und an lebendigen Menschen gespürt. Das ist keine Phantasie, sondern eine Erfahrung, genauso real, wie hier in diesem kalten Zimmer im Bett zu liegen, wie diese Schatten an der Wand zu sehen, wie das Schnarchen der Mönche in den anderen Räumen zu hören. Wir nennen einen solchen Mann auch deshalb ‹Diamant›, weil er über sich selbst hinausgegangen ist, über seine alte Identität und Persönlichkeit. Er ist jetzt nicht mehr nur ein Mann, sondern auch Frau und Kind, Mutter und Junge, alte Frau und alter Mann, Prinz und Yogi, König und Bettler und Mädchen. Ein Mensch, der nichts Bestimmtes mehr sein will, wird alles; ein Mensch, der frei von Begierde und Ichbewußtsein ist, geht liebevoll in allen Dingen und Menschen auf, und alle Dinge und Menschen kommen furchtlos zu ihm. Ich habe schon mit vielen Leuten aus dem Westen darüber gesprochen. Sie sagen: ‹Das ist alles sehr schön – aber nicht realistisch, entspricht nicht der Wirklichkeit.› Ich sage: ‹Seid ihr so sicher, daß ihr und eure Kultur wißt, was real ist, daß ihr die Grenzen der Wirklichkeit so genau kennt? Seid ihr sicher, daß ihr der Wahrheit ganz auf den Grund gegangen seid?› Sie haben Angst. Sie haben Angst, sie könnten vielleicht doch nicht alles wissen, sie könnten betrogen worden sein. Man hat ihnen gesagt, ihre Kultur sei überlegen, wisse die Antworten auf alle Übel... und jetzt geht sie ihrem Zusammenbruch entgegen. Man hat ihnen gesagt: ‹Vertraut dem Verstand! Vertraut dem Intellekt!› – und es ist gut, den Verstand zu benutzen, wirklich gut, aber kann er zur wahren Wirklichkeit vordringen? Die Vollkommenheit wird im Geist und im Herzen gefunden, und von dort aus erleuchtet sie den Verstand und macht den Intellekt vollkommen. Wir nennen einen Menschen ‹Diamant›, wenn sein Verstand Herz ist und sein Herz Verstand ist, wenn es keinen Unterschied mehr zwischen ihnen gibt und beide erleuchtet sind. Ich bin nicht so ein Mensch; vielleicht werde ich es nie. Aber ich habe solche Menschen gesehen, ich habe sie erlebt und geliebt, und sie haben mir Vertrauen gegeben – nicht in irgendeinen Gott, sondern in mich selbst, in die Kräfte, die in mir verborgen sind, die in jedem von uns verborgen sind und die wir aufdecken und umsetzen müssen. Und jetzt muß ich schlafen. Auch ein großer tantrischer Yogi muß mal schlafen.» Er rollte sich zur Seite und begann fast augenblicklich zu schnarchen, seine großen, schmutzigen Füße schauten unter der Decke hervor, und die dunkle Brille lag neben ihm auf dem Kissen.

Am Abend ging ich wieder zum Rinpoche. Ich war voll freudiger Erwartung. Den ganzen Tag hatte ich auf diesen Moment gewartet. Er saß Tee schlürfend auf einer der roten Matten in seinem Zimmer. Er wirkte wach und tatkräftig, nur an einem gelegentlichen Augenreiben merkte ich, daß er müde war.
Er begrüßte und segnete mich. Diesmal fiel meine Brille nicht herunter. Er tat enttäuscht.
«Diesmal wollen Sie also Ihre Augen behalten. Wie schade. Sie möchten nicht, daß ich sie bekomme.»
«Sie können sie gern haben, aber sie wollen anscheinend nicht weg von mir.»
Er amüsierte sich. «Sie dürfen sie nicht zwingen. Sie müssen von allein kommen.»
Dann schwieg er und schaute wie so oft auf seine im Schoß gefalteten Hände. Ich betrachtete seine Hände zum ersten Mal genau – es waren große Bauernhände, aber ganz glatt. Sie wirkten wie die Hände eines jungen Mannes, fest, muskulös. Und der Rinpoche ging auf die Siebzig zu. Er trug keine Ringe, kein Amulett, keine Glücksreifen aus Haar, wie man sie bei vielen Yogis sieht. Seine Hände waren so stark und schmucklos wie er selbst. Dann blickte er auf und berührte die Spitze seines zerzausten weißen Barts.
«Haben Sie keine Fragen? Sie dürfen alles fragen, was Sie wollen.»
Diese Atmosphäre von Ungezwungenheit und Geistesfreiheit, die

er offenbar stets um sich verbreitete, gab mir das Gefühl, ihm jede Frage über mich selbst und über ihn stellen zu können. Er war an diesem Abend gar nicht ehrfurchtgebietend, sondern vertraut, geradezu konspiratorisch.

«Sie sagten, glaube ich, bei unserem ersten Gespräch, daß nur ein Vollkommener anderen helfen kann. Wie haben Sie das gemeint?»

«Wenn ein Mensch, der noch voll Zorn und Begierden ist, einem anderen zu ‹helfen› versucht – was kann diese Hilfe schon wert sein? Sie wird verunreinigt und gefärbt sein, ebensosehr eine Last wie eine Hilfe. Wenn Sie es ernst meinen mit dem Wunsch, anderen zu helfen, müssen Sie auch mit der Vervollkommnung von Herz und Geist ernst machen. Nur wenn das Herz klar ist, kann es ohne Gier und Habenwollen fühlen; nur wenn der Geist frei von allen falschen Wahrnehmungen ist, kann er das Handeln leiten. Wenn Sie andere wirklich lieben und das Ausmaß und die Tiefe ihres Leidens wahrhaft sehen und im Herzen fühlen, werden Sie sich wünschen, ihnen Kraft und Frieden geben zu können. Aber wenn Sie Kraft und Frieden selbst nicht haben, wie wollen Sie sie dann geben? Wenn Sie selbst kein Licht haben, wie wollen Sie anderen Licht bringen? Wenn Sie selbst nicht frei vom Leiden sind, wie wollen Sie andere befreien?»

Ich erwiderte: «Aber kann nicht ein Mensch, gerade *weil* er leidet, anderen helfen? Kann nicht jemand, der in der Welt lebt, den anderen in der Welt Lebenden besser und mit größerem Mitgefühl helfen als jemand, der die Welt überwunden hat?»

«Mensch, der wirklich hilft, ist der Mensch, der in der Welt, aber nicht von der Welt ist, der die Welt liebt, aber nicht an ihr haftet, der in der Welt lebt, aber von ihr nicht geprägt wird. Ein Lotus erhebt sich aus dem Schlamm, nicht wahr? Aber er besteht nicht aus Schlamm und hat keinen Schlamm auf den Blättern oder in seiner Blüte. Ein Lotus wächst im Wasser, erhebt sich aber über das Wasser. Blühte er unter Wasser, so könnte niemand ihn sehen und sich an ihm erfreuen. Ein Mensch, der leidet, mag Mitgefühl haben, er mag intelligent sein und mitmenschlich empfinden – doch er hat nicht die Kraft, anderen zu helfen. Es genügt nicht, mit anderen zu fühlen oder eine gewisse Weisheit aus den Wechselfällen und Nöten des Lebens zu gewinnen – man muß auch das Leben führen, das nötig ist, um die guten Kräfte zu erlangen, die Heilkräfte, die erschaffene Wesen von der Folter befreien können. Nur der Vollkommene kann diese Kräfte haben, ohne sie zu mißbrauchen; nur der Vollkommene kann diese Kräfte erlangen, ohne sich selbst zu schaden, und sie anwenden, ohne anderen zu schaden.»

«Was sind das für Kräfte?»

«Es gibt viele. Heilkräfte für Körper und Seele. Kräfte der Wandlung – der Verwandlung seiner selbst und in ganz bestimmten Fällen auch der Verwandlung anderer. Die Kraft, seine nächste Inkarnation zu bestimmen. Die Kraft, auf verschiedenste Weisen in den Phänomenen zu wirken, um den Sieg der Erleuchteten Güte zu sichern. Das sind reale Kräfte, doch nur der kann sie erlangen, der sich den strengsten Läuterungsdisziplinen unterworfen hat. Und sie dürfen niemals zu einem anderen Zweck genutzt werden, als anderen zu helfen. Es sind keine persönlichen Kräfte; es sind Kräfte, die man zum Wohl aller erlangt. Die Vollkommenheit ihrer Anwendung beruht auf einem tiefen Verstehen der Leere und einem grenzenlosen Mitgefühl für alle Dinge.»

«Was bedeutet es, die Leere zu verstehen?»

«Ich kann Ihnen eine Antwort in Worten formulieren, aber um zu verstehen, was ich meine, müssen Sie es erfahren. Und erfahren können Sie es erst nach vielen Jahren hingebungsvoller Meditation. Wenn Sie es ohne diese Grundlage der meditativen Schulung erfahren, kann es zum Wahnsinn oder noch Schlimmerem führen. Die Leere zu verstehen heißt zu verstehen, daß alle Dinge bedingt sind, daß alle Dinge aus Bedingungen hervorgehen, daß nichts absolute Wirklichkeit besitzt, sondern nur eine jeweilige bedingte Wirklichkeit. Es heißt auch zu verstehen, daß alle Verbindungen vom Verstand hergestellt werden, daß alle Vorstellungen von Ich oder Persönlichkeit Fiktionen sind, die der Verstand für seine eigenen Zwecke erfindet und aufrechterhält, für die Zwecke des Ego, das selbst nur eine Fiktion ist. Es geht aber nicht nur darum, diese Dinge zu verstehen, sondern dieses Verstehen zu leben.»

«Aber wenn alle Dinge leer sind, wenn alle Vorstellungen und Begriffe leer sind, ist dann das Mitgefühl nicht genauso leer wie alles andere, ohne jede absolute Bedeutung? Und wenn man angesichts einer so nihilistischen Philosophie wie des Buddhismus sagt: ‹Habe Mitgefühl›, ist das nicht bloße Sentimentalität?»

Der Rinpoche lachte. «Ich sehe, Sie haben viel gelesen. Sie haben viele Worte. Ich spreche hier aber nicht nur von der Vervollkommnung des Verstandes, des rücksichtslosen, nihilistischen Intellekts. Dessen Vervollkommnung ist zwar auch wichtig, darf aber nicht auf Kosten der Vervollkommnung von Herz und Liebe gehen. Wir Tibeter glauben, daß das eine nicht ohne das andere existieren kann, daß sie auf geheimnisvolle Weise verbunden sind. Haben Sie noch keine Bilder oder Statuen der Vereinigung des Buddha mit seiner Shakti gesehen? In Lamayuru gibt es sehr schöne Darstellungen dieser Art. Sie bringen die Vereinigung aller verschiedenen Vollkommenheiten zum Ausdruck, die Einheit von Gewahrsein und Erkenntnis, von Bewußtsein und Mitgefühl, eine ekstatische Einheit, die Einheit aller Gegensätze und Paradoxa, die ein Mysterium tiefster und unvergänglicher Freude ist. Wenn ich bei der Zeremonie, die Sie jeden Tag sehen, die Glocke und den Vajra aufnehme, bringe ich dasselbe zum Ausdruck, die Einheit von Verstand und Geist, von Wissen und Mitgefühl. Wenn ich mit der einen Hand die Glocke anschlage, halte ich in der anderen den stummen Vajra. Das Klingen der Glocke wurzelt im Schweigen des Vajra; das Schweigen des Vajra tönt im Klingen der Glocke wider. Weisheit wurzelt im Mitgefühl; Mitgefühl gewinnt Fülle und Tatkraft durch Weisheit. Milarepa sagte: ‹Die Leere sehend, habe Mitgefühl.› Die echte Erfahrung der Leere, Sunyata, ist zugleich eine Erfahrung des Mitgefühls, der Liebe. Und das tiefste Mitgefühl ist, wie Nagarjuna sagt, das, welches ‹grundlos› ist – weil der Geist alle Begründungen und philosophischen Rechtfertigungen durchschaut und abgelegt hat –, das aber einfach da ist, einfach und ganz, wie ein Pferd existiert oder ein Krug oder dieser Kessel hier oder draußen der Nachthimmel. Dies ist das Mitgefühl oder Erbarmen der Buddhas, und es ist das Ziel aller Weisheit und das Fundament wahrer Macht. Durch die Worte können Sie nur einen flüchtigen Einblick erhaschen; um in dieses Mitfühlen einzutreten, müssen Sie darüber meditieren, müssen Sie lernen, es zu werden.»

Während er sprach, führten seine Hände die Gesten des Rituals, die heiligen Mudras aus. Eine der Kerzen war ausgegangen. Nawang zündete sie wieder an. Die Flamme flackerte eine Weile unentschlossen, bevor sie dann wieder klar und stetig brannte.

Es war Zeit, den Rinpoche allein zu lassen.

Was mich am Rinpoche und an Nawang so berührte, war ihr Glaube an den Menschen, an die eingeborene und auffindbare Vollkommenheit des menschlichen Geistes. Dieser Glaube warf sein Licht auf alles, was sie sagten und taten, und machte wohl auch den freudigen Charakter der ladakhischen Kunst aus, erkennbar an Buddhas und Mandalas, dem Rinpoche von Stakna und Padmasambhava selbst, dem Meister der Wandlungen. Es war kein sentimentaler Glaube.

Später am Abend fragte ich Nawang, wie er mit dem Verlassen seiner Familie und seiner tibetischen Heimat fertig geworden sei.

«Lange Zeit war ich traurig. Lange habe ich die Felder, die Gerüche, meine Freunde, mein Haus vermißt. Aber dann habe ich mir gesagt: ‹Ich bin ein Buddhist. Ich weiß, daß alle Dinge vergehen müssen. Ich weiß, daß nichts von Dauer ist. Wozu also trauern? Wozu vergeude ich mein Leben mit Trauern? Ich bin hier in Indien. Ich muß leben. Ich muß leben und mich des Glaubens würdig erweisen, den ich gewählt habe, als ich noch sehr jung war.› Und dann erfuhr ich immer mehr über Tibet, über Dinge, die ich noch nicht gewußt hatte – die Unterdrückung des Volks und die Grausamkeit mancher der alten Bräuche. Und ich dachte: ‹Nicht Tibet selbst ist so wichtig, nicht das alte System, sondern der tibetische Buddhismus, und der gehört nicht Tibet allein, er gehört der ganzen Welt und hat den Menschen vielleicht Dinge zu sagen, die sie sonst nirgendwo hören können.› Und dann habe ich sogar gedacht: ‹Vielleicht ist es gut so, daß Tibet gefallen und vergangen ist. Jetzt wird die Philosophie, die auf Tibet beschränkt war, frei für die ganze

Welt. Und vielleicht ist es gerade jetzt wichtig, alles zu verbreiten, was dem Frieden dienen kann, gerade jetzt, wo es soviel Schmerz und Terror und Krieg gibt. Vielleicht ist das der Grund für Tibets Fall – daß seine Weisheit jetzt für jeden zugänglich ist, der bereit ist, zu studieren und sich zu schulen, um sie zu verstehen.› Deshalb war ich nicht traurig, daß ich nicht mehr in Tibet war; ich war froh über diese Chance, meinen Glauben zu erproben und außerhalb des stützenden Rahmens der tibetischen Gesellschaft zu leben, und ich bin froh, in dieser Zeit an diesem Ort zu sein, wo Menschen aus so verschiedenen Welten wie unseren ihre Gedanken austauschen können. Es ist nicht so wichtig, daß ein kleines Land untergeht. Die wirkliche Gefahr ist jetzt, daß die spirituelle Ausrichtung in einer ganzen Welt verlorengehen kann. Unsere Aufgabe, ob wir Tibeter, Amerikaner oder Europäer sind, besteht darin, sie am Leben zu halten, sie über diese finstere Zeit zu retten, die noch finsterer werden wird.»

«Denkst du das wirklich?»

«O ja, ganz sicher. Wir sind im Kali Yuga, im Zeitalter der Zerstörung. Alles kommt an sein Ende, alles verfällt. Aber warum sollte uns das erschrecken?»

«Mich erschreckt es.»

«Du wünschst dir eine Philosophie, die sagt: ‹Der Mensch wird sich bessern. Der Mensch wird seine Welt ändern. Es gibt Hoffnung.› Diese Philosophie wäre eine Lüge. Diese Welt ist Illusion. Aber in dieser Welt und im Menschen gibt es große Kräfte, die den Menschen zur Befreiung führen können – Kräfte der Liebe, des Heilens, der Klarheit. Je schlechter die Zeiten, desto mehr sollten wir diese Kräfte in uns suchen, für uns selbst und für andere. Diese schreckliche Zeit macht uns die Wahl leicht. Sie wird uns nicht erlauben, uns vor unserer spirituellen Verantwortung zu drücken; sie wird uns nicht erlauben, so zu tun, als könnten wir einfach weiterleben, ohne uns um unsere Erlösung und die Erlösung anderer zu kümmern. Wir werden die tiefsten Kräfte unseres Geistes wachrufen müssen, um überhaupt zu überleben.» Er lächelte. «Aber es gibt einen Trost.»

«Welchen?»

«Es heißt, am Ende des Kali Yuga werden alle Buddhas und Bodhisattvas den Menschen mit besonderer Kraft helfen.»

«Hoffen wir's.»

«Du glaubst es nicht?»

«In dieser Zeit ist es schwer zu glauben, daß überhaupt noch Hilfe möglich ist.»

«Weil du noch nicht erlebt hast, wo die Hilfe zu finden ist.»

Wir hatten wach in Nawangs kleinem, muffigem Zimmer gelegen und uns unterhalten. Es war spät, vielleicht Mitternacht, vielleicht noch später.

«Während meiner Studienzeit in Benares», sagte Nawang, «habe ich alles auf Englisch gelesen, was ich in die Finger bekommen konnte. Und da war eine Sache, die ich als Tibeter und Buddhist nie verstehen konnte.»

«Was war das?»

«Daß es in eurer Literatur so wenig gute Menschen gibt. Daß eure Schriftsteller sich anscheinend nur für das Böse, für Grausamkeit, Haß und Leidenschaft interessieren. Kaum einer verliert ein Wort über irgendwelche anderen Emotionen – ganz zu schweigen von Spiritualität.»

«Hast du Dante gelesen? Hast du Georg Herbert gelesen? Es gibt viele Ausnahmen.»

«Nicht gar so viele. Und in der Moderne – wie viele? Dante hat geglaubt, daß er ein elender, sündiger Wurm ist, der von Beatrice und ein paar hunderttausend Heiligen und Engeln *erlöst* werden muß. Dieses ganze Herumkriechen vor Gott – ich finde das gräßlich und dumm. Wir müssen vor uns selbst Achtung haben, vor dem, was in uns ist, anstatt uns selbst zu hassen und damit zu zerstören. Durch diese Achtung vor uns selbst lernen wir alle Dinge zu achten. Kannst du mir eine Gestalt in eurer Literatur nennen, die Macht im guten Sinne verkörpert? Ist es nicht so, daß mächtige Menschen für euch immer irgendwie böse sind, daß die Macht selbst irgendwie böse sein muß, weil ein Mensch, der sie ausübt, immer zum Teil böse

191

ist? Sogar Shakespeare. Sieh dir nur Prospero an. Ist Prospero nicht teils böse und teils ein Narr? Wieso konnte nicht mal Shakespeare sich einen Menschen vorstellen, der ganz und gar menschlich und doch durch und durch gut ist?»

Ich fing an zu lachen, weil mir diese Diskussion in einem Mönchszimmer in Ladakh so absurd erschien.

«Was lachst du?»

«Ich lache über uns.»

«Lachen ist der Beginn der Weisheit.»

«O Gott, hör bloß auf.»

Der nächste Tag war der vorletzte der Festtage von Sheh. Es kamen mehr Menschen als je zuvor. Drei vollbesetzte Busse allein aus Thikse und fünf oder sechs aus Leh. Nawang und ich hockten wie Adler auf der Umfassung des Klosterdachs, aßen Brot und Kohl und schauten dem Treiben zu.

Nawang sagte: «Heute nachmittag kommt der junge Rinpoche aus Hemis.»

«Weswegen?»

«Morgen gibt es eine große Zeremonie. Die beiden Rinpoche geben Einweihungen. Die Einweihung der Furchtlosigkeit und die Einweihung des Langen Lebens.»

«Wie heißt der junge Rinpoche?»

«Drukchen Rinpoche. Warst du schon in Lamayuru?»

«Ja.»

«Hast du Naropas Meditationshöhle gesehen?»

«Ja. Ich war sehr berührt. Sie ist so klein und einfach. Selbst die etwas unbeholfene Statue wirkt hier passend. Eine große, prächtige Statue hätte mir nicht gefallen. Ich habe in Lamayuru oft an Naropa gedacht.»

«Na, jetzt kannst du ihn kennenlernen.»

«Wie bitte?»

«Der junge Rinpoche ist die Inkarnation des Naropa.»

Ich schwieg.

«Du glaubst wohl nicht, daß eine große Persönlichkeit ihre Inkarnation wählen kann. Glaubst du nicht, daß ein Bodhisattva aus Erbarmen immer wieder nach Samsara zurückkehren kann?»

«Ich weiß nicht. In meiner Kultur spricht alles gegen solch eine Möglichkeit; mein Instinkt und das bißchen spirituelles Wissen sagen mir, daß es möglich ist. Ich weiß nicht.»

«Drukchen wird dir gefallen. Er ist sehr klug, sehr bescheiden. Ich werde dafür sorgen, daß du mit ihm sprechen kannst. Wußtest du, daß er erst vor zwei Jahren als Rinpoche eingesetzt worden ist? Hast du gehört, was passiert ist – vor Tausenden von Menschen, und dabei natürlich auch Franzosen, Deutsche, Amerikaner? Bei der Zeremonie empfing Drukchen die heiligen Ornamente Naropas. Als er aus dem Hauptschreinraum auf den Balkon trat, um das Volk zu begrüßen, sind drei Regenbogen am Himmel erschienen. Der Himmel war wolkenlos. Es hatte nicht geregnet. Alle haben die Regenbogen gesehen.»

«Und was bedeuten die Regenbogen?»

Nawang lächelte. «Der Regenbogen ist Naropas Symbol.»

Die Gebete begannen. Die Hörner hatten Tuktse Rinpoches Ankunft angekündigt, und jetzt trat der alte Mann durch den oberen Ausgang aus dem Gebäude und ging langsam den schmalen, von Menschen dicht gesäumten Pfad hinunter. Als er oben an der Treppe erschien, drängten alle zu ihm hin. Er ging langsam, sehr langsam weiter, lächelnd und gesammelt, berührte jeden Kopf, der sich vor ihm neigte, jede Hand, die ihm entgegengestreckt wurde. Die jungen Mönche hinter ihm wirkten gelangweilt und nervös, doch er ging deshalb keinen Schritt schneller. Manchmal blieb er stehen, schaute sich still um, stützte sich auf seinen Stab, um wieder zu Atem zu kommen – wobei er seine Schwäche vielleicht ein wenig übertrieb, um länger unter diesen Menschen sein zu können. Ich erinnerte mich an ein altes Foto von ihm, das Nawang in seinem Zimmer hatte. Damals hatte er sehr stark, fast wild ausgesehen. Jetzt war er alt, dünner und schwächer und nutzte sein Alter aus, die milde Autorität seines kahlen Kopfes, seines weißen Bartes und seiner leicht gebeugten Haltung, um die Menschen um sich zu scharen. Die Gebrechlichkeit machte ihn verwundbar, und in dieser

Verwundbarkeit kam er der Welt immer näher. Er schien jede Hand und jeden Kopf mit der sanften und gesammelten Würde eines Menschen zu berühren, der weiß, daß er nicht mehr viel Zeit hat. Als er an mir vorbeiging, blieb er stehen und sagte: «Kommen Sie heute nachmittag zu mir. Wir haben eine Ruhepause, bevor Drukchen Rinpoche kommt, da können wir miteinander sprechen.» Er fuhr mir leicht mit den Knöcheln über die Backe. Er sah uns beide für einen Moment an, lächelnd und tief, und ging weiter. Als er durch die große Tür ging, fiel die Sonne plötzlich auf sein rotes Gewand, und es schien Feuer zu fangen. Er stolperte ein wenig und stützte sich auf einen jungen Mönch.

An diesem Tag schienen alle Menschen im Schreinraum von der Feierlichkeit des Tages erfüllt zu sein. Es war ein strahlender Morgen, und die Gompa hatte noch nie leuchtender ausgesehen als in diesem Licht, das vom Dach herabströmte – auf den Rinpoche und die Gesichter der Mönche, die ihn umgaben, auf die langen Hörner und die heiligen Bücher. Der Rinpoche strahlte noch mehr innere Ruhe aus als sonst; er schien ganz versunken in das, was er tat, vollkommen hingegeben. An diesem Morgen hatte das Ritual nichts Wirklichkeitsfremdes oder bloß Formales an sich; es erwuchs ganz natürlich aus dem Sonnenlicht, den Flammen der Lampen und den Stimmen der Ladakhi, die sich mit der Stimme des Rinpoche und im Rhythmus seiner Hände hoben und senkten. Nawang beugte sich nach einer Stunde zu mir hin und sagte: «Heute ist der Buddha des Erbarmens bei uns. Wir haben ihn für vier Tage gerufen, und jetzt ist er da.»

«Sie schreiben also Gedichte», sagte der Rinpoche.
«Ja», sagte ich.
Nawang und ich saßen allein mit ihm in seinem Zimmer und aßen ein spätes Mittagessen aus Reis und Gemüse. Der Rinpoche aß geräuschvoll und mit großem Appetit.
«Ich habe auch Gedichte geschrieben», sagte er. «Manchmal schreibe ich auch jetzt noch welche. Damit muß ich bis zum Winter

warten. Im Sommer gibt es immer soviel zu tun. Im Winter, wenn ich für mich allein bin, schreibe ich manchmal. Ich schreibe jetzt nicht mehr sehr viel. Als ich jung war, habe ich ständig geschrieben. Nawang», sagte er plötzlich, «ist Wangchuk da, der Maler?»

«Ja, Rinpoche.»

«Bitte ihn zu uns.»

Fünf Minuten später kam ein lächelnder alter Mann in sehr einfacher ladakhischer Kleidung zur Tür herein und beugte den Kopf. Nawang sagte: «Wangchuk ist der beste Maler in Ladakh.»

Wangchuk schaute sehr verlegen drein und lächelte breit. Vier Schneidezähne fehlten ihm.

Nawang erzählte: «Zur Zeit arbeitet Wangchuk an einem Tanka des Avalokiteshvara für Hemis. Er will ein paar Tage hier beim Rinpoche verbringen, weil er für bestimmte Details seinen Rat braucht. Außerdem möchte er natürlich auch an den Gebeten teilnehmen. Er sagt, er kann den Tanka erst malen, wenn er in der richtigen geistigen Verfassung ist. Er sagt, alles, was er nicht im rechten Geist malt, tut nur Böses und hat nicht die heilige Kraft, die er ihm mitgeben möchte. Wangchuk und der Rinpoche sind alte Freunde. Früher hatte Wangchuk Geld, aber jetzt hat er fast alles seinen Söhnen und Töchtern gegeben und lebt allein in einem Ein-Raum-Haus. Er nimmt kein Geld mehr für seine Gemälde. Die Mönche geben ihm, was er an Nahrung und Kleidung braucht. Manchmal versucht der Rinpoche ihm Geld zu geben, aber Wangchuk sagt immer: ‹Was soll ich mit Geld? Ich habe alles, was ich brauche.› Manchmal neckt ihn der Rinpoche und sagt: ‹Wenn du ein guter Maler wärst, Wangchuk, würdest du Geld für deine Arbeit verlangen. Aber weil sie nicht gut ist, traust du dich nicht.›»

Während Nawang mit mir sprach, unterhielt sich der Rinpoche mit Wangchuk. Die tiefe Verbundenheit der beiden war deutlich zu sehen. Mehrmals tätschelte der Rinpoche freundschaftlich oder mahnend Wangchuks Knie. Vielleicht hatte ein Mann wie Wangchuk den Shamunatha unten im Hauptraum gemalt. Vielleicht war das Bild vor vierhundert Jahren in diesem Raum gereift, in dem wir jetzt saßen, hervorgegangen aus den Gesprächen, Gebeten und Meditationen jenes Mannes und eines anderen Rinpoche.

«Wangchuk hat eben gesagt», berichtete Nawang, «das Schwierigste an einer Darstellung des Avalokiteshvara sei das Gesicht.»

«Warum?»

«Weil großes Mitgefühl am allerschwierigsten zu malen ist. Das darf kein gewöhnliches Mitleid sein, sagt er, sondern muß erhabenes Mitleid sein, so groß wie das Erbarmen Gottes.»

«Wie wird er es also malen?»

«Der Rinpoche sagt: ‹Das Gesicht des Buddha des Erbarmens ist dein eigenes wahres Gesicht. Um aber dein wahres Gesicht zu sehen, mußt du sehr still sein, du mußt alle deine anderen Gesichter vergessen, du mußt furchtlos sein.›»

«Weshalb furchtlos?»

«Weil das Gesicht des wahren Mitleids erschreckend schön ist.»

«Wenn sie so heilige Gespräche führen», fragte ich, «weshalb lachen sie dann?»

«Weil Wangchuk dem Rinpoche erzählt hat, daß ein paar von seinen Farben gestohlen worden sind. Und der Rinpoche hat zu ihm gesagt: ‹Das sagst du nur, weil du kein Talent hast und es weißt und Angst hast anzufangen.›»

Wangchuk verbeugte sich zum Rinpoche und zu uns und verließ das Zimmer. Ich sprach den Rinpoche an:

«Sie haben mich gefragt, Rinpoche, ob ich ein Dichter bin. Ja, das bin ich, oder besser gesagt, ich versuche einer zu sein. Aber ich habe kein gutes Gefühl dabei. Ich befürchte, daß meine Kunst mich von der spirituellen Bewußtheit ablenkt, die ich mir wünsche, aber ich befürchte auch, daß ein tieferes Eindringen in das spirituelle Leben meiner Kunst ein Ende setzen würde. Es gibt im Westen eine alte Geschichte, die dieses Gefühl besser ausdrückt, als ich es kann. Sie erzählt von einem Mönch, der eine besonders schöne Stimme hatte, so betörend, daß jedermann ihn singen hören wollte und dabei größte Freude empfand. Eines Tages kam ein heiliger Mann ins Kloster und hörte den Mönch singen. Er sagte: ‹Das ist nicht die Stimme eines Menschen. Es ist die Stimme des Teufels.› Sofort nahm er vor den Augen aller Anwesenden einen Exorzismus vor, und der Mönch sackte zu einem kleinen, zuckenden, stinkenden Haufen zusammen. Ohne seine Stimme war er nichts, und die

Stimme war die Stimme des Teufels gewesen, ihre ganze Süße und ihre ergreifende Kraft war vom Bösen. Ich fühle mich wie dieser Mönch, wenn auch meine Arbeiten von der Süße und Kraft seiner Stimme weit entfernt sein mögen. Was kann ich tun? Was muß ich tun? Soll ich meine Arbeit lieber ganz aufgeben?»

Ich war selbst sehr erstaunt über die Intensität, mit der ich gesprochen hatte. Ich dachte an Perec und seine Worte: «Lassen Sie sich nicht erlösen. Singen Sie weiter!» Welche Macht besaß dieser alte Mann, daß er die tiefsten Ängste und Gedanken in mir aufrührte und mich ihnen nackt aussetzte? Ich hätte mich jetzt vor ihm gefürchtet, wäre nicht im Lauf dieser Tage mein Vertrauen zu ihm gewachsen, hätte ich nicht ständig in all seinen Gesten und Blicken eine große, gütige Liebe gespürt. Plötzlich wußte ich, daß von seiner Antwort viel abhängen würde, vielleicht die ganze Richtung meines Lebens.

Es verging eine lange Zeit, bis der Rinpoche antwortete. Nawang blickte zur Wand. Er wußte, daß ich etwas wagte, was ich in den Gesprächen mit dem Rinpoche bisher noch nicht gewagt hatte, und er war so gespannt und erwartungsvoll wie ich. Wir waren Freunde geworden, und sein Herz öffnete sich den Menschen in seiner Umgebung so weit, daß ihre Ängste seine eigenen wurden. Ich empfand große Wärme für ihn, tiefe Dankbarkeit für alles, was er mir gab. Als der Rinpoche schließlich antwortete, sprach er leise, wie zu sich selbst. Vielleicht sprach er in gewisser Weise auch zu sich selbst – zu dem jungen Mann, der er vor dreißig oder vierzig Jahren gewesen war, der in einem Kloster in Tibet mit seinem eigenen Gewissen rang. Er sprach leise und lyrisch. Nie hatte ich eine Stimme wie diese gehört, so kraftvoll in ihrer Weichheit, so klar und schmucklos in ihren Rhythmen, ihrer Melodie.

«Ich bin froh, daß Sie mir das gesagt haben», begann er. «Es ist gut, daß Sie wissen, daß Sie wählen müssen. Sie spüren, daß Sie sich ändern müssen. Sie haben erkannt, daß Sie nicht mehr in Zorn, Bitterkeit oder Hochmut arbeiten dürfen. Sie haben genug erlebt und tief genug gearbeitet, um zu wissen, daß ein Widerspruch besteht zwischen bestimmten Arten der Arbeit und einem spirituellen Leben, einem Leben in der tiefen Erkenntnis des Geistes. Es mag schmerzhaft sein, aber es ist gut, daß Sie diese Dinge wissen, denn sonst wären Sie ein Sklave Ihrer Begierden – Ihrer Gier nach Ruhm, Ihrer Gier, etwas zu erschaffen, Ihrer Gier, einen Sinn in den Dingen zu finden. Es wäre aber gar nicht gut, wenn Sie glaubten, es gäbe keine Arbeit, die nicht vom Bösen ist, es gäbe kein schöpferisches Tun, das nicht das Werk eines begrenzten, sich selbst täuschenden Ego wäre. Sie haben eine bewegende Geschichte erzählt. Aber sie ist nur zum Teil wahr und gilt nur für bestimmte Menschen, und ich glaube nicht, daß sie unbedingt auf Sie zutreffen muß. Es ist töricht anzunehmen, das Böse habe die süßeste Musik. Haben Sie nicht unsere Gemälde und Skulpturen in Ladakh gesehen? Haben Sie nicht ihre geistige Anmut und Würde gesehen? Glauben Sie, daß sie aus Eitelkeit geschaffen wurden? Viele wurden von demütigen und armen Menschen geschaffen, die keine Namen hinterlassen und in Liebe und Andacht an ihnen gearbeitet haben. Die schönsten Gemälde und Skulpturen, die größten Dichtungen müssen nicht unbedingt aus Qual und Bitterkeit geboren sein. Oft entspringen sie der Kontemplation, der Freude, einem Instinkt für alle Dinge oder einem Staunen über sie. Aus Freude oder aus dem Staunen heraus zu arbeiten verlangt beständige Disziplin und großes Mitgefühl. Es verlangt Strenge gegenüber der Eitelkeit und allen Posen des Ego, das sein Leiden liebt und sich an seine Verzweiflung, seine Depressionen und Ängste klammert; und es verlangt Objektivität, ein ständiges Betrachten der von den Sinnen erschaffenen Welt, aber auch den Blick über diese Welt hinaus in eine spirituelle Wirklichkeit, deren Züge sich erst nach Jahren der Erfahrung und Meditation langsam abzuzeichnen beginnen. Sie müssen Ihre Arbeit nicht aufgeben, sondern sich um eine neue Beziehung zu ihr bemühen. Sie müssen nicht aufhören zu schreiben, aber Sie müssen eine neue Art zu schreiben auskundschaften, ein neues Bewußtsein bilden, aus dem heraus Sie schreiben können. Das wird sich nicht so schnell finden lassen. Sie werden Geduld brauchen. Mancher wird Ihnen sagen, Sie seien dumm, irregeleitet oder gar lächerlich. Hören Sie ihnen gut zu, lernen Sie aus ihrer Kritik, aber lassen Sie sich nicht irremachen. Wenn Sie aufrichtig genug bleiben, werden Sie mit der Zeit eine Art zu arbeiten und zu schreiben entdecken, die Ihnen nicht spirituell schadet, die Sie nicht zur Eitelkeit verleitet, sondern tiefster Ausdruck Ihrer Spiritualität ist. Sie werden eine Stimme finden, die nicht allein Ihre Stimme ist, sondern die Stimme der Wirklichkeit selbst, frei von aller Selbsttäuschung und den Einmischungen der Persönlichkeit. Wenn Sie leer genug sind, kann diese Stimme durch Sie sprechen. Wenn Sie demütig genug sind, kann diese Stimme in Ihnen wohnen und sich Ihrer bedienen.»

Wir saßen in dichter, klingender Stille. Plötzlich ertönten vom Klosterdach herab die großen Hörner.

Der Rinpoche sprang auf. Ich hatte ihn noch nie in so flinker Bewegung gesehen. «Ach du meine Güte», sagte er, «ich rede hier drauflos, und inzwischen kommt der junge Rinpoche an! Wenn er erfährt, daß ich ihn vergessen habe, wird er mich erbarmungslos damit aufziehen. Bitte, verraten Sie mich nicht!»

«Wir gehen jetzt besser», sagte Nawang. «Der Rinpoche muß sich noch umziehen. Die Hörner bedeuten, daß der Jeep des jungen Rinpoche in Sicht gekommen ist. Wenn wir Glück haben, ist die Menschenmenge so dicht, daß der Jeep nur langsam den Hügel heraufkommt. Wenn Drukchen kommt, dann ist ganz Ladakh da, um ihn zu begrüßen. Er ist der Rinpoche von Hemis, aber das erkläre ich dir später. Komm, schnell. Ich weiß eine Stelle, von wo aus wir alles sehen können, ohne totgetrampelt zu werden.»

Der Jeep hatte mit seinen flatternden Gebetsfahnen etwa die halbe Strecke den Hügel herauf geschafft. Sehr langsam mußte er sich durch die jubelnden Ladakhi schieben.

Drukchen stieg aus. Er blieb einen Moment stehen und blickte hinauf zum Klostertor. Aus dieser Entfernung konnte ich wenig erkennen, nur daß er sehr schlank war, aber kräftige Arme hatte und wie Nawang eine Sonnenbrille trug. Er hielt die Hand über die Augen, um besser sehen zu können. Dann marschierte er los, den Hügel herauf. Er benutzte nicht den gewundenen Weg, sondern kam in gerader Linie auf uns zu und hüpfte von Stein zu Stein wie ein Kind. Schließlich fiel er fast in einen Laufschritt.

«Drukchen läuft gerne», sagte Nawang. «Er haßt es, im Kloster eingesperrt zu sein. Er reitet auch gerne.»

Eine Schar junger Ladakhi kam mit Drukchen Rinpoche den Hügel heraufgelaufen. Die Menschen hier glaubten zwar alle, daß er eine Inkarnation Naropas ist, aber sie empfanden keine Distanz zwischen sich und ihm. Er war ihr Prinz, ihr Hohepriester, aber auch ihr Bruder und ihr Sohn. Nichts trennte ihn von ihnen, kein offizielles Protokoll, kein Schutzring von finsteren Geheimpolizisten. Er lachte beim Laufen, und die Menschen in seiner Nähe streckten ihre Hände aus, und er nahm sie eine nach der anderen.

Der alte Rinpoche erwartete ihn am baufälligen Klostertor. Er trug einen goldenen Mantel und stützte sich auf einen Stab, den ein großer silberner Drachenkopf krönte. Das alte Tibet stand zur Begrüßung des jungen Ladakh bereit. Einen Moment lang war es so, als sei Tibet nicht gefallen, als sei Ladakh nicht von innen und außen bedroht, als wäre die lange, ununterbrochene heilige Tradition nicht vom Untergang bedroht. Wieder ertönten die Hörner. Die Hände berührten sich, und der junge Mann wurde von der goldenen Fülle des alten umfangen. Die Menge verstummte.

Ich war an diesem Nachmittag und Abend für mehrere Stunden allein mit Drukchen Rinpoche zusammen. Wir saßen in einem Raum, der gegenüber von Tuktse Rinpoches Quartier auf der anderen Hofseite lag. Das Zimmer war reich mit Blumen geschmückt. An der Wand hing ein Tanka von einem Weisen, sehr alt und mitgenommen, aber immer noch schön. Als die Sonne unterging, zündete Drukchen fünf Kerzen an und stellte sieben mit Wasser gefüllte Schalen vor sie hin. Der leichte Wind vom Fenster ließ das Wasser und die Flammen zittern. Drukchen trug nur ein schlichtes Mönchsgewand.

Ich hatte ihn vom ersten Augenblick an gemocht – seine drahtige Geschmeidigkeit, den Gang, mit dem er den Hügel heraufkam, die Wärme und Echtheit, mit der er die Liebe seines Volks erwiderte. In den Stunden, die ich mit ihm allein war, lernte ich ihn auch bewundern. Drukchen war erst zwanzig Jahre alt, doch seine Freimütigkeit, seine Feinfühligkeit, sein scharfer und schneller Verstand ließen ihn viel älter erscheinen. Manchmal, während ich ihm im Halbdunkel zuhörte, glaubte ich einen Fünfzig- oder Sechzigjährigen vor mir zu haben – und wenn ich dann aufblickte und sein Gesicht über die Kerzen hinweg sah, dann war darin noch das Eckige der Jugend, ein Schatten von Schnurrbart, kleine Pickel, und die Augen gar nicht alt, sondern randvoll mit übermütigem, jungem Humor. Dabei besaß er jedoch auch eine Stille, eine fast abgeklärte Gelassenheit, wie ich sie bei einem so jungen Mann noch nie erlebt hatte. Wenn er sprach, blieben seine Hände gefaltet im Schoß liegen; der Blick verlor nie seine ruhige Intensität. Im Gespräch bekam ich das Gefühl, daß nichts an seiner Welt ihm fernlag oder entging. Er hatte sich nicht vor der Realität des modernen Lebens verkrochen, wie er es gewiß hätte tun können, abgeschirmt durch mittelalterlichen Verehrungskult und durch ein Volk, für das er beinah ein Gott war. Er sprach schnell, aber leise und in gutem Englisch. Seine Stimme war weich und ziemlich tief.

«Ich habe eine westliche Ausbildung bekommen. Ich liebe Mathematik. Hat Nawang Ihnen das erzählt? Mathematische Puzzlespiele faszinieren mich. Manchmal, wenn ich allein bin, spiele ich stundenlang mit ihnen. Mathematik kommt der Meditation sehr nahe. Beim Meditieren beginnt man die Struktur des Denkens und die Natur des Ich zu verstehen, man sieht beide so transparent wie nur möglich; Mathematik gibt mir dasselbe Gefühl von Gelassenheit und Freude. Nach einer Stunde Mathematik fühle ich mich so erfrischt wie nach einer Stunde Meditation. Ich baue auch gern Sachen zusammen, alles, was es so gibt – Radios, Autos, Motoren aller Art, Uhren. Überrascht Sie das? Es befriedigt mich zu sehen, wie die Dinge funktionieren.»

Ich fragte ihn, wie das sei, in so jungen Jahren schon für ein ganzes Kloster verantwortlich zu sein.

Er lachte. «Verantwortlich! Ich bin nicht verantwortlich. O ja, sie sagen natürlich, ich sei verantwortlich, und sie sagen, sie lieben mich und wollen in allen Dingen mein Bestes, ich bin die Inkarnation, ich bin der Rinpoche. Das stimmt gewiß alles. Aber was die

Verantwortung angeht... Ich habe so gut wie keine wirkliche Macht. Erstens bin ich noch sehr jung, ich habe noch viel zu lernen – über mein Volk, über Ladakh und darüber, wie man ein Kloster leitet. Außerdem ist Hemis, mein Kloster, das Hauptkloster von Ladakh, fast zwanzig Jahre ohne Rinpoche gewesen – mein Vorgänger wurde in China gefangengehalten; und wie Sie sich vorstellen können, haben sich in diesen führungslosen Jahren schlimme Dinge eingeschlichen – die Mönche wurden nachlässig, die Bücher wurden schlampig geführt oder gingen zum Teil sogar verloren. Ich muß behutsam vorgehen. Meine Mönche hüten argwöhnisch die Macht, die sie sich während der Abwesenheit eines echten spirituellen Führers angeeignet haben. Und sie sind in allem sehr konservativ, nicht bereit, Neues auszuprobieren oder sich auch nur den wahren Stand der Dinge zu vergegenwärtigen. Der Reichtum von Hemis liegt zum Beispiel größtenteils in Landbesitz fest. Ich dränge immer wieder den Schatzmeister und seine Freunde, etwas Land zu verkaufen und das Geld anderweitig zu investieren. Aber sie tun es nicht, sie wollen einfach nicht von ihrer alten Art, die Dinge zu handhaben, lassen. Ergebnis: Obwohl das Kloster auf dem Papier sehr reich ist, steht kaum Geld für die dringend notwendigen Reparaturen und Restaurationen zur Verfügung. Verstehen Sie? Ich bin der Rinpoche, ja, und ich werde gewiß auch geliebt – aber manchmal glaube ich, daß das auch alles ist. Man hört nicht oft auf mich. Einen großen Teil des Jahres bin ich in Darjeeling und nicht in Ladakh. Im Winter ist es hier zu kalt; ich brauche diese Monate in Darjeeling.»

«Weshalb?»

«Weil ich ausruhen muß. Hier in Ladakh will jeder mich sehen, und jeder will mal bei mir sein. Ich muß ständig für mein Volk da sein, und das möchte ich ja auch, denn ich liebe die Tradition meines Amtes und des tibetischen Buddhismus. Aber manchmal habe ich das Gefühl, daß ich nichts mehr geben kann. Die Wahrheit ist, daß ich einfach noch nicht alt genug bin, um soviel Verantwortung zu tragen. Ich habe noch nicht genug meditiert, ich habe die spirituellen Kräfte und Fähigkeiten, die ich brauche, noch nicht genügend entwickelt. Tuktse Rinpoche, der hat sie. Er ist ein alter Mann. Er hat viele Jahre allein in einer Höhle meditiert. Er ist ein Fels, ein

Berg. Er kann endlos geben, ohne zu ermüden. Er ist immer gütig, immer aufmerksam. Aber er kann nur so sein, weil er viele Jahre an sich gearbeitet hat. Für uns ist das heute schwieriger. Mit ‹uns› meine ich die jüngeren Mönche. Tuktse hat sein religiöses Leben in Tibet begonnen, in einer Welt, die den Geist verstand und verehrte und ihm für seine Entwicklung einen Freiraum bereitstellte. Ich bin am Rand des modernen Indien aufgewachsen; ich habe eine westliche Ausbildung, für die ich in mancher Hinsicht sehr dankbar bin. Aber ich habe auch etwas verloren. Den inneren Frieden, den ich in einer anderen Generation vielleicht noch erfahren hätte, das Gefühl der Ordnung, das Gefühl, sich in Ruhe und Gelassenheit nach Maßgabe der eigenen inneren Voraussetzungen entwickeln zu können. Die Menschen unserer Generation – Sie sind ja nicht gar so viel älter als ich – leben in einer zersplitterten, komplexen, verwirrenden Zeit, in der es jeder schwer hat, sein spirituelles Gleichgewicht zu wahren oder überhaupt erst einmal zu finden. In mir wird das Gefühl immer stärker, daß ich mich mehr zurückziehen muß, daß ich mehr meditieren und mich stärker disziplinieren muß. Andernfalls wird mein Volk wenig Nutzen von mir haben.»

Er schwieg eine Zeitlang. «Als Rinpoche bin ich von so vielen Dingen abgeschirmt. Manchmal ärgert mich das. Ich möchte nicht anders behandelt werden als alle anderen. Ich möchte nicht von der Welt ausgeschlossen sein. Was ist der Sinn des Mitgefühls, wenn es sich nicht in realer Erfahrung äußert? Es muß doch inmitten der Dinge wirksam werden und nicht von einer privilegierten Position aus. Ich will nicht wie ein Gott behandelt werden, ich will für die Menschen von Nutzen sein. Aber um das sein zu können, muß man viel erlebt haben, man braucht die Möglichkeit, viele Dinge zu empfinden und zu sehen. Der Buddha wollte nie als ein besonderes Wesen angesehen und behandelt werden. Jeder ist Buddha. Alles ist Buddha. In jedem von uns sind Himmel und Hölle, Verblendung und Nirwana. Der Buddha pflegte zu sagen: ‹Ich bin kein Gott. Ich bin ein Mensch. Deshalb kann das, was ich sage, euch nützen – weil ich es als Mensch sage, als einer wie ihr, und nicht als Gott.› Der Buddhismus ist eine sehr menschliche Religion, durch und durch praktisch. Zum Glück sind mein Vater und meine Mutter immer bei mir. Mein Vater ist auch ein Rinpoche, und meine Mutter ist eine sehr starke, sehr humorvolle Frau. Sie sorgt dafür, daß ich nicht überheblich werde. Sie lacht mich immer aus. Und ich habe Tuktse Rinpoche als spirituellen Vater und Berater. Bei ihm zu sein, bedeutet eine ständige Erinnerung an alles, was ich noch nicht erreicht habe, was ich noch nicht bin.»

Wir schwiegen. Es war spät. Unser Gespräch dauerte schon zwei oder drei Stunden. Die Kerzen waren halb abgebrannt. Von unten hörten wir leise das Brummen der Rezitation. Das Fenster stand noch immer offen, und ein kühler Nachtwind blies ins Zimmer. «Es wird Herbst», sagte er. «Ich rieche ihn schon in der Luft. Der Herbst ist für mich die schönste Jahreszeit. Die Bäume werden golden vor dem Felsgestein; jeder Morgen bringt ein anderes, kälteres, reineres Blau... Können Sie bleiben?»

«Nein, ich muß zurück.»

«Schade. Bei Hemis gibt es so viele schöne Stellen zum Spazierengehen. Schluchten, Bäche. Und um das Kloster gibt es viele Höhlen und Felsen, von wo aus man den Mond beobachten kann. Im Herbst ist der Mond am schönsten.»

«Ich muß nicht gleich weg. Ich habe noch zwei Wochen.»

«Dann erleben Sie noch einen Vollmond in Ladakh. Kommen Sie zu uns nach Hemis, um den Vollmond zu sehen.»

«Ja, riesig gern.»

Wieder schwiegen wir und lauschten dem Klang der Rezitation, dem leisen, unablässigen Rütteln des Windes am Fenster.

«Drukchen», sagte ich, «eines muß ich Sie noch fragen. Sie kommen aus Ihrer Welt, besitzen aber auch westliche Bildung; Sie sind ein tibetischer Mönch, verstehen aber auch westliche Mathematik, Technik, Politik und viele westliche Ideen; Sie sind gewiß vielen westlichen Suchern begegnet, hier in Ladakh, aber auch in Darjeeling und auf Ihren Reisen durch Indien; über das, was ich Sie fragen möchte, haben Sie bestimmt schon mit anderen Mönchen, mit dem Rinpoche, mit Ihrem Vater gesprochen: Kann der tibetische Buddhismus den Untergang Tibets überleben? Und können Menschen des Westens den tibetischen Weg gehen, ohne ihn oder sich selbst zu verraten, ohne ihn ad absurdum zu führen?»

Drukchen Rinpoche lachte. «Was für eine Frage! So viele Fragen in einer. Ich glaube nicht, daß ich die Weisheit besitze, sie richtig zu beantworten.»

Er saß eine Weile mit gerunzelter Stirn und schaute in die Dunkelheit hinter mir.

«Soll ich Ihnen mal was sagen, das Sie vielleicht überraschen wird? Einige der besten Buddhisten, die ich kenne, sind aus dem Westen. Voriges Jahr habe ich in Darjeeling zwei kanadische Frauen kennengelernt, deren tiefe Überzeugung wirklich erstaunlich war. Und einer der Mönche, denen ich mich in Darjeeling am nächsten fühle, ist kein Tibeter, sondern Australier. Er war in Ladakh, ist Tuktse Rinpoche begegnet und hat sein Leben geändert. Er hat sich nicht gefragt, ob es möglich ist oder nicht möglich ist, ein Buddhist zu sein – er wurde einfach einer, mutig und aufrichtig. Einmal, wir waren in Hemis, und in Hemis ist das Essen sehr schlecht, habe ich scherzhaft zu ihm gesagt: ‹Brian, weshalb bist du hier? Wieso reist du so weit für so ein schlechtes Essen?› Er sah mich an und sagte: ‹Drukchen, ich habe jede Art von Nahrung geschmeckt.› Ich habe lange über diese Bemerkung nachgedacht. Vielleicht hat der Westen jetzt tatsächlich das Stadium erreicht, wo der Buddhismus dort ein neues Leben finden kann. Viele im Westen haben wie Brian ‹jede Art von Nahrung geschmeckt›. Sie haben alle Empfindungen ausgekostet und alle Möglichkeiten ihrer Kultur ausgeschöpft. Sie haben, wenn man so will, die Schule der Desillusionierung durchlaufen. Und keine Illusion zu haben, ist der Beginn buddhistischer Praxis: nicht mehr an die Fiktionen der Persönlichkeit, des Erfolgs und der Wunscherfüllung zu glauben, das ist die Grundlage echter Meditation, der Anfang des Wegs zum Nirwana. Ich glaube, der Buddhismus wird im Westen eine neue Blüte erleben, weil der Westen jetzt erwachsen wird, weil er reif wird für die radikale Klarheit des Buddha, ja sogar nach dieser Klarheit lechzt, nach einer Weisheit, die ohne falsche Hoffnungen und Tröstungen ist, die hervorgeht aus einer praktischen, strengen Analyse der Dinge, wie sie wirklich sind. Vergessen Sie nicht, daß der Buddhismus ursprünglich kein volkstümlicher Glaube, keine volkstümliche Philosophie war; der Buddha war ein Prinz und ein Gelehrter. Die verfeinerte städtische Kultur war die erste Heimat des Buddhismus. Die Städte Nordindiens, wo der Buddhismus im fünften vorchristlichen Jahrhundert aufblühte, waren Zentren des Handels und der Gelehrsamkeit; unter den ersten, die sich dem Buddha anschlossen, waren viele Kaufleute. Der Westen ist am Ende seines Glaubens an seine eigenen Werte; der Buddhismus stellt alle Werte und alle Urteile in Frage. Der Westen ist reif für eine radikale und in gewisser Weise nihilistische Philosophie, zu deren Kernbestand aber auch ein Verständnis von Mitgefühl zählt, das so allumfassend und absolut ist wie nur irgend etwas im Christentum. Viele Westler sagen mir, daß sie nicht mehr an Christus als Gott glauben können, daß sie aber den Menschen Christus lieben und ihm folgen können. Der Buddha war kein Gott; es gibt keine Götter im Buddhismus; der Buddha war ein Mensch, und der Buddhismus ist eine menschliche Philosophie des Seins. Er könnte die Philosophie sein, der der Westen sich in seiner Verzweiflung zuwendet, und zwar gerade deshalb, weil der Buddhismus diese Verzweiflung so genau kennt und sogar für den Beginn der Weisheit ansieht, den Beginn einer Reise, die über die Verzweiflung hinaus zu Bewußtsein und einem mitfühlenden Engagement für alles Leben führt.»

Drukchen brach ab und lachte traurig. «Wissen Sie, viele Tibeter sind gar keine Buddhisten mehr. Sie behaupten es zwar noch, kommen zum Tempel in Dharamsala, Mysore und Ladakh, aber viele, vor allem die jüngeren, sind nicht mehr wirklich interessiert. Sie wollen Radios und Autos und Sex und Geld. Und warum sollten sie nicht? Sie wollen westlich sein, so wie sie sich das westliche Leben vorstellen. Sie haben wirklich kaum noch Zeit für ihre eigene Tradition. Ist das nicht seltsam: Die jungen Tibeter wenden sich von ihrem geistigen Erbe ab, und im selben Moment wenden sich junge Menschen aus dem Westen diesem Erbe zu, kommen zu Menschen wie Tuktse Rinpoche oder dem Dalai Lama, um sich Rat zu holen, um ein neues spirituelles Leben zu finden. Sie glauben nicht mehr so sehr ans ‹Westlichsein›; sie wissen zu genau, was es bedeutet, sie haben alle Depressionen und Entbehrungen des Materialismus durchgemacht. Sie haben darunter gelitten, ‹westlich› zu sein, und sind in diesem Leiden klarer, trauriger, wahrhaftiger und aufgeschlossener geworden. Während junge Tibeter immer materialistischer werden, wenden sich viele von denen, die alles hatten, was für Geld zu bekommen ist, der alten Weisheit Tibets zu. Nein, es ist nicht die Weisheit Tibets, zumindest nicht von Tibet allein. Vielleicht bestanden in Tibet besondere Bedingungen, vielleicht könnte eine edle und strenge Tradition in einem Land wie Ladakh blühen und so etwas wie Vollkommenheit erreichen. Das heißt aber nicht, daß die Einsichten, die in meiner Tradition gewonnen wurden, nur für Tibet gelten; wenn sie überhaupt etwas wert sind, müssen sie unter den verschiedensten Umständen anwendbar und wertvoll sein. Wenn Tibet etwas wirklich Bedeutendes entdeckt hat, muß es für die Welt von Nutzen sein. Ein wahrer Buddhist verschreibt sich nicht ein für allemal irgendeiner bestimmten Tradition. Er ist dankbar für alles, was er aus der Vergangenheit lernen kann, doch er bleibt nicht abhängig von diesen Einsichten und von der überlieferten Art, die Dinge zu tun. Er ist Abenteurer und Pragmatiker. Er tut, was notwendig ist, und zwar genau dann, wenn es notwendig ist. Der Buddhismus wird sich wandeln, er muß sich wandeln, und es ist gut, wenn er es tut. Der Wandel wird neue Aspekte seiner Wahrheit sichtbar machen und neue Möglichkeiten seiner Weisheit erschließen. Der westliche Buddhismus wird anders sein als der Buddhismus, wie ihn die tibetische Tradition interpretierte – aber sollen wir das bedauern? Wir sollten es begrüßen. Keine Gesellschaft, kein Land, keine Welt hat das Monopol auf spirituelle Wahrheit. In dieser Zeit der Gefahr sollten wir alle, Buddhisten und Christen und Atheisten, zusammentun, was wir an Bewußtheit haben und an Mitgefühl in uns finden können, um jede Möglichkeit des guten Willens gegenüber der Welt auszuschöpfen. Ich bin ein Tibeter, und ich bin ein tibetischer Buddhist, aber zuerst und vor allem bin ich ein Mensch, ein Mensch meiner Zeit, und mir geht es um meine Zeit und um die Ausbreitung von Frieden und Wahrheit.» Drukchen sah mich an. «Kennen Sie die Erzählung vom Herbstspaziergang des Buddha im Park? Er ging mit seinen Schülern durch einen Park, der unter dichtem Herbstlaub lag. Wenn ich im Herbst in Hemis bin und alle Wege golden werden vom Laub, denke ich oft an diese Geschichte. Der Buddha blieb stehen, hob ein Blatt auf, hielt es seinen Schülern hin und sagte: ‹Dieses eine Blatt ist all das, was ich euch gesagt habe. Seht euch die übrigen Blätter an. Sie sind all das, was ich ungesagt ließ.› Jede frische Wahrnehmung des Buddhismus, jeder neue Ausdruck des buddhistischen Weges ist eines der Blätter im Park. Wir müssen in uns ganz still werden, aber zugleich auch vorangehen, immer weiter aufeinander und auf die Welt zu. Was dieser endlosen Wandlung nicht dient, muß fallengelassen werden; was einer höheren Blüte des Geistes im Weg steht, muß zurückbleiben; wir müssen allem entsagen, was uns daran hindert, die Welt zu nehmen, wie sie ist, und uns selbst so zu nehmen, wie wir sind, hier und jetzt und inmitten aller Gefahren und Ängste und aller Traurigkeit, die uns hier und jetzt bedrängen – und zwar möglichst ohne Trauer und ohne Wehmut entsagen. Jede echte Wandlung bringt uns der Welt, uns selbst und einander näher. Der klarste und weiseste Mensch wird die Welt, wird Buddha, wird wach, überläßt sich ohne Furcht und ohne Hoffnung, ohne Trost und ohne Schutz der vollen Wirklichkeit.»

Drukchen verstummte und legte mir die Hand auf die Schulter. «Ich habe zu lange geredet. Verzeihen Sie mir.» Ich konnte kein Wort erwidern. Wir saßen zusammen und lauschten dem Wind.

Am nächsten Morgen begannen sehr früh die Vorbereitungen für die Einweihungszeremonie. Tagelang hatten die Mönche um eine große Zinnwanne in der Küche herumgehockt und kleine Votivgaben aus Gerste geformt. Sie hatten die alten Butterlampen gesäubert und frisch gefüllt, den oberen Hof gekehrt und die ältesten und heiligsten Tankas aus ihren alten, staubigen Schatullen geholt. Jetzt wurde letzte Hand angelegt – die letzten Figuren formen, die letzten Räume auskehren, die Zinnwanne in der Küche auswaschen und scheuern, Essen und Tee für Hunderte von Menschen aus ganz Ladakh bereitstellen, die Butterlampen hinuntertragen in den Schreinraum, in dem es schon aussah, als stünde er in Flammen. Flaggen aus roter und grüner Seide wurden auf den höchsten Klostermauern aufgestellt, wo am Vortag die Mönche mit den Hörnern gestanden hatten, und flatterten in der frischen Brise. Eine große gelbe Gebetsfahne wurde oben an die halbzerfallene Treppe gestellt. Ein Mönch malte hastig das OM MANI PADME HUM in Rot und Grün und Violett auf einen Felsen am Aufstiegsweg, klekkerte mit der Farbe herum wie ein Kind und stampfte ungeduldig den Fuß auf, wenn die Farbe nicht richtig laufen wollte. Nawang saß in seinem Zimmer und schnitt grüne und rote Streifen von langen Bahnen grober Seide ab.

«Wofür sind die?» fragte ich ihn.

«Das sind die Bänder der Einweihung. Wenn alle Ritualobjekte gesegnet und all die heiligen Mantras gesprochen sind, werden die Rinpoche jedem solche Bänder geben. Sie haben sehr viel Kraft. Man muß sie tragen, bis sie abfallen, und dann in einen Bach werfen.»

Ich nahm mir eine andere Schere, und wir saßen beide mit gekreuzten Beinen auf dem Boden, schnippelten und unterhielten uns. Von Zeit zu Zeit kam ein Mönch mit einer Kanne Tee herein und sagte, wir sollten uns beeilen.

Tantrische Zeremonien sind gemessen, lang und hypnotisch. Es ist müßig, irgend etwas zu erwarten. Was geschieht, geschieht in seinem eigenen, geheimnisvollen Tempo, in seinem eigenen heiligen Rhythmus. Der Zuschauer öffnet sich entweder rückhaltlos allen sichtbaren Eindrücken und allen Klängen oder erblickt in dem ganzen Geschehen nichts als Monotonie und Chaos. Chögyam Trungpa hat einmal geschrieben, Meditation sollte bisweilen langweilig sein, so langweilig wie nur möglich, denn in wirklich verzweifelter Langeweile lösten sich unsere eingefahrenen Reaktionen und Begriffe auf. Das Grauen des Oberflächenbewußtseins vor der Langeweile ist deshalb so groß, weil es befürchtet, in extremer Langeweile könnte eine neue Wirklichkeit über es hereinbrechen, die alle seine Einbildungen bedroht oder ganz zunichte macht.

Die Ladakhi haben keine Angst vor der Langeweile der Monotonie. Auch die Inder haben sie nicht. Vielleicht ist es das, was uns an ihnen so fremd ist. Nichts erstaunt mich in Indien mehr als die endlosen Menschenschlangen, die Stunde um Stunde auf Züge warten – ohne sich aufzuregen, ohne Beschwerden, ohne zu essen oder zu reden, einfach warten. In Indien hatte ich mich nie diesem Rhythmus ergeben können, war nie in der Lage gewesen, meine europäische Sucht nach Unterhaltung und Ablenkung zu überwinden. In Ladakh gelang es mir immer besser, einfach leer zu sein, ohne Erwartung zu warten, mich zu langweilen, ohne daß es mich störte oder ängstigte, ja gelegentlich ohne daß ich es eigens als «Langeweile» wahrnahm und ihm damit ein Gewicht gab, das es gar nicht haben mußte. Es war eine seltsame, unerwartete, geheimnisvolle Freude, diese Leere, dieses schlichte Sich-Ergeben. Alles sah und empfand ich ganz neu darin. Jeder Laut war neu für mich – jedes tiefe Röhren der Hörner, jedes Tee-Einschenken, jedes Füßescharren auf dem Steinboden. Jeder Blick in meine Umgebung schien das, worauf er fiel, neu entstehen zu lassen. Eine Woche lang hatte ich mich nun täglich in diesem Schreinraum aufgehalten, doch an diesem Morgen war es, als sähe ich ihn mit ganz unverdorbenen Augen zum ersten Mal. Ich hatte während meiner Zeit in Ladakh schon manches kurze Aufblitzen dieses Zustands erlebt – in den Bergen, beim Anblick der Blumen im Garten hinter meinem Hotel, auf langen, schaukelnden Busfahrten. Ich hatte versucht, diesen Zustand festzuhalten und zu verstehen; das wird wohl der Grund sein, weshalb er mich wieder verließ. An diesem Morgen, während der Einweihungszeremonie, im endlosen Strom der Rezitationen, hielt dieser Zustand mehrere Stunden ungebrochen an. In diesen Stunden begann ich nicht nur zu verstehen, sondern sah und erfuhr, was Ananda mir vor Jahren in Sri Lanka über die Hinayana-Meditationstechnik gesagt hatte, die Vipassana genannt wird – «Sehen ohne Unterscheidung», «Offenes Sehen».

«Ein Augenblick des reinen Sehens», hatte er gesagt, «ist der Beginn der Befreiung. Wenn du für einen Augenblick eine Blume, ein Gesicht oder einen Hund so sehen kannst, wie sie in sich selbst und für sich selbst sind, fängst du an, so frei zu werden, daß du lieben kannst.»

Später fand ich diese Worte im Mahamudra Upadesa:

> Halte deinen Geist ganz nackt.
> Laß die verschmutzten Wasser des Denkens
> Von selbst abfließen...

210

Nimmst du die wahre Natur und Ausdehnung des
Raumes wahr
So verschwinden alle Begriffe von Mitte und Grenze
Wenn der Geist nur in den Geist schaut
Enden alle Verstandesspiele...

Du magst ihn «leer» nennen
Doch der Raum ist nicht beschreibbar
Du magst ihn «lichtvoll» nennen
Doch der Name beweist nicht, daß der Geist existiert.
Dem Raum kannst du weder Namen noch ein Zuhause
geben...

Unwandelbar ruhe ohne zu haften
In deinem Ursprungszustand
Und alle Fesseln werden sich lösen.
Das Wesen des Geistes ist Raum
Am Ende ist da nichts, woran er sich hält.

Stunde um Stunde saßen Drukchen und Tuktse Rinpo-
che auf ihren leicht erhöhten Plätzen in der Mitte des Raums, rezitierten, sangen, beteten und luden die Dinge, die vor ihnen lagen,
mit Kraft auf – die Vajras und Dandas (tantrische Ritualzepter), die
bronzenen, kupfernen und aus Gerste geformten Repräsentationen
der Höchsten Bewußtheit, des Nirwana, des Volks von Ladakh, des
Klosters von Sheh und seiner Mönche. In diesen Stunden wurde
eine ganze Welt symbolisch mit Kraft aufgeladen, ein ganzer Land-
strich, ein ganzes Volk. Die Rinpoche hielten jeden Gegenstand
betend und rezitierend lange in den Händen. Aus allen Teilen Ladakhs waren Menschen mit Gaben für die Rinpoche und ihre Klöster gekommen – Äpfel, Aprikosen, Tüten mit Zucker, ganze Stapel
von schmutzigweißen Tüchern. Der Raum war brechend voll und
kochte schier vor Hitze. Langgezogene, unglaublich laute Horn-
stöße kündigten das Ende des ersten Teils der Zeremonie an. Eine
alte Frau in meiner Nähe brach in Tränen aus und wiegte sich hin

und her; ihr Mann nahm sie in die Arme und tätschelte ihr sanft den Kopf. Überall im Raum standen jetzt Mönche, um so etwas wie Ordnung und Gestalt in die Menschenschlangen zu bringen, die sich bildeten, um an den Rinpoche vorbeizudefilieren und deren Segen zu empfangen. Die jungen Ladakhi schubsten und drängelten sich um die besten Plätze, lachten und schlugen sich auf den Rücken wie bei einem Fußballspiel.

Plötzlich hatten sich dann zwei Reihen gebildet, und ich war in einer von ihnen und wurde unbarmherzig vorangeschoben. Ich konnte kaum atmen. Ich war zwischen einem alten Mann und einer alten Frau eingekeilt, die beide nach Schweiß, Obst und Stallmist rochen. Die Hitze, der Lärm, das Erwartungsgefühl, das Lachen, das Schieben und Drücken, die wachsende Hysterie... so etwas hatte ich auf all meinen Reisen durch Indien noch nie erlebt, nicht in Benares, nicht in Madras, nicht in Bombay, nicht einmal bei den Tempelzeremonien in Madurai. Für einen Moment dachte ich, jetzt würde ich an Erschöpfung oder Luftmangel sterben oder an der Erregung und Leidenschaft dieser Menschen, die mich schier erdrückten. Doch unter dieser Angst war ich ganz ruhig. Es war keine wirkliche Angst. Nichts konnte mir hier geschehen, so spürte ich, das mir irgendwie schaden würde. Ich war in den Händen der Rinpoche und der Buddhas an den Wänden. Ich ergab mich, ließ von meiner Angst los und trieb mit der Menge. Ich lachte mit dem alten Mann vor mir, und die alte Frau hinter mir stimmte auch ein. Es war absurd und irgendwie magisch, dieses Lachen, und es breitete sich schnell aus. Das Gelächter wuchs und wuchs, bis ich plötzlich am Kopf der Schlange stand, rechts von Drukchen Rinpoche. Ich war der nächste, der an den beiden Rinpoche vorbeigehen und ihren Segen empfangen würde. Gerade wollte ich vortreten, da schubste mich die alte Frau und sprang lachend an mir vorbei. Sie hatte gewonnen! Sie war zuerst beim Rinpoche! Sie bog sich vor Lachen. Drukchen beugte sich vor und segnete sie. Er sah mich an, lachte und sagte: «Jetzt sind Sie bestimmt dankbar für Ihr englisches Sporttraining.»

Tuktse Rinpoche sagte, ich solle am Abend zu ihm kommen. Ich ging gegen sechs Uhr zu seinem Zimmer. Nawang war bei ihm. «Sie tragen Ihre Bänder», sagte er. «Gut. Sie werden Ihnen Glück bringen.»

Ich verbeugte mich vor ihm, und wieder fiel meine Brille in seinen Schoß. Er war entzückt.

«Wann werden Sie mir Ihre Augen wirklich geben?» fragte er.

«Wieviel geben Sie mir dafür?» gab ich zurück.

«Ein Mönch hat kein Geld. Wenn Sie sie nicht umsonst geben, wird kein Verdienst mit Ihrer Gabe verbunden sein.»

«Wenn Sie sagen, Sie möchten sie haben, dann sind Sie der Habgier schuldig.»

Der Rinpoche klatschte begeistert in die Hände. «Jawohl, schuldig! Ich bin schuldig! Ich möchte Ihre Augen!» Und er gab mir die Brille mit galanter Geste zurück.

Nawang schüttelte sich vor Lachen. Seine Augen glänzten vor Erschöpfung.

Dann sagte der Rinpoche: «Ich fahre morgen für drei Tage nach Hemis zurück. Ich muß ein bißchen ausruhen und Drukchen und die Mönche auch. In drei Tagen, zum Fest des Orakels von Sheh, werde ich wieder hier sein. Kommen Sie doch auch. Das Fest findet zum ersten Mal seit vielen Jahren wieder statt. Das ist ein historischer Moment für das Volk von Ladakh. Fahren Sie jetzt nach Leh zurück, verbringen Sie diese drei Tage ganz in Ruhe, und vergegenwärtigen Sie sich, was Sie hier gesehen und erfahren haben. Dann werden Sie erfrischt zurückkommen.»

Dann sagte er noch: «Wenn Sie in zwei Wochen abreisen, sollten Sie die letzten Tage bei uns in Hemis verbringen. Ich werde Ihnen die Einweihung des Avalokiteshvara geben. Ich habe Sie in diesen Tagen beobachtet. Avalokiteshvara ist Ihr Bodhisattva. Ich werde Sie seine Meditation lehren.»

Er lächelte, aber es war ein Auftrag. Ich dankte ihm, verbeugte mich und machte mich auf den Weg nach Leh.

Ich hatte Leh fast ganz vergessen. Beinahe zehn Tage war ich dort nicht mehr gewesen, und jeder dieser Tage war so übervoll gewesen, daß Leh mit seinen Gossen voller Unrat, mit seiner Indian National Bank und seinem Postamt fast ganz aus meinem Bewußtsein verschwunden war. Als ich jetzt wieder durch die Straßen ging, fühlte ich mich unsicher, wie geschält und allem schutzlos preisgegeben, jedem Geräusch, jeder grellen Farbe, jedem neuen Gesicht, das mich aus dem Dämmerlicht anstarrte. Ich konnte mich auf nichts konzentrieren, nicht einmal auf die Erinnerungen an die Ereignisse in Sheh. Ich wollte mit niemandem reden, nichts schreiben, nichts lesen. Ich durchstreifte lustlos die Stadt, ging dann flußaufwärts und saß schließlich wie ein liebeskranker Schuljunge am Ufer und warf Steine ins mondbeschienene Wasser. Ich ging ins Hotel zurück und konnte nicht schlafen.

Und plötzlich verstand ich: Ich hatte Angst. In Sheh war alles so Schlag auf Schlag und mit so mitreißender Intensität geschehen, daß ich gar keine Zeit hatte, Angst zu empfinden. Ich hatte Angst. Angst vor allem – vor Drukchen, vor Nawang, vor den Ladakhi, vor dem Gemälde des Shamunatha, vor den Bergen, vor dem Mondlicht, vor der ganzen wilden Schönheit dieses Landes und seiner Menschen und seiner Religion. Ich hatte Angst um mich selbst, um meine Identität, um meine Vergangenheit, um mein Weltverständnis, um meine Kunst, um meine Zukunft, um meine Gesundheit, um meinen Verstand, um meinen Schlaf... Ich staunte, welcher Fächer von Ängsten sich da vor mir entfaltete. Ich war doch so offen gewesen, ein so begeisterter Zuhörer, tief und echt bewegt. Ja, aber ich hatte die Angst in mir vergessen, hatte nicht mehr auf sie geachtet, und nun nahm sie Rache und bedrängte mich in ihren grausamsten und höhnischsten Gestalten.

Und vor Tuktse Rinpoche selbst hatte ich auch Angst. Worin bestand eigentlich seine Kraft? Wie konnte ich sicher sein, daß sie gut war, diese Kraft, die ich bei ihm spürte? War er womöglich ein Schwarzmagier, ein tantrischer Seelenfänger? War seine Güte vielleicht nur die Maske einer dahinter verborgenen Herrschsucht? Gesprächsfetzen stiegen in mir auf und nahmen ihren finstersten Sinn an. Wortwechsel, die von köstlichstem Humor zu sein schienen, wuchsen sich zu ganzen Landschaften voll dräuender Fallen aus. Und wenn ich das Ganze überhaupt erfunden hatte? Das war der entsetzlichste Gedanke, schlimmer als wenn der Rinpoche ein Bösewicht wäre. Wenn alles, was ich gesehen und empfunden hatte, nicht real, sondern mein Wahn, meine Phantasie wäre – was dann? Das wäre grauenhaft, eine schmähliche Wiederholung all dessen, was in mir am dunkelsten und trostlosesten war – mein Bestreben, die Erfahrung unter die Herrschaft der Phantasie zu zwingen, meine alte Eitelkeit, als «Spiritualität» wieder eingeschmuggelt, niedriger und gefährlicher denn je. Und ich hatte auch Angst vor dem Leiden, das die Entblößung so vieler neuer Illusionen mit sich bringen würde, vor dem Leiden und der Verzweiflung. Denn wenn ich so weit gegangen war, mich so bemüht hatte, so viel empfunden hatte und auch das wieder nur Schau und Illusion und Lüge war – welche Hoffnung blieb mir dann noch? Wie sollte ich dann je wieder meinem eigenen Urteilsvermögen trauen? Wenn Tuktse Rinpoche meine Erfindung war und mein Gefühl nichts weiter als platte Bedürfnisbefriedigung, wie sollte ich mir dann jemals wieder irgendein Gefühl glauben? Und wenn diese Ängste sich wieder lösen, ist das dann auch nur wieder Flucht vor der Wahrheit, wieder ein niederschmetternder Sieg meiner Eitelkeit?

Das einzige, woran ich mich in diesen Tagen und Nächten der Qual klammern konnte, war der Glaube, daß die Angst selbst nicht dumm oder destruktiv war, sondern – in einem mehr erahnten als gewußten Sinn – gut war, ein notwendiger Einweihungsritus. Eines konnte ich noch tun, während ich von Ängsten aller Art geschüttelt wurde: Ich konnte mich von ihnen distanzieren, sie beobachten, ihr Inquisitor werden, ich konnte mit all meiner Liebes- und Verstandeskraft versuchen, sie zu demaskieren und ihnen ihren wahren Namen abzuringen. Langsam, schmerzhaft, nannten sie ihre Namen, wichen zurück und lösten sich auf. Ich sah, daß sie Erfindungen des alten Ich waren, eines Ich, das sich wandelte; es waren die letzten Spiele eines Ego, das sich Kräften zu verweigern suchte, die es nicht mehr verstehen konnte, die Rückzugsgefechte eines Herzens, das sich der verwandelnden Kraft der Liebe nicht aussetzen mochte. Am Ende dieser Kämpfe war ich erschöpft und leer, aber in Frieden.

Am nächsten Tag traf ich Charles beim Frühstück in meinem Hotel. Schon vor Wochen hatte ich den Hotelmanager und Freunde in Leh von Charles sprechen hören. Er war Schweizer, Experte für ladakhische Kunst und Buddhist. All das wußte ich schon über ihn, und als ich jetzt den Frühstücksraum betrat und dort einen eher kleinen Mann mit Bauch, kalten blauen Augen und ausrasiertem Bart sah, wußte ich, wer das war. Ich sah nie etwas anderes an ihm als den alten dunkelblauen Pullover und die verknitterte blaue Hose, die er jetzt trug. Er las in einem großen tibetischen Buch und machte kleine Randnotizen.

Wir machten uns bekannt.

«Der Manager hat mir von dir erzählt», sagte Charles. «In diesem Land lernt früher oder später jeder jeden kennen. Der Manager sagt, du bist beinah ein Buddhist.» Seine Augen glitzerten ironisch bei dem Wort «beinah».

Ich überging diesen Ansatz zu einer Herausforderung. «Was liest du da?» fragte ich ihn.

«Dieses Buch», er hielt es hoch, «gehört zu den unverständlichsten, die je geschrieben wurden. Ich studiere seit zwölf Jahren Tibetisch, drei davon in Dharamsala; ich wohne in der Schweiz in einer Gemeinschaft tibetischer Buddhisten unter Leitung eines Yeshe, eines Meisters – aber ich verstehe trotzdem wenig. Es ist ein Meditationshandbuch. Über die sechzehn Arten der Leere.»

«Sechzehn?»

«Sechzehn! Zwei davon verstehe ich halbwegs. Was soll ich machen? Muß ich nochmal fünfzehn Jahre warten? Yeshe sagt: ‹Ja, du wirst warten müssen.› Ich sage: ‹Ich will aber *jetzt* verstehen.› Yeshe: ‹Ah ja, das ist dein Problem. Deswegen kannst du nicht verstehen. Du willst zuviel.› Dann will ich ihm am liebsten eine runterhauen, beherrsche mich aber und lächle. Yeshe sagt: ‹Weißt du, du kannst nicht verstehen. Du mußt *erfahren*.› – ‹Aber wie, aber

wann?› – ‹Wenn es richtig für dich ist. Wenn deine Zeit reif ist.›
Und das Schlimmste ist, ich weiß, daß er recht hat. Aber so leicht
gebe ich mich nicht geschlagen. Ich bin hier als Fremdenführer,
aber das hier lese ich, sooft ich zwischendurch mal Zeit habe. Ich
will den alten Halunken überraschen.»
Ich befragte ihn darüber, wie er tibetischer Buddhist geworden sei,
dann über ladakhische Kunst und sein Ladakhbuch, an dem er
schrieb. Er war redegewandt, witzig, präzise und eitel, zitierte all
die langen Namen der Sutren, all die komplizierten Termini des
esoterischen Buddhismus mit beiläufiger Großspurigkeit. Aber es
war auch eine direkte, ziemlich schroffe Ernsthaftigkeit an ihm, die
ich mochte; wir verbrachten diesen Tag zusammen und gingen am
Fluß entlang nach Sankar.
«Eine Sache ist besonders wichtig», sagte er, «wenn du den Buddhismus wirklich ernst nehmen willst. Du darfst ihn nicht als Betäu-
bungsmittel gebrauchen. Ich habe das jahrelang gemacht. Ich bin
gereist, habe studiert, meine Meditationsklausuren gemacht, meinen Job aufgegeben, um nach Dharamsala zu gehen – ich habe alles
Erforderliche getan, machte die atemberaubendsten Erfahrungen,
gewann tiefste Einsichten... jaja. Ich war sehr stolz auf mich,
dachte wirklich, jetzt hast du's geschafft, alles erreicht, alles verstanden – und das schon mit dreißig. Ich wußte sehr viel; ich war
vielen der großen Rinpoche begegnet und hatte Freundschaft mit
ihnen geschlossen. Ich sprach fließend Tibetisch. Ich war glücklich
und sehr ausgeglichen – verdächtig glücklich, verdächtig ausgeglichen, wie ich jetzt weiß. Ich hatte getan, was viele Sucher tun, eine
große Mauer aus Erfahrungen, meditativen Ekstasen und Gelehrt-
heit zwischen mir und der Welt aufgebaut. Wie viele wunderbare
Unterweisungen von großen Rinpoche hatte ich gehört! Wie viele
Mädchen hatte ich zum Weinen gebracht in meinen Kursen, bei
meinen Vorträgen vor erlesener Zuhörerschaft! Und wo war ich dabei? Hinter einer Mauer aus Gerede verschanzt, ängstlich und nicht
sonderlich gewandelt. Ein Buddhist zu sein, das heißt, sich an keine
Einsicht, keine Erfahrung, kein gelerntes Wissen zu klammern,
sondern einfach und ungeschützt zu sein. Du mußt mit allem, was
dich umgibt, im höchsten Sinne praktisch verfahren, mit allen Ener-

gien des Augenblicks, seien sie gut oder schlecht. Vielleicht brauche ich noch mal zwanzig Jahre, bis ich in diesem Sinn praktisch bin.»

Halb ärgerlich, halb amüsiert lachte er über sich, saß auf einem Stein, so daß seine grellroten Socken hervorschauten, und warf mit Aprikosenkernen nach einem Baum. Ich erzählte ihm von Tuktse Rinpoche. Ich erzählte ihm, was ich empfunden und verstanden hatte.

«Du hast Glück», sagte er. «Und er ist, meiner Meinung nach, genauso, wie du ihn beschrieben hast. Diese Verbindung zu spüren und diese Liebe zu empfinden für einen Meister wie den Rinpoche, das ist eine große Sache. Mach dir nichts draus, wenn du dafür kein Pendant in deiner westlichen Erfahrung findest. Der Westen weiß kaum etwas von den Gesetzen und Beziehungen des Geistes. Du mußt den Mut finden, über dieses Unwissen hinauszugehen. Und du darfst nicht vergessen, daß diese Begegnung mit ihm nur der Anfang ist. Es ist gut, daß du all das empfunden hast, aber halt dich nicht daran fest, sonst wirst du zum Gefangenen deiner eigenen Einsichten. Der Rinpoche hat dir geholfen, deine Reise anzutreten; du stehst am Anfang. Du hast einen weiten Weg vor dir. Rechne dir möglichst wenig als deine eigene Leistung, dein eigenes Verdienst an, aber bleib dem treu, was du hier gesehen und erfahren hast: was du hier bekommen hast, mußt du bezeugen. Was bist du ohne das?»

Im Kloster Sankar steht eine Skulptur des Avalokiteshvara. Sie ist aus Gips, etwas mehr als lebensgroß, dunkel und fleckig vor Alter, Kerzenwachs und Ruß, und steht in der Dunkelheit des Schreinraums. Charles und ich zündeten jeder eine Lampe an.

«Weißt du, weshalb Avalokiteshvara immer mit tausend Händen dargestellt wird? Die Legende erzählt, daß er gerade ins Nirwana eingehen wollte, sich aber aus irgendeinem Grund noch einmal umblickte und ein leidendes Tier sah, ein Kaninchen oder einen Vogel. Er war so erschüttert vom Schmerz dieser Kreatur, daß er nicht weitergehen konnte. Er konnte es nicht ertragen, für sich selbst Erlösung zu finden, wenn noch irgendein anderes Lebewesen leiden mußte. Er bat seinen Vater, Amitabha, den Buddha des endlosen

Lichts, zurückzukehren und dem Tier helfen zu dürfen. Amitabha sagte: ‹Ja, geh nur. Wenn du gehst, wirst du sehen, daß noch viele andere Wesen unter Qualen leben. Damit du sie alle sehen kannst, werde ich dir tausend Augen geben; damit du sie alle retten kannst, gebe ich dir tausend Hände.›»

Während Charles sprach, kam mir eine Erinnerung. Ich sah mich im Alter von elf Jahren in einem Zug in Südindien mit meinem Vater. Licht und der Geruch von Orangen durchfluteten den Zug. Ich war für die Winterferien nach Hause gefahren, und mein Vater machte mit mir einen Ausflug, um mir die Gemälde und Skulpturen von Ajanta und Ellora zu zeigen.

«Wer hat sie gemacht?» fragte ich ihn.

«Buddhistische Mönche. Sie haben die Höhlen in den senkrechten Fels geschlagen.»

Dann stand ich in einer der Höhlen von Ajanta. Mein Vater hatte seine Taschenlampe herausgeholt und richtete sie auf eine große männliche Gestalt an der Wand, die eine Blume in der Hand hielt.

«Wer ist dieser Prinz, Vater?»

Mein Vater wußte es nicht. Er wandte sich an unseren kleinen, dikken Führer.

«Wer ist dieser Mann?»

«Das ist Avalokiteshvara, Sahib, der Buddha des Mitleids. Er hat soviel Liebe für diese Welt, daß sein Gesicht traurig ist.»

Jetzt erst bemerkte ich, daß auf dem Boden vor dem Gemälde ganze Haufen von verwelkten weißen Blumen lagen.

«Was bedeuten die Blumen hier?» fragte ich den Führer.

«Diese Blumen bringen die Leute dem Buddha. Eine Blume ist schön. Sie verwelkt schnell. Es ist traurig, daß sie so schnell verwelkt. Eine weiße Blume ist ein Symbol der Reinheit.»

Und dann bückte er sich, hob eine der Blumen auf und gab sie mir.

«Das bringt Glück, Sahib...»

«Warum lächelst du?» unterbrach Charles meine Erinnerung.

«Mir fiel eben ein, wie ich als Kind in den Höhlen von Ajanta war und das große Gemälde des Avalokiteshvara gesehen habe.»

«Hat es dich berührt?»

«Sehr.»

«Vielleicht bist du deswegen jetzt hier.»

Dann saßen wir draußen auf der Klostertreppe. Es dämmerte. Die Sonnenblumen im Garten wurden dunkler.

«Ich saß mal in Pokhara in einem Kaffeehaus am See», erzählte Charles. «Es war kalt. Draußen auf einer Holzbank saß eine sehr alte und magere Bettlerin und bettelte. Ich habe ihr fünf Rupien gegeben. Sie kaufte sich eine Gemüsesuppe mit Kartoffeln. Und dann passierte etwas ganz Erstaunliches. An der Tür schlich ein besonders räudiger und verdreckter Köter herum. Die Frau setzte sich neben dem Hund auf den Boden und gab ihm genau die Hälfte von ihrem Essen ab. Sie hatte nichts, kein Geld und nur noch Lumpen am Leib; und der Hund war nicht ihrer. Es wirkte nicht so, als hätte sie sich gesagt: ‹Ich werde jetzt mit diesem Hund mein Essen teilen.› Nein, sie ließ ihn einfach völlig spontan mitessen, ohne überhaupt auf den Gedanken zu kommen, daß sie und der Hund zweierlei seien oder daß sie zum Geben und er zu Dankbarkeit verpflichtet sei. *Das* ist Erbarmen...

Kennst du die Geschichte vom Buddha und der Dirne? Von allen Geschichten, die ich kenne, bewegt mich diese, glaube ich, am meisten. Als der Buddha jung war, galt er als ein sehr schöner Mann. Einige von seinen Feinden wollten ihn in Verruf bringen und schickten ihm die berühmteste Kurtisane seiner Zeit. Sie gefiel dem Buddha, und sie sprachen über viele Dinge. Sie war sehr schön und geistreich. Sie bot sich ihm an. Der Buddha lächelte und sagte: ‹Ich werde dich lieben, wenn kein anderer dich mehr liebt; ich werde dich lieben, wenn alle andere Liebe dich verlassen hat.› Darüber wurde sie sehr zornig und verließ ihn. Fast vierzig Jahre später lag der Buddha im Sterben und wurde auf einer Bahre zu seiner letzten Ruhestätte getragen. Er sah eine zerlumpte Gestalt, die sich in den Schatten einer Mauer drückte. Es war eine Aussätzige, eine alte, bucklige Frau mit halbzerfressenem Gesicht. Der Buddha stieg von seiner Bahre, ging zu der Frau hin und schloß sie still in seine Arme.»

Ich war verstockt. Ich sagte: «Das ist für mich eine unerträgliche Geschichte. So zu gewinnen und das letzte Wort zu haben.»

220

Charles wurde ärgerlich. «Ist das alles, was sie dir in Oxford beigebracht haben – so scheißklug und ironisch zu sein? Begreifst du eigentlich gar nichts? Merkst du nicht, daß die Geschichte von der tiefsten Liebe erzählt, die wir uns vorstellen können – Liebe ohne Verlangen und Erwartung, Liebe, die alle Schleier und Schranken des Fleisches und der Welt durchbricht? Begreifst du nicht, daß so zu lieben das Ende der Existenz bedeutet? Oder begreifst du und hast bloß nicht den Mut zu sagen: ‹Ja, ich verstehe›? Haben sie dich in England so feige gemacht, daß du nicht einzugestehen wagst, was du weißt?»

Wir gingen schweigend hinauf in den letzten Schreinraum. Oben sagte Charles: «Entschuldige, ich war grob.»

«Aber du hast recht», sagte ich. «Ich war wirklich feige. Ich bin zur Zeit so durcheinander, daß ich nicht weiß, was ich denken soll. Es tut mir leid. Hier in Ladakh ist soviel passiert, daß ich mir über gar nichts mehr im klaren bin.»

«Gott sei Dank», sagte Charles. «Wenn dir alles so klar wäre, könnte wenig passieren! Unsere tiefsten Einsichten sind von Ängsten umringt, die wir erst durch Verstehen durchsichtig machen müssen, bevor wir finden können, was sie verbergen. Wenn du keine Angst hättest, wärst du achtlos und dumm. Richtige Furcht ist eine der größten Gaben, die man bekommen kann.

Einmal wollte ich ganz von Dharamsala weggehen. Ich hatte genug. Es ging überhaupt nicht voran. Ich dachte, ich sei da auf lauter dummes Zeug hereingefallen. Ich wollte alles hinschmeißen, nicht mehr Tibetisch lernen, nicht mehr meditieren, sondern zurück nach Europa gehen und irgendwas Einfaches tun. Büroangestellter oder Journalist. Das Ganze vergessen. Mir kam sogar der Verdacht, daß der Lama, unter dem ich studierte, ein Hochstapler sei, kein bißchen entwickelt, kein bißchen weise, einfach ein Papagei der alten Tradition, bestenfalls ein achtbarer Dummkopf. Ich wurde sehr griesgrämig. Ich wollte mir Geld für die Rückreise schicken lassen. Dann bin ich zu meinem Lama gegangen und habe ihm alles erzählt, was in mir vorging. Alles. Ich habe ihm nichts erspart. Ich war wütend, beleidigend, wortreich. Er hörte aufmerksam zu. Manchmal bat er mich, bestimmte Stellen noch klarer und präziser auszudrücken. Weshalb genau verachtete ich ihn? Welche Teile seiner Unterweisung kamen bei mir nicht an? Und so weiter. Am Ende meiner Tirade sagte er nichts. Dann sah er mich an und fragte: ‹Ist das alles?› Da habe ich die Beherrschung verloren. ‹Was heißt hier *Ist das alles?* Ich erzähle Ihnen von meinen tiefsten Gefühlen, ich entblöße Ihnen mein Herz, und Sie sagen, ist das alles?› Er hat gelächelt und sagte: ‹Charles, Ihr Zorn ist das einzig Ehrliche, das Sie das ganze Jahr über geboten haben. Warum vergeuden Sie ihn jetzt? Sehen Sie nicht, daß er ein Geschenk ist, das Sie nicht wegwerfen dürfen? Denken Sie sich Ihren Zorn als ein Stück dunklen Marmor; Sie müssen es bearbeiten. Wenn Sie es einfach mit zurück nach Europa schleppen, bekommen Sie nur einen Buckel davon.› Ich bin dageblieben.»

Wir waren inzwischen in den letzten Raum gelangt. Charles sagte: «Nicht hinsehen», und hielt mir die Augen zu. Unten intonierte ein Mönch die Abendgebete. Charles führte mich ein paar Schritte, richtete mein Gesicht nach oben und nahm die Hände weg.

Vor mir stand eine immense Statue, von etlichen Lampen grell beleuchtet. Es war das Bildnis einer Göttin. Mit tausend Armen und Beinen. Ihr Gesicht war erschreckend – stierende Glotzaugen, und der Mund zu einem grausigen Lachen aufgerissen.

«Wer ist das, Charles?»

Charles lachte. «Wer das ist? Das ist Dükar, die Weiße Tara in ihrem rasenden Aspekt.»

«Wozu braucht sie die ganzen Messer und Pfeile?»

«Um die Unwissenheit zu töten.»

«Und wen zertritt sie da? Wer sind diese kleinen dicken Dämonen?»

«Das sind die Kräfte von Stolz und Eitelkeit in uns.»

«Schrecklich!»

«Sie tanzt den Tod des Ichs. Das ist schrecklich. Aber sie wird auch Erlöserin genannt und Friedenbringerin und Mutter der Weisheit.»

«Warum lacht sie?»

«Es ist das Lachen des Triumphs. Ihr Lachen, so heißt es, kann Welten zum Einstürzen bringen. Sie ist das heilige Rasen in uns, das alle unsere Ängste und Illusionen zerschlagen wird, das große Lachen über unsere Eitelkeit und das innere Feuer, in dem sie verbrennen wird.»

Dann führte er mich sanft nach rechts zu einer kleinen Statue aus vergoldeter Bronze, die einen Lama darstellte.

«Sie stammt aus Bhutan. Das ist ein sehr heiliger Lama.»

«Er hat ein so feines und gütiges Gesicht.»

«Das ist die Güte, die durch das Feuer des Todes gegangen ist.»

Am Abend betranken wir uns bei Mama Chang. Charles sang mit rostigem Bariton Schweizer Lieder und führte zum Entzücken der jungen Tibeter, die mit uns tranken, Chaplin-Imitationen a la *Goldrausch* auf. Ich sang unter großem Applaus «Go away from my Window» und wurde von den Tibetern aufgefordert, ihnen Disco-Tanz beizubringen, was ich tat. Mama Chang kam von nebenan und sah mir zu. Sie griff sich ans Herz, japste und schnaufte vor Lachen und konnte sich kaum auf den Beinen halten. Schließlich fiel sie aufs Bett, und man bekam sie nicht mehr hoch, so sehr lachte sie. Wir bekamen unsere Revanche, als sie selbst mit ihren ganzen einhundertzwanzig Kilo zu tanzen versuchte. Die Jungen feuerten sie an, klatschten und schlugen sich auf die Schenkel und pfiffen, und dann fingen auch sie an zu tanzen, jetzt aber nicht mehr westlich, sondern die langsamen, sinnlichen Tänze Tibets mit vielen Handdrehungen und Hüftschwüngen, wobei sie im Takt klatschten und «Wa Wa Wa *Wa*» riefen.

Teils um ihn zu piesacken, bat ich Charles, mir ein paar Sätze aufzuschreiben, die für ihn der bündigste Ausdruck des tantrischen Buddhismus seien. Er stöhnte gequält, riß aber eine Seite aus dem Notizbuch und beschrieb sie in großen, feierlichen Schwüngen; in die Ecken malte er Gesichter – feurige Gesichter, sanfte Gesichter, komische Gesichter und eins, das meins sein sollte: konsternierter Blick aus hervorquellenden Augen, dünner Schnurrbart und die überaus gesetzt wirkende Brille. Als er die Sätze geschrieben hatte, zeichnete er darunter eine Karikatur von sich selbst, die ihn in

Schweizer Alpentracht zeigte, ergänzt durch einen Rinpoche-Hut mit zwei Drachen darauf und einem sehr mitgenommenen Flügelpaar mit wehenden Bändern. Darunter schrieb er in Großbuchstaben: «Der Verräter der Wahrheit, die jenseits der Worte ist.» Auf ein Spruchband, das aus seinem Mund flatterte, schrieb er «Wa Wa Wa Wa» und ein paar tibetisch wirkende Schriftzeichen. Seine Sätze:

> Im Tantra gibt es keine Götter, keine äußeren Mächte.
> Die Götter sind deine inneren Energien. Wenn du sie anrufst und ihnen huldigst, rufst du dich selbst an und huldigst dir selbst. Stolz auf die eigene innere Göttlichkeit führt ohne das Wissen um die Leere zum Größenwahn. Alles ist leer, selbst deine eigene innere Göttlichkeit. Selbst die Götter sind leere Symbole, die sich im Strahlen der Leere auflösen, wenn sie ihren Zweck erfüllt haben.
> Tantra ist Alchemie, eine Alchemie, die den Schmutz des Ich in das Gold der Ichlosigkeit verwandelt. Das ist so richtig ein Satz für dich.
> Meine Hand ist müde.
> Jetzt verstehst du alles bis ins letzte.

Alle drängten sich um Charles, während er die Sätze schrieb. Einer der jungen Tibeter fragte ihn: «Was schreibst du da?»
«Ich schreibe einen Brief an meinen englischen Freund.»
Der Tibeter lachte. «Aber warum schreibst du ihm einen Brief? Er ist doch hier.»
Charles sagte: «Mein englischer Freund hat eine seltsame Krankheit. Eine Art Wahnsinn. Er kann etwas nur glauben, wenn er es geschrieben sieht. Er glaubt nichts, was irgendwer ihm sagt.»
«Der Ärmste. Da muß er noch ein bißchen trinken, dann kann er auch nicht mehr lesen.»
«Und was tut er dann?»
«Er tanzt.»

Chang ist ein sanftglühendes Getränk, und ich war sanft-
glühend sturzbetrunken.

Charles stützte mich und bugsierte mich um alle Ecken zu meinem
Hotel. «Gib einem Engländer ein Glas von irgendwas, und er kann
nicht mehr laufen. Soviel über englische Rationalisten.»

«Ekel! Wie schaffst du das, immer noch nüchtern zu sein?»

«Lange meditative Schulung. Du wirst meinen erhabenen Ent-
wicklungsstand vielleicht nie erreichen. Du kannst jahrelang nackt
im Himalaya meditieren und bist nicht da, wo ich bin.»

Dann sagte er: «Hast du noch Angst?»

«Nein.»

«Warum nicht?»

«Weiß ich nicht. Muß das einen Grund haben?»

«Nein.»

«Gott sei Dank.»

«Ich wecke dich um halb sieben.»

«Halb sieben!»

«Buddhisten wachen früh auf.»

«Ich bin kein Buddhist.»

«Du bist mehr Buddhist, als du glaubst.»

«Na gut, wenn ich einer bin, dann werde ich ein fauler Spätaufste-
herbuddhist sein.»

«Der Bus nach Sheh fährt um halb acht ab. Wir müssen früh da
sein.»

«Ich denke, du fährst mit deiner Gruppe nach Alchi.»

«Nein, ich habe es mir anders überlegt. Ich will keine Gelegenheit
verpassen, dich mit bombastischen Sprüchen zu traktieren. Das
macht einfach zuviel Spaß.»

«Ich dachte, die Schweizer hätten so ihre Schwierigkeiten mit dem
Spaß.»

«Ihre wahren Freuden sind höchst kultiviert, sublim.»

«Wirklich?»

«Wirklich.» Ich stolperte in mein Zimmer. Jemand hatte eine große
Sonnenblume in einem Glas neben mein Bett gestellt. Sie wirkte
sehr komisch an ihrem langen, nackten Stiel, so aberwitzig groß und
offen im Mondlicht.

Nawang erwartete uns in Sheh an der Bushaltestelle. Er trug seine dunkle Sonnenbrille und ein frisches rotes Gewand. Er wirkte äußerst ausgeschlafen.

«Warum seid ihr nicht mit dem früheren Bus gekommen?»

«Wir haben gestern abend zu lange geredet.»

«Also, dann schnell jetzt. Die Zeremonie hat schon angefangen. Wir sehen sie uns an und gehen dann zum Rinpoche.»

Wir gingen los.

«Es ist das erste Jahr, in dem das Orakel wieder zu sehen ist, nicht wahr?» fragte Charles.

«Das erste Mal seit zwanzig Jahren, glaube ich», erwiderte Nawang. «Der Rinpoche hat es eigens wiederaufleben lassen. Er sagt, er versucht die Sonne wieder aufgehen zu lassen über einem dunklen Land. Er sagte, die Menschen von Sheh sind in der Gefahr, ihre geistige Identität zu verlieren, und das Orakel sei eine Möglichkeit, diese Identität wiederzufinden. Früher war die Zeremonie des Orakels der Jahresmittelpunkt in Sheh, das Erntefest.»

«Die Orakel stammen aus vorbuddhistischer Zeit», sagte Charles.

«Ja, aber dem Buddhismus ist es gelungen, die alten Kräfte zu kanalisieren und ihnen neue Ausdrucksmöglichkeiten zu geben.»

Charles sagte: «Ich habe mal eine Zeit in Brasilien gelebt. Jedes Jahr hatten sie da dieses wilde Fest, bei dem die Teufelstänzer in die Kathedrale kommen. Und wenn die wie verrückt getanzt und geschrien hatten, kam jemand als Jungfrau Maria gekleidet herein und fing an, ein Kirchenlied zu singen. Übrigens, wer ist eigentlich das Orakel?»

«Er ist Beamter im Landwirtschaftsministerium. Er stammt aus einer langen Ahnenreihe von Orakeln. Sein Vater war hier das letzte Orakel. Meistens ist er ein ziemlich zurückhaltender Mann. Aber wenn er was getrunken hat...»

In diesem Augenblick bog das Orakel auf seinem Pferd vor uns um die Ecke. Er war unglaublich betrunken. Er schwankte auf seinem Pferd hin und her, die Augen waren halb geschlossen, und aus dem Mund troff Chang auf sein grünes und rotes Gewand. In der linken Hand trug er einen kleinen Ritualspeer mit Silberspitze, der mit Seidenbändern geschmückt war, und mit dem fuchtelte er so fahrig herum, daß man um die Umstehenden fürchten mußte. Trotzdem drängten sich die Leute von Sheh um ihn, winkten mit ihren weißen Tüchern, warfen sie dem Pferd über den Rücken, ließen händeweise das Korn auf Roß und Reiter niederregnen, jubelten, und er nahm all diese rauhen Huldigungen mit geübter, wenn auch etwas wackliger Grandezza entgegen, gewährte allen sein wattiges Lächeln, berührte die Köpfe der Kinder, die man ihm hinhielt, fuhr mit der Hand durch die schmutzigweiße Mähne seines Karrengauls, als wäre er ein Prinz auf einem feurigen Hengst. Sein Gesicht war schmal, sehr lang und gelb und hatte einen stupiden Ausdruck, aber er besaß feine, lange, dichtberingte Hände, die Hände eines Malers oder Uhrmachers. Manchmal schien er kurz vor dem Einnicken zu sein. Im Sattel sitzend, sank er langsam in sich zusammen, wobei sein Orakelhut aus weißem und rotem Brokat in bedenkliche Schräglage geriet. Dann schüttelte ihn ein rotgesichtiger Mann, der rechts neben ihm ging und das Pferd am Zügel führte, flüsterte ihm etwas ins Ohr und zog die nächste Flasche Chang aus einem Beutel. Zu diesen Flaschen schien das Orakel das innige Verhältnis des wahren Säufers zu haben; er hielt die Flasche hoch, wie um sie zu segnen, und leerte sie dann bis auf einen Rest, den er, kreischend vor Lachen, über die Menge verspritzte. Er trug einen roten und einen schwarzen Socken und dazu schmutzige, alte, an den Seiten aufgeplatzte Schuhe, die von roten Bändern zusammengehalten wurden. «Was hat er jetzt vor?» fragte ich Nawang.

«Er wird auf den Hügel laufen und ihn segnen.»

«Das schafft er nie.»

«O doch. Dir erscheint er vielleicht fix und fertig, aber in Wirklichkeit ist er besessen. In diesem Zustand ist er so stark wie mehrere Männer.»

Das Orakel wurde von seinem Pferd gehievt, und der arme Mann sah so derangiert und erledigt aus, daß man ihm keinen Schritt aus eigener Kraft zugetraut hätte, geschweige denn einen Lauf. Aber Nawang behielt recht. Plötzlich begann er mit völlig veränderter, tiefer Stimme zu schreien, ging auf die Menge los, die sich hastig zurückzog und ihn allein in seinem Kreis ließ, wo er sich nun wie wild zu drehen begann. Er drehte sich immer schneller und schrie dabei immer lauter. Und dann, ebenso unvermittelt, rannte er los. Er lief den Hügel hinauf, geradewegs, wie neulich der junge Rinpoche gelaufen war. Dann und wann blieb er stehen, bückte sich, warf die Arme hoch, schrie etwas und rannte weiter. Niemand folgte ihm. Oben auf dem Hügel blieb er stehen, drehte sich um und erhob sehr feierlich die offenen Hände zum Segen. Die Menge verstummte, und alle beugten den Kopf. Diese andächtige Stimmung schien das Orakel zu amüsieren; sein irres Lachen setzte wieder ein, und dazu stolzierte er wie ein Löwenbändiger oben auf dem Felsen hin und her, stampfte mit den Füßen auf, warf den Kopf zurück und schwang seinen Speer wie eine Peitsche. Das ging so lange und unter so vielfältigen Demonstrationen seiner Wildheit weiter, daß ich schon fürchtete, er werde gar nicht wieder von seinem Felsen herunterkommen, sondern oben bleiben, bis er zusammenbrach. Wie würden dann die Festlichkeiten weitergehen? Würde sich irgendwer an ihn herantrauen, solange er in diesem Zustand war? Würde der Rinpoche höchstpersönlich kommen müssen? Mußte man vielleicht sogar mit Glocken und heiligen Rezitationen einen Exorzismus vornehmen? Als ich gerade anfing, mir diese ganze komische Szenerie genüßlich auszumalen, blieb das Orakel stehen, stemmte die Hände in die Hüften wie eine Stripperin, warf den Speer in die Luft, fing ihn auf, stemmte die Hände wieder in die Hüften, bückte sich, sprang dreimal hoch, schrie etwas und kam dann den Hügel herunter, als sei nichts gewesen. Die Menge war still. Ein Mann half dem Orakel wieder auf sein Pferd. Er sah sich um, und sein Blick schien zu fragen: «Was machen denn all die Leute hier?»

«Und was kommt jetzt?»

«Jetzt wird er den Heiligen Baum segnen.»

Nawang zeigte auf einen Baum auf der anderen Straßenseite. Einen weniger inspirierenden Heiligen Baum kann man sich kaum vorstellen: er stand allein und windgebeugt auf einem Stück Sumpfland, und nur ein paar Blätter klammerten sich an seine Zweige. Das Orakel überquerte einen Bach über einen kleinen Steindamm, wobei der Mann seine wallenden Gewänder etwas raffen mußte. Als er beim Baum war, band er einen Katak um einen seiner Zweige und verbeugte sich leicht. Er wirkte erschöpft.

«Ruht er sich jetzt aus?»

«Nur bis heute nachmittag, wenn die Tänze anfangen.»

Er kam über den Bach zurück, wischte sich mit einem Seidenschal die Stirn, bestieg sein Pferd und ritt mit starr geradeaus gerichtetem Blick zurück nach Sheh. Ein Mann bot ihm eine Flasche Chang an. Er nahm sie und schmetterte sie angewidert zu Boden.

«Der Rinpoche erwartet uns, kommt schnell.»
Nawang führte uns durch die Gassen von Sheh zu einem einfachen quadratischen Steinhaus mit einem großen Garten voller Sonnenblumen und Tulpen. Ein Bach floß durch den Garten. Zwei alte Pferde grasten in einer Ecke unter einer Pappel, ihr Fell hatte kahle Stellen wie ein alter Teppich. Ein paar Mönchsgewänder lagen zum Trocknen im Gras, und der Wind hatte trockene Blätter über sie gestreut. Es wurde Herbst. Wir gingen an den Bach und wuschen uns Gesicht und Hände. Charles hatte ein paar Äpfel in der Tasche, und wir setzten uns zwischen Sonnenblumen und Bach auf den Boden und aßen sie. Ich konnte von dort aus in die große, halbdunkle Küche des Hauses blicken. Eine alte Frau stand dort und schnitt Gemüse in eine Schüssel. Hinter ihr an der Wand glänzte eine Reihe von Töpfen aller Formen und Größen. Sie kam ans Fenster, hielt die Hand über die Augen und rief uns zu: «Sitzt doch nicht da draußen herum. Kommt rein. Ich habe Tee gemacht. Wollt ihr welchen?»

«Das ist die Frau vom Dorfvorsteher», sagte Nawang. «Der Rinpoche wohnt immer hier, wenn er in Sheh ist.» Dann rief er unseren Dank zurück und sagte, wir müßten zum Rinpoche und hätten sehr wenig Zeit. Sie lächelte, winkte uns zu und machte sich wieder an ihre Küchenarbeit. Wir blieben noch einen Augenblick im Gras sitzen. Sie sang in der Küche.

«Sie begrüßt uns», sagte Nawang. «Sie singt ein ladakhisches Willkommenslied:

Wenn ihr in mein Haus kommt
Sei es Morgen, am Abend oder am Nachmittag
Ob ihr im Frühjahr kommt oder im Winter
Ich werde euch erwarten.
Ich werde warten mit Tee und Tsampa
Drum zögert nicht, meine Freunde, bleibt nicht fort.»

«Jetzt müssen wir aber gehen», sagte Charles, «sonst denkt der Rinpoche, wir kommen gar nicht.»

«Er weiß, daß ihr da seid», sagte Nawang und deutete nach oben. Dort stand auf einem kleinen Balkon der Rinpoche, schaute zu uns herunter und lächelte. Als ich ihn sah, so greifbar wirklich, so gütig, war alle Furcht verschwunden. Ein junger Mönch trat auf den Balkon und brachte dem Rinpoche tibetischen Tee und einen Teller mit Obst. Der Rinpoche sah zu uns hin und zeigte auf das Obst, als wollte er sagen: «Wenn ihr welches wollt, dann kommt herauf.» Wir gingen.

Der Rinpoche saß in einem großen leeren Raum, umgeben von Sonnenblumen und Tulpen aus dem Garten. Vor ihm stand ein kleiner roter Lacktisch, auf dem die Ritualobjekte lagen – eine Glocke, ein Vajra und seine große alte Gebetskette. Sonnenlicht erfüllte das Zimmer. Auf dem Boden lag ein alter brauner Teppich. Als er mich gesegnet hatte, sagte er: «Ihre Brille ist heute nicht heruntergefallen. Heißt das, Sie wollen Ihre Augen nun doch endgültig für sich selbst behalten?»

Ich nahm die Brille ab und gab sie ihm. Er hielt sie hoch, sah sie mit gespielter Ratlosigkeit an, schaute hindurch.

«Wie Sie damit überhaupt etwas sehen können!» lachte er. «Ich sehe gar nichts.»

Er gab sie mir mit zwei Aprikosen zurück. «Da, behalten Sie sie. Es sind Ihre. Nur Sie können damit was sehen.

Ich bin heute morgen sehr beschäftigt», fuhr er dann fort. «Viele Menschen möchten mich noch sehen, bevor nach dem Mittagessen die Tänze anfangen. Aber bleiben Sie hier bei mir. Wir werden miteinander sprechen und zusammen essen. Zwischen den Besuchen, die ich erwarte, können Sie mich fragen, was Sie wollen.»

Für den Augenblick hatte niemand den Wunsch, etwas zu sagen. Es war genug, einfach dort bei ihm zu sitzen. Dann kam der Dorfvorsteher, ein großer, dicker Mann mit rotem Gesicht, ins Zimmer und sagte: «Rinpoche, die Trommler von Sheh sind gekommen, um für Euch zu trommeln. Wollt Ihr sie hören?»
Der Rinpoche nickte.
Die Trommler – es waren drei, ein alter Mann und seine beiden Söhne – kamen nicht ins Zimmer, sondern blieben draußen auf dem schmalen Balkon. Sie spielten anfangs leise und gleichmäßig, dann immer lauter und in komplizierteren Rhythmen. Der Rinpoche schlug den Takt ganz leicht mit der rechten Hand auf dem kleinen Tisch mit.
In den nun folgenden zehn oder fünfzehn Minuten machte ich eine der sonderbarsten Erfahrungen meines Lebens. Während das Trommeln an Intensität zunahm, fiel mir auf, daß mein Bewußtsein sich langsam und sacht von meinem Körper löste und dann ein wenig vom Körper entfernt schwebte. Das erschreckte mich nicht, denn ich hatte schon Träume gehabt, in denen sich genau dieser Ablösungsprozeß vollzogen hatte. Ich sah mir in diesem neuen Zustand alles an, was es in meiner Umgebung zu sehen gab – die Wände, das Obst auf dem Teller vor dem Rinpoche, Charles, Nawang, den Rinpoche selbst, wie er auf den Tisch klopfte und in sich hineinlächelte, das Sonnenlicht, das in großen leuchtenden Quadraten und Rechtecken auf die Wände fiel. Ich sah zum ersten Mal – und nicht nur intellektuell, nicht nur mit dem Verstand, sondern mit den Augen des ganzen Körpers und des ganzen Geistes –, was mit Leere, Sunyata, gemeint ist. Alles war von erstaunlicher, gesteigerter Wirklichkeit – und wirkte zugleich fast attrappenhaft, wie gemalt oder aus Reispapier und Balsaholz gefertigt. Selbst die imposante Gestalt des Rinpoche wirkte zugleich wie eine Puppe, an den hervorspringenden Stellen des Gesichts war unter der straff gespannten Papierhaut das Holzgestell zu ahnen. Das vor ihm stehende Obst war fest und von solcher Zartheit, daß ein Hauch es davonblasen oder zerbrechen konnte. Ich glaubte meine Hände durch die Mauern strecken zu können, durch den Garten dahinter, durch den Bach und die Berge. Ich fühlte mich nicht von den Men-

schen und Dingen getrennt, die ich anschaute, ich fühlte mich nicht realer als sie, konnte für mich selbst nicht beanspruchen, als fest oder absolut zu gelten. Ich erkannte, daß auch das Ich, das all das sah, so substanzlos wie Wind war. Ich drehte den Kopf und schaute durchs Fenster zu den Bergen hin. Sie waren Papier, ein Kind hätte sie zerreißen können. Ich sah den Rinpoche an. Er starrte vor sich hin und sprach ein Gebet. Auch er eine Illusion, ein Spiel, ein Hauch, doch der Unterschied zwischen ihm und mir bestand darin, daß er es schon längst wußte, jahrelang darüber meditiert hatte und die leere Weite, die ich in diesen kurzen Augenblicken empfand, zu einer beständigen Erfahrung, zum lichten, stillen Grund seines ganzen Lebens gemacht hatte. Ich habe ihn nie tiefer geliebt als in diesem Augenblick, in dem ich sah, daß er letztlich so wenig real war wie alles andere, daß auch er – wie das Obst und die Wände und die Berge und ich – eine vorübergehende Einbildung war. Ich vergaß für diesen Augenblick alle Furcht und allen Selbsthaß, und ich wußte, so sicher wie nie zuvor oder seither, daß alles andere als dieses Gefühl der Freude und Weite meiner nicht würdig war und keines anderen Lebewesens würdig war – alles andere war Lüge und Erniedrigung. Das Trommeln erreichte seinen Höhepunkt und hörte auf. Ich trat wieder in meinen Körper ein, und das Bewußtsein kehrte in seinen gewohnten stumpfen Zustand zurück. Charles und das Obst und der Rinpoche waren noch da; ich war nicht wahnsinnig geworden; in mir war es ganz still; die Trommler waren hereingekommen und bekamen Kataks und Obst; Nawang beugte sich zu mir hin und sagte: «Diese Trommler, das sind die besten in ganz Ladakh. Du wirst sie heute nachmittag wieder hören.» Die Berge im Fenster hatten ihre Festigkeit zurückgewonnen und leuchteten in der Sonne.

Die Trommler verließen den Raum. Charles sagte zum Rinpoche: «Ich würde Ihnen gern eine Frage stellen.»

«Worüber?»

«Über das Geben und die Vollkommenheit des Gebens.»

«Warum fragen Sie mich?»

«Weil ich traurig bin über mein Leben. Ich habe in der Illusion gelebt. Ich habe selbstsüchtig gelebt.»

232

Der Rinpoche sagte: «Seien Sie traurig, aber nicht zu sehr, lassen Sie sich nicht darin versinken. Was Sie getan haben, können Sie nicht mehr ändern; aber was Sie noch werden, daran können Sie etwas tun. Denken Sie daran, daß Sie irgendwo schon frei sind. Denken Sie daran, daß Sie schon Buddha sind. Ziehen Sie daraus Ihre Hoffnung, und leben Sie in dieser Hoffnung.»

«Das ist schwer.»

«Es ist das Schwerste überhaupt. Deshalb müssen Sie sich üben. Das Ich möchte manchmal aufgeben und sich der Verzweiflung überlassen. Die Verzweiflung ist eine der letzten Bastionen des Ego. Und auch diese Bastion muß eingerissen werden. Wir dürfen uns in nichts und nirgendwo niederlassen und einrichten. Im Herz-Sutra heißt es: ‹Laß den Geist nirgendwo bleiben und sich auf nichts niederlassen, laß ihn frei von Gedanken-Behausungen.›»

Charles schwieg einen Augenblick und sagte dann: «Es gibt einen Text von Chandrakirti, den ich nicht verstehe. Bitte erklären Sie ihn mir. ‹Wenn ein Bodhisattva das Wort «geben» denkt oder hört, erhebt sich Glückseligkeit; die in Nirwana leben, kennen dieses Glück nicht. Wozu ihnen von der Freude, alles zu geben, erzählen?› Was meint Chandrakirti?»

Der Rinpoche lächelte. «Ich liebe diesen Text, seit ich ihn als Zwölfjähriger in Tibet das erste Mal gehört habe. Ich habe ihn oftmals bei der Meditation gebraucht.»

Der Rinpoche antwortete nicht sofort und auch nicht direkt. Er hob den Vajra auf und hielt ihn in der linken Hand. Mit der rechten nahm er eine Sonnenblume aus einer Schüssel, die neben ihm stand. Er hielt uns beides hin.

«Schauen Sie diese Blume an», sagte er. «Sie gibt sich uns und den Bienen, die ihren Blütenstaub sammeln, vollkommen rückhaltlos. Sie kann nichts zurückhalten. Sie kann uns oder den Bienen nichts verweigern. Erinnern Sie sich an die Erzählung vom Buddha und der Blume? Als der Buddha alt war, wollte er einen Nachfolger finden. Er rief seine Mönche zusammen, es waren an die dreihundert. Obgleich er sie gerufen hatte, blieb er wortlos vor ihnen sitzen. Dann hielt er eine Blume hoch, immer noch schweigend. Nur der Mönch Kasyapa verstand und lächelte. Ihn wählte der Buddha zum Nachfolger. Noch am selben Tag erlangte er Erleuchtung.»

Der Rinpoche sah uns an. «Was not tut, sind Weisheit und Offenheit und Großzügigkeit, deshalb halte ich den Vajra in der linken Hand. Auch das Wissen um Sunyata, die Leere, ist erforderlich, wenn das Geben vollkommen sein soll. Das Geben ist nur dann vollkommen, wenn der Gebende weiß, daß weder das Geben noch der Gebende wirklich sind, daß sie leer sind und auch der Empfangende leer ist, also letztlich nicht existiert. Das bedeutet nicht, daß es gar nicht notwendig ist zu geben – im Gegenteil, das Geben wird ganz natürlich, so natürlich, daß man es nicht einmal ‹Geben› nennen muß. Die Blume gibt nicht; sie öffnet sich, das ist alles. Der Gebende rühmt sich nicht seines Gebens, er macht kein Aufhebens um seine Gabe und behandelt den Empfänger seiner Gabe nicht von oben herab. Das Wissen um Sunyata offenbart, daß man anderen nicht geben kann, ohne sich selbst zu geben, aber auch, daß es keinen Geber, keinen Empfänger und keine Gabe gibt. Und so geben Sie freimütig, beanspruchen dafür nichts für sich, erhoffen sich nichts, planen nichts. So zu geben, ist das größte Glück. Shantideva sagt: ‹Wenn du alles weggibst, bist du allen Kummer los.›»

Er legte die Blume zurück in die Schale und den Vajra vor sich auf den Tisch. Dann beugte er sich vor.

«In dem Text, den Sie zitierten, erzählt Chandrakirti uns von der Freude eines Bodhisattva – einer Freude, die ohne Ende ist, weil das Geben, dem sie entspringt, grenzenlos ist. Der Bodhisattva, der sich das Nirwana versagt, bis jedes Lebewesen mit ihm ins Nirwana eingehen kann, erfährt eine Freude, die den Erlösten versagt ist; er lebt in der Freude, alles zu geben, ohne an sich selbst zu denken. Wir sagen im tibetischen Buddhismus, daß ein Bodhisattva wie der aufgehende Mond ist. Er verharrt in einem weißen Licht, das von ihm selbst ausstrahlt und von der Weisheit der Leere, die durch ihn leuchtet; wer ihn anschaut ist glücklich, und sei es nur für einen Augenblick, und gewinnt den Mut, die lange Reise seiner eigenen Vervollkommnung anzutreten. Shantideva schreibt, die Vollkommenheit des reinen Gebens mache einen Menschen ‹wie einen wasserkristallenen Juwel, der das Dunkel zerstört und überwindet›.

Einen kleinen Teil des Lebens in dieses Strahlen zu verwandeln, ist für die meisten Leben genug; aber wer die Welt wahrhaft liebt, wer wahre Einsicht und wahres Mitgefühl hat, wird solch ein Juwel werden wollen. Wenn er dieses Strahlen geworden ist, wird er in der Freude leben, von der Chandrakirti spricht, einer Freude, die ihm durch nichts genommen werden kann, weil sie an nichts haftet.»

Ich sagte: «In meinem Land gibt es viele, die darauf antworten würden, das sei alles wunderschön, aber ohne wirkliche Bedeutung, ein Traum.»

Der Rinpoche lächelte. «Solange es Samsara gibt, wird es auch das Ausweichen geben, das Umgehen der inneren Vollkommenheit, die das Wesen des Menschen ist. Das ist vielleicht die traurigste aller Tragödien von Samsara und die schmerzhafteste. Ein Mensch hungert in einem dunklen Raum, während im Zimmer gegenüber genug Nahrung ist für viele Leben, für die Ewigkeit. Aber er muß in dieses Zimmer *gehen*, und bevor er das tun kann, muß er *glauben*, daß es wirklich da ist. Niemand anderes kann für ihn glauben. Niemand kann ihm die Nahrung aus diesem Zimmer bringen. Täte man es, er würde es nicht glauben und könnte sie nicht essen. Im Dhammapada heißt es: ‹Buddhas waschen weder die Sünden mit Wasser fort noch entfernen sie die Leiden des Daseins mit ihren Händen. Sie übertragen ihre Befreiung nicht auf andere. Durch die Lehre der Wahrheit, die Lehre von der Natur der Dinge, werden Lebewesen befreit.› Aber sie können erst belehrt werden, wenn sie hören wollen, und sie können erst lernen, wenn sie die Demut besitzen, sich wandeln zu wollen. Es steht uns frei, Bodhisattva zu werden oder uns Leben um Leben immer wieder dem Leiden zu verschreiben. Wenn Menschen sagen, sie seien hilflos, gefangen, unvollkommen, so meinen sie damit oft in Wirklichkeit: ‹Ich will meine eigene Vollkommenheit nicht leben, ich will meine eigene Wirklichkeit nicht tragen.› Unvollkommenheit ist bequemer und ‹menschlicher› als Vollkommenheit. Viele klammern sich an den Glauben, daß der Mensch nun mal unvollkommen sei, denn dann fällt es ihnen leichter, sich ihre eigene Unvollkommenheit nachzusehen. Und kann man es ihnen verübeln? Zu erkennen, daß auch Verzweiflung ein Selbstbetrug sein kann, und vielleicht der gefährlichste Selbstbetrug, ist wirklich erschreckend; eine vollkommen gute und sanfte innere Kraft zu entdecken ist wirklich erschreckend. Es raubt uns jeden Trost und jede Sicherheit in der Resignation oder Ironie. Wer erträgt es, nackt seiner eigenen Vollkommenheit ausgesetzt zu sein? Andererseits, wer seine eigene Vollkommenheit gesehen und erkannt hat, wird alles daransetzen, sie im Leben zu verwirklichen. Sie zu sehen ist schon schwer; sie im Leben zu verwirklichen ist das Allerschwerste. Irgendwo wissen die Menschen das, und deshalb geben sie sich die größte Mühe, ihr Wissen nicht zur Kenntnis zu nehmen. Sie ziehen den Alptraum des Samsara, der ihnen vertraut ist, dem Erwachen vor, das sie nicht kennen. Und in gewisser Weise haben sie damit recht. Denn sobald sie die Wirklichkeit erkennen und anerkennen, müssen sie lernen, dieser Wirklichkeit zu sterben; sie werden dann kein Versteck mehr haben, keine Ecke in der Welt, in der sie sich noch sicher fühlen können. Sie müssen lernen, ‹nirgendwo zu bleiben und sich auf nichts niederzulassen›.»

«*Die Tänze fangen in einer Stunde an*», sagte Nawang. «Der Rinpoche muß sich ausruhen.» Wir verließen ihn. Ich drehte mich in der Tür noch einmal um und verbeugte mich, aber der Rinpoche war schon völlig versunken; er starrte vor sich auf den Boden, und seine Lippen bewegten sich im Gebet. In der rechten Hand hielt er seine Gebetskette, die große Kette aus braunen Holzperlen, die er schon als Junge bekommen hatte. Plötzlich wirkte er alt und erschöpft. Das war der einzige Augenblick, in dem ich ihn so sah, als wäre er allein, so wie man vielleicht einen Menschen durch ein Fenster in seinem Zimmer lesen sieht, und in diesem Augenblick wurde mir klar, wie viel von seinem Leben ein Werk der Stille war und wie vieles von der Mühelosigkeit und Weisheit seines Handelns und seiner Worte so begann – in der Abgeschiedenheit eines Zimmers, wo er sich sammelte und die Kräfte in sich wachrief. Dieses Werk würde niemals fertig werden – immer würden Menschen da sein, die ihn brauchten. Selbst beim Beten schien er sich selbst darzubringen, so weit vorgelehnt, daß ich fürchtete, er würde fallen.

Seine Finger glitten mit lange geübter Geläufigkeit über die Perlen seiner Gebetskette. Diese Hände waren das, was an seinem Körper am jüngsten und am kräftigsten wirkte.

«Komm», flüsterte Nawang.

Wir traten hinaus in das Licht des frühen Nachmittags und blieben für eine Stunde auf dem Balkon sitzen, wo wir den Rinpoche zuerst gesehen hatten. Es gab nichts zu reden, und wir hatten auch nicht das Bedürfnis. Charles saß in einer Ecke, hatte seinen Trachtenhut über die Augen geschoben und schien schlafen zu wollen. Nawang saß in einer anderen Ecke zwischen zwei Töpfen mit gelben Blumen und meditierte. Die Pferde standen noch in schattiger Stille da, nur manchmal verscheuchten sie träge mit dem Schweif ein paar Fliegen; der Bach erschien mir jetzt langsamer als am Morgen, langsamer und verschwiegener, und ich mußte mich vorbeugen, um ihn zwischen seinen weichen Gräsern zu hören. Die Leute von Sheh kamen in ihren besten Hüten und Gewändern zu zweit oder dritt am Garten vorbei, manche singend, andere in einem Schweigen, das so froh und erfüllt wie unseres zu sein schien. Ich konnte von meinem Platz aus durch die Bäume, die sich leicht im Wind wiegten, über die Felder von Sheh bis zu den Bergen sehen. Der kleinste Schatten auf den Bergen, die kleinste Lichtveränderung ließ alles anders und in neuer Lebendigkeit erscheinen – die Pferde, den Bach, die Mauern, die zitternden gelben Blumen. Nawang schaute zu mir herüber. Seine Augen waren so klar wie der Himmel, klar und sanft. Wir lächelten uns zu.

Charles brach das Schweigen: «Sollten wir jetzt nicht lieber zum Festplatz gehen? Wir wollen doch nicht, daß die Tänze ohne uns anfangen.»

«Ohne den Rinpoche kann gar nichts anfangen», sagte Nawang. «Aber du hast recht. Gehen wir.»

Der freie Platz, wo die Tänze stattfinden sollten, war nur etwa zweihundert Schritte entfernt. Unterwegs aßen wir Äpfel. Charles hatte Chang in einer Feldflasche bei sich, und es war gut, in der Hitze davon zu trinken. Nawang tat auch einen Zug, was ihm ganz heimlich ein diebisches Vergnügen bereitete. «Keine Sorge», sagte er. «Padmasambhava hat auch getrunken. Und wie.»

«Worum geht es bei den Tänzen?» fragte Charles.

«Eigentlich sollte ich das nicht verraten, sondern euch raten lassen. Aber ihr würdet doch nicht darauf kommen.»

«Na, dann sag es uns doch», sagte Charles. «Wenn nicht, dann gibt es kein Chang mehr.»

«Also, wenn du mich so unter Druck setzt... Vor ein paar hundert Jahren war das Orakel noch in Thikse. Die Könige von Sheh wollten es aber in Sheh haben. Warum, das weiß ich nicht mehr. Vielleicht einfach aus Prestigegründen. Jedenfalls wußten die Könige, daß das Orakel ein bißchen kindisch war, und haben ihm als Geschenk einen großen Spielzeugdrachen bringen lassen. Zwei Männer versteckten sich in diesem Drachen und bewegten ihn. Das Orakel war restlos begeistert und tanzte die ganze Strecke von Thiske nach Sheh hinter dem Drachen her. Der Drachen ist der Buddhismus, der Drachen der Weisheit, der das Orakel von seiner alten, vorbuddhistischen Ausrichtung weglockte.»

«Was tut das Orakel während der Tänze?»

«Eine Zeitlang schaut es einfach zu und trinkt. Dann segnet es Ritualobjekte, die das Dorf und seine Bewohner symbolisieren.»

Wir erreichten den Festplatz. Auf der einen Seite ragte weiß und imposant die Dorfgompa auf; fünf bis sechs Meter über dem Boden befand sich ein breites geöffnetes Fenster. Nawang zeigte hinauf. «Da wird der Rinpoche sitzen und zuschauen.» Links von der Mauer, in der eine kleine Tür war, stand eine Art Zelt, unter dem man eine kleine Bühne aufgebaut hatte. Hier waren am vergangenen Abend wohl Volksstücke aufgeführt worden. Ein paar Kinder spielten um die Bühne herum Fangen. Vor uns saßen und standen die Menschen um eine große, unregelmäßige Kreisfläche; auch Ausländer waren darunter, ein paar Italiener in Sweatshirts, ein amerikanischer Arzt mit seinen ernsten jüdischen Augen, einer Kamera und einem großen Notizbuch, eine französische Psychoanalytikerin, ganz in Schwarz, mit zurückgekämmtem Haar und einem hellen, spitzen Vogelgesicht.

Ein Hornsignal kündigte den Aufbruch des Rinpoche vom Haus des Dorfvorstehers an, die langen, dumpfen Stöße hallten zwischen den Mauern und über die Felder. Die Menge strömte vor und drängte sich auf dem Weg, der vom Haus zum Festplatz führte. Ladakh erwartete seinen Rinpoche – alte Männer und Frauen, Kinder, Fahrer, Bauern und Angestellte, alte Mönche mit jungen Mönchen auf den Schultern. Für eine kurze Weile wurde es so still, daß man die Vögel in den Bäumen hörte und aus der Gompa, wo das Orakel und die Tänzer warteten, die Rezitationen der Mönche. Mitten auf der Treppe blieb der Rinpoche stehen und erhob segnend die Hände; alle Hände erhoben sich und erwiderten den Segen. Er nahm die letzten Stufen und tauchte in die Menge ein, die sich mit verhaltener Begeisterung um ihn drängte. Ich hatte ihn schon einmal so zwischen diesen Menschen gesehen, doch das war auf dem Gelände des Klosters gewesen; hier aber, umgeben von der ganzen Pracht des ladakhischen Spätsommers – den dunkelgoldenen Feldern, den Vögeln, den Blumen, die in roten, blauen und gelben Flammen die Mauern entlangzüngelten oder von oben herabflossen –, wirkte er majestätischer und jünger, als ich ihn je erlebt hatte. Er ging langsam. Er berührte jeden, den er erreichen konnte, gab sich allen, die etwas von ihm wollten – Rat oder Heilung oder seinen Segen. Keinen Moment wirkte er so, als habe er nicht für jeden Zeit. Manchmal, wenn er durchs Licht ging, schien er sehr zerbrechlich, fast durchsichtig; und manchmal sah er wieder so aus, als ob nichts ihn je ermüden oder schwächen könnte. Er begrüßte nicht nur sein eigenes Volk, sondern hatte auch für jeden Ausländer in seiner Nähe eine Hand oder ein Lächeln. Alles verband sich, alles verschmolz in seiner Gegenwart. Charles sagte: «Von allen anderen Lamas, denen ich begegnet bin, wird nur noch dem Dalai Lama soviel schlichte Verehrung entgegengebracht.» Ich sagte nichts. Ich wollte nur jede seiner Gesten, die Veränderungen seines Gesichts im wechselnden Licht, den Ausdruck auf den Gesichtern, die sich ihm zuwandten, jeden Stein und jede Bewegung des Lichts in mich aufnehmen.

Als der Rinpoche an uns vorbeikam, blieb er einen Augenblick stehen und lächelte uns zu; dann rief er mich zu sich. «Heute ist ein glücklicher Tag», sagte er. «Der Tag des Orakels.

Das ist der beste Tag des Sommers. Sie müssen heute glücklich sein. Gibt es in Ihrem Land auch solche Tage?»

«Manchmal», sagte ich.

«Dann müssen Sie mich mal einladen», sagte er und ging weiter in die Gompa. Einige Minuten später erschien er oben am Fenster, wo man ihm einen Stuhl hingestellt hatte. Er setzte sich. Er sah sich um. Er hob die Hände. In diesem Moment dröhnten wieder die Hörner los, diesmal begleitet von einem lauten Trommelwirbel. Die Seitentür der Gompa öffnete sich, und die Tänzer kamen heraus. Der Rinpoche warf den Kopf zurück und lachte, und die Menge lachte mit ihm.

Sämtliche Tänzer waren betrunken. Am meisten aber zwei alte Männer in Lumpen, die Äste in den Händen hielten. Sie waren alt und dünn und sehr betrunken, torkelten zum Applaus der Zuschauer auf dem Tanzplatz herum, schwangen ihre Äste, machten Anstalten, auf die Menge loszugehen, brachten aber nie mehr zustande als ein paar taumelnde Schritte.

Der Drachen war auch schwer betrunken, der grüne und rote, fünf Meter lange Drachen mit seinem violetten Schlund – vielmehr die beiden Männer, die sein Innenleben bildeten, waren es. Ich vermute, sie konnten einander nicht sehen, und der Rausch zerstörte jedes Rhythmusgefühl, das sie vielleicht sonst besessen haben mochten. Der rückwärtige Teil wogte bedenklich in alle Richtungen, während der glotzäugige, grellbunte Kopf mit seinem blödsinnigen Grinsen sich über die Menge herzumachen drohte. Die Leute waren begeistert. Die Kinder kreischten. Frauen warfen dem Drachen Kataks um den Kopf. Die jungen Männer lösten sich einer nach dem anderen aus der Menge, umtänzelten den Drachen, verhöhnten ihn und steckten ihm Äpfel und Gemüse ins Maul. Sechs alte Männer schoben sich nach vorn und fielen spontan, wenn auch etwas unsicheren Schrittes, in einen der langsamen Schulter-an-Schulter-Tänze Ladakhs, die gerade von den alten Männern so sehr geschätzt werden, weil man dabei nicht so leicht umfällt.

Das Orakel erschien zuletzt. Wie jede Primadonna wartete er mit seinem Auftritt, bis die erste Welle der Aufregung und Begeisterung verebbt war. Und was für ein Auftritt das war! Er hüpfte, er sprang, er schnaubte, er wieherte, er warf den Kopf zurück, er machte mit den Händen große, seltsame Gebärden in der Luft, er nahm den beiden Alten ein paar Äste weg und rannte damit johlend und schnalzend und keuchend im Kreis herum. Kinder kreischten. Frauen warfen weiße Tücher über ihn. Junge Männer sprangen in den Kreis und umtanzten ihn. Charles, den ich noch nie lachen gesehen hatte, kam schier um vor Lachen. Die Tränen liefen ihm über das Gesicht, und er mußte sich an mich lehnen, um überhaupt stehen zu können.

«O mein Gott», stöhnte er immer wieder, «o mein Gott! Was für ein Chaos! Was für ein komplettes Chaos!» Sein Schweizer Herz war ebenso schockiert wie entzückt von soviel Pandämonium. Nawang stand unter einem Baum und wischte seine Sonnenbrille ab; auch seine Schultern zuckten. Er sah, daß ich zu ihm hinschaute, und hob die Hände zu einer großartigen indischen «Was-kann-man-da-machen-Sahib?»-Geste, die man bei indischen Bahnbeamten sieht, wenn der Zug vier Stunden Verspätung hat.

Langsam beruhigten sich die Dinge ein wenig. Das Orakel hörte auf herumzuspringen, besann sich auf seine Würde, umrundete einmal in seinem gespreizten Löwenbändigerschritt die Arena und zog sich auf den Thron zurück, den man ihm unter dem Baum in der Mitte notdürftig zusammengezimmert hatte. Die Französin umflatterte ihn mit ihrer Kamera. Das war nach seinem Geschmack; er zeigte sich im Profil, nahm dreimal seine Kopfbedeckung ab, um sein würdevolles, nur noch spärlich bewachsenes Haupt zu zeigen, und präsentierte nacheinander seine heiligen Ritualobjekte, den Speer, den Vajra, den langen, mit Bändern verzierten Dorje, der in seiner Schärpe steckte.

Unterdessen setzten die beiden alten Männer mit den Ästen unbeirrt ihren ziellosen Fruchtbarkeitsmarsch um den Tanzpalast fort. Sie stolperten in jener feierlichen Hingabe einher, die nur der Vollrausch erzeugt; sie nahmen sich selbst und ihre Aufgabe überaus wichtig, was ihre Darbietung nur noch komischer machte. Sie stellten Sommergeister dar, Hüter des Dorfs, und sie blieben an vier Punkten stehen und segneten, Gebete murmelnd, die vier Himmelsrichtungen.

Der Drachen jedoch erholte sich nicht mehr von dem, was er sich in der Verschwiegenheit des Klosterinneren einverleibt hatte. Er gab sich redlich Mühe, wenigstens eine Umrundung des Platzes abzuschließen, erlebte aber nach Dreiviertel des Weges seinen endgültigen Zusammenbruch. Die beiden Drachenmänner wußten, daß sie geschlagen waren, und blieben einfach lachend im Staub liegen, den Drachenbauch wie eine Decke um sich geschlagen. Ein Freund aus der Menge besorgte ihnen Chang und setzte sich zum Trinken zu ihnen. Der große Drachenzauber, soviel war klar, mußte von jetzt an als getanzt betrachtet werden. Niemand störte sich daran. Der Drachen war aufgetreten, die Kinder hatten geschrien, die Frauen hatten ihre Kataks geworfen, und die jungen Männer hatten Gelegenheit zu ihren Spottänzen gehabt – das genügte. Die beiden alten Männer und das Orakel waren hocherfreut – jetzt hatten sie die ganze Bühne für sich allein.

Das Orakel war für ein paar Minuten still, wohl um sich ein wenig zu erholen, und wischte sich mit einem großen roten Tuch das Gesicht. Dann begann er mit lauter Stimme einen Singsang.

«Was singt er jetzt?» fragte ich Nawang, der zu mir herübergekommen war und immer noch lachte.

«Siehst du die vielen kleinen Gerstenfiguren vor ihm? Die wird er jetzt segnen. Sie sind das Dorf und seine Felder. Er sichert damit eine gute Ernte.»

Er wiegte sich und sang und nahm, wie Nawang gesagt hatte, eine nach der anderen die kleinen Figuren in die Hand. Ich fürchtete, er würde in seinem trunkenen Überschwang vielleicht eine der Figuren zu hart anfassen (was würde das nach sich ziehen? Blitz? Hagel? Die Pest?), aber hinter seinem großspurigen Gehabe war das Orakel ein gewitzter Darsteller, wußte genau, was er tat, sang hingebungsvoll und segnete alles Erreichbare. Während dieser Prozedur blickte ich auf und betrachtete das Gesicht des Rinpoche. Auch sein Mund bewegte sich im Gebet, und seine Augen waren geschlossen. Es war ein seltsamer, leuchtender Kontrast – die opernhafte Mimik und Gestik des Orakels neben der Versunkenheit des Rinpoche. Und doch war es nur an der Oberfläche ein Kontrast: das Orakel und der Rinpoche waren jenseits aller Unterschiede in einer tieferen Einheit verbunden. Das Gebet und die Gegenwart des Rinpoche waren der tragende Grund dieses Nachmittags; alles, was geschah, der Frohsinn und die Trunkenheit, der komische Ernst in den Tänzen der alten Männer, all das war von seiner Kraft und Liebe durchdrungen. Was all diese Ausgelassenheit trug und ihr Tiefe gab, war seine Hingabe und Kraft. Allmählich sah ich die Dinge wie in Meditation, und nichts wirkte mehr lächerlich oder verhunzt.

Der in der Mitte des Platzes darniederliegende Drachen war nicht mehr komisch, sondern die Offenbarung des seiner Aufgeblasenheit beraubten Bösen. Die beiden alten Männer mit den Ästen in der Hand waren nicht mehr zwei betrunkene alte Männer, sondern Botschafter einer neuen Möglichkeit, die Hoffnung auf ein neues Jahr, und gerade das hohe Alter der beiden Tänzer gab dieser Darstellung eine ganz besondere Zuspitzung. Das Orakel wirkte nicht mehr opernhaft, und ich empfand diesen Mann nicht mehr als verkleideten Landwirtschaftsfunktionär – er wurde für mich der Träger und Mittler uralter Mächte und Kräfte, die noch lebendig sind. Ich hatte die ironische Sicht der Dinge nicht vergessen, doch erkannte ich jenseits dessen eine symbolische Welt, in der alle die Fragmente sich zusammenschlossen und alle Absurditäten einen vielfältigen und feinen Sinn hatten, in der alles, was geschah, von der unergründlichen Klarheit der Musik war.

Charles sagte: «Die Einweihung fängt an. Die Leute gehen in die Gompa.»

Wir reihten uns in die lange Menschenschlange ein, die jetzt langsam und still der Gompa zustrebte. Die große Buddhastatue im Hauptraum stand im goldenen Licht der späten Nachmittagssonne. Der Rinpoche saß auf der gegenüberliegenden Seite und empfing die Menschen einen nach dem anderen. Charles war vor mir. Der Rinpoche hielt seinen Kopf in beiden Händen und sprach ein Gebet. Dann trat Charles zur Seite und sah mich still an. Ich verbeugte mich. Der Rinpoche legte mir die rechte Hand auf den Kopf. Ich richtete mich auf. Der Rinpoche nahm meine rechte Hand in seine linke. Er hielt sie lange, sah zu mir auf und sagte nichts.

Am nächsten Tag kam Charles mit nach Hemis. Er wollte den Rinpoche noch ein letztes Mal sehen, bevor er nach Srinagar aufbrechen mußte.

Er sagte: «Es freut mich, daß du so glücklich bist. Neulich im Hotel, als wir uns kennenlernten, da hast du müde und traurig ausgesehen. Jetzt siehst du wieder jung aus. Klammere dich nicht an dein Glück und traure ihm nicht nach, wenn es wieder weg ist.»

«Charles», sagte ich, «ich schätze deine schweizerische Umsicht und Weitsicht und bin dankbar dafür, aber nichts wird mich davon abhalten, die nächsten Tage zu genießen. Ich bezahle gern dafür.»

Er lächelte. «Du bist verliebt. Genau wie ich, als ich meinem Lama begegnet bin. Er war ein kleiner dicker Mann, und ich war schrecklich verliebt in ihn. Ich wollte ihn überallhin begleiten. Ich wäre mit ihm aufs Klo gegangen, wenn er mich darum gebeten hätte. In allem, was ihn betraf, war ich sehr unschweizerisch. Ich bin froh, daß ich erfahren habe, was es heißt, einem Menschen so sehr zu vertrauen, daß ich ihn mit solcher Hingabe lieben konnte. Ich bin dankbar. Mein Zynismus ist daran geschmolzen und meine Kälte ein bißchen aufgetaut. Aber mir wird jetzt auch klar, daß ich von Yeshe etwas verlangt habe, was kein Mensch für einen anderen sein kann oder sein sollte. Ich habe von ihm erwartet, daß er mich erlöst, aber das muß ich selbst tun, und du mußt es auch selbst für dich tun. Andererseits konnte sich gerade dadurch, daß ich Yeshe so maßlos geliebt habe, etwas in mir öffnen, das sonst verschlossen geblieben wäre. Ich habe an ihn geglaubt, und deshalb glaube ich jetzt auch ein bißchen an mich selbst, an die Kraft, mir selbst zu helfen. Ich konnte meiner Liebe zu ihm furchtlos nachgeben und wurde dadurch allmählich fähig, auch andere und mich selbst zu lieben. Ich liebe ihn immer noch. Ich hole mir in vielen Dingen seinen Rat. Aber ich sehe ihn jetzt ganz klar. Er regt mich oft auf. Er wiederholt sich, er wäscht sich nicht, er kann so vage und verträumt sein, daß es einen rasend macht. Ich bin froh, daß ich das am Anfang nicht so deutlich gesehen habe.»

Charles schwieg eine Weile. «Und doch denke ich manchmal, daß ich am Anfang sein wahres Ich, sein Wesen gesehen habe; seitdem ist er mir ein bißchen verlorengegangen in biographischen Details und persönlichen Eigenheiten – wie der Mond manchmal teilweise in den Wolkenfetzen ‹verlorengeht›. Persönliche Details wirken so authentisch, aber sind sie es wirklich? Ist das, was zwischen Meister und Schüler geschieht, nicht weit jenseits des Persönlichen und dieser Art des Verstehens?»

«Charles, du bist genauso durcheinander wie ich.»

«Ja», lachte er, «das bin ich. Ja. Die Dinge werden nicht einfacher. Jede neue Klarheit ist der Anfang einer neuen Reise. Gibt es eine komplexere Beziehung als die zwischen einem Sucher und seinem Meister? Schon die Worte ‹Sucher› und ‹Meister› stellen eine Vergröberung dar. Auf einer bestimmten Stufe der Liebe gibt es keinen Sucher und keinen Meister mehr. Der Meister lernt aus der Liebe des Suchers, und der Sucher kann vom Meister mehr lernen, als dieser selbst gelernt hat. Die Tibeter sagen, daß die Beziehung zwischen einem Menschen und seinem Guru so unerschöpflich wie Sunyata, so unerschöpflich wie das Leben selbst ist. Wenn du wirklich deinem Guru begegnet bist, siehst du ihn in allem und alles in ihm, du siehst, wie seine Weisheit sich in jedem Augenblick des Lebens verwirklicht. Das Leben wird der Guru, der Meister. Zuerst begegnest du dieser Macht in der Gestalt deines Meisters; dann treten diese Gestalt und dieses Gesicht langsam in den Hintergrund, und du stehst nackt dem Leben selbst gegenüber.»

«Lebst du so?»

«Ich versuche so zu leben, manchmal, wenn ich den Mut habe. Jedenfalls lebe ich oft genug so, um für mich selbst zu wissen, daß ich kein anderes Leben will.»

Der Raum, in dem uns der Rinpoche in Hemis empfing, war von allen, in denen ich ihn erlebt hatte, der am reichhaltigsten ausgestattete, aber auch der intimste. Als wir eintraten und unsere Schuhe auszogen, flüsterte Charles: «Das ist das Herz von Ladakh», und ich spürte, was er meinte: wir betraten das innerste Heiligtum von Ladakh, das Zentrum des Mandala, das Ladakh für uns beide war. Alles darin wirkte vertraut – der Haufen Teppiche in der einen Ecke, die geschnitzten Balkonfenster, der kleine Lacktisch mit einem Kessel und Pfauenfedern, einer Gebetskette und zwei kleinen bronzenen Drachenköpfen, das Zickzackmuster des Fliesenbodens rings um den Teppich. So vertraut war alles, daß ich in diesen Tagen kaum glauben konnte, daß ich hier noch nie gewesen war. Der Rinpoche saß rechts von der Tür auf einem Sitzkissen, über das ein abgewetztes rot-goldenes Seidentuch gebreitet war. Als wir eintraten, hörte ich Tauben vor dem Fenster. Nawang, der beim Rinpoche gesessen hatte, nahm etwas Brot aus einem Beutel, stand auf und ging ans Fenster, um sie zu füttern.

Wir verbeugten uns vor dem Rinpoche, empfingen seinen Segen und setzten uns auf zwei Kissen, die vor ihm auf dem Boden lagen. Minutenlang sahen wir uns an und sprachen nichts. Alle Geräusche von draußen wurden in dieser Stille ganz klar, und ich hörte nicht nur die Tauben, sondern auch das Rauschen des breiten Bachs, der an Hemis vorbeifließt. Manchmal wirkte es so laut und nah, daß der Bach durch den Raum zu strömen schien und die kühle frische Herbstluft nach Schneewasser roch. An der Wand hinter dem Rinpoche hing ein großer Wandteppich. Durch das Fenster fiel das Licht auf ihn, und während ich ihn in dieser erfüllten Stille auf mich wirken ließ, wurde er für mich so lebendig wie die Vögel und der Bach.

In goldenen und silbernen Fäden auf schwarzem Samtgrund war hier ein Kaiserpaar, von Höflingen umringt, in einem Frühlingspavillon dargestellt. Rechts stand der Kaiser, die größte Gestalt, alt, kahlköpfig, leicht abstrahiert als Sonne dargestellt. Die Kaiserin stand links von ihm, etwas kleiner und jünger, den Blick gesenkt; sie war als Mond gekleidet und trug als Schmuck nur einen Edelstein in der Form der Sonne am Hals. In ihrer Nähe stand eine Gruppe von Frauen in steifen, kunstvoll gearbeiteten Kleidern; eine von ihnen hielt einen schläfrigen Pekinesen. Unter dem Kaiser, aber in viel kleinerem Maßstab, stand eine Gruppe junger Höflinge, schöne und etwas verwegene Gestalten, deren Gewänder Drachen und Chrysanthemen schmückten und deren charaktervolle Gesichter zum Kaiser erhoben waren. Im Garten rings um den Pavillon sangen Vögel in den Zweigen der Weiden; drei Rosen hatten ihre Blüten geöffnet, und an ihren hohen Stielen glitzerten Tautropfen; unter ihnen floß ein Bach vorbei, in dem sich die Binsen wiegten; ein Kirschbaum stand in voller Blüte, und von einer Felsgruppe flogen Schwalben zu ihm hin.

«Worüber lächeln Sie?» fragte mich der Rinpoche. Ich hatte nicht bemerkt, daß ich lächelte.

«Über den Wandbehang. Er ist so fröhlich.»

«Ja», sagte der Rinpoche, «unsere Kunst ist fröhlich.»

«Was bedeutet das Bild?» fragte ich.

«Was bedeutet es für Sie?»

«Für mich ist der Kaiser das männliche Prinzip, der Wille, das Verstehen, die Sonne; die Kaiserin ist Mitgefühl, Bewußtheit und der Mond. Wenn das männliche und weibliche Gefühl in Frieden und Harmonie miteinander leben, ist Frühling.»

«Das ist zu einfach», sagte der Rinpoche. «Das Herz und das Verstehen brauchen auch den Winter. Sie brauchen Einsamkeit, Unglück und manchmal auch Tod. Milarepa sagt: ‹Ein Mensch, der bewußt ist, findet in der Einsamkeit einen Freund und im Winter einen Meister.› Deshalb beherrscht der Frühling nicht das ganze Bild. Es gibt auch Anklänge an den Winter – das Silber im Mantel der Kaiserin, die Leere zwischen den Felsen. Die Harmonie von Weisheit und Mitgefühl, von Wille und Bewußtheit ist nicht unwandelbar – das zu wünschen, wäre ein Zeichen von spiritueller Unreife. Der Geist braucht Frühling und Winter, Schönheit und Schrecken, Begegnung und Trennung; um eine Ganzheit zu finden, braucht er jede Erfahrung und jede Art von Energie. Milarepa sagt: ‹Betrachte alle Energie ohne Furcht und Abscheu; finde ihr Wesen, denn das ist der Stein, der alles in Gold verwandelt.›»

Charles fragte: «Und was ist mit dem Pekinesen?» Alle lachten.

«Ich denke oft über den Pekinesen nach», sagte der Rinpoche. «Für mich ist er der Teil des Ichs, der alles verschlafen möchte, der Teil des Bewußtseins, der sogar gähnt, wenn der Buddha spricht. Und sehen Sie nur, wie die Frau, die ihn hält, ihn liebt! Sie ist froh, daß sie unwissend ist und nicht hören kann, was die Jahreszeiten ihr sagen wollen; sie ist in Sicherheit, ganz dieser Welt verhaftet und in Sicherheit.»

«Brauchen wir diese weltliche Frau und den Pekinesen nicht auch?» fragte Charles.

«Ja, natürlich. Warum auch nicht?»

«Warum ist der Kaiser alt und die Kaiserin jung?»

Der Rinpoche überlegte. «Wissen kann einen Menschen alt machen. Mitgefühl ist ein Strom der Jugend, der nie austrocknet. Wissen kann Sie müde machen – baden Sie im Wasser des Mitgefühls, und Sie werden verjüngt sein.»

Charles setzte zu einer weiteren Frage an.

«Keine Fragen mehr! Keine Fragen mehr!» unterbrach ihn der Rinpoche. «Sehen Sie sich das Bild noch einmal an und vergessen Sie, so gut es geht, alles, was wir gesagt haben. Vielleicht hat es noch ein ganz anderes Leben, einen ganz anderen Sinn. Legen Sie nichts fest. Werfen Sie alles weg, was Sie schon verstehen. Andernfalls stirbt dieser Wandteppich für Sie, und Sie sehen ihn nicht mehr – nur noch Ihre Ideen über ihn.»

«Oder Ihre Ideen über ihn», sagte Charles.

«Sehr richtig», sagte der Rinpoche. «Und das will ich nicht. Wenn jemand Ihnen den Mond zeigt und Sie ihn einmal gesehen haben, starren Sie dann noch weiter den Finger an?»

Charles und ich spazierten anschließend auf dem Pfad, der am Klosterkomplex vorbeiführt, zu einem weiter oben gelegenen Stupa.

«Die Gipfel da drüben», sagte Charles und zeigte nach links, «liegen in Chang Tang. Tibet wäre in ein paar Wochen zu Fuß zu erreichen. Vielleicht können wir in einigen Jahren wieder hinwandern wie früher die Pilger. Lhasa, der Manasarovarsee, der Kailasa... all die heiligen Orte.»

Wir setzten uns in den Schatten der brüchigen Mauer.

Charles nahm meine Hände und hielt sie sanft. «Ich muß jetzt bald nach Leh zurücktrampen. Morgen fahre ich nach Kaschmir... Du wirst mir fehlen... Danke für diese paar Tage... Es fällt mir schwer, jemandem zu danken.»

Er lehnte sich an die Mauer. «Letztes Jahr habe ich was Komisches gemacht. Ich habe meinem Lama Nietzsche zu lesen gegeben. Er ist jetzt schon etliche Jahre in der Schweiz und spricht fließend Deutsch. Ich habe ihm gesagt: ‹Du erzählst mir immer, wie wunderbar die tibetische Philosophie ist; warum liest du zur Abwechslung nicht mal einen deutschen Philosophen?› Da hat er einen Monat lang Nietzsche studiert. Nach diesem Monat ließ er mich in sein Zimmer rufen. Ich konnte seinem schelmischen Gesicht schon ansehen, daß jetzt was fällig war. Er ging im Zimmer auf und ab, als müßte er ganz tief nachdenken, und sagte: ‹Was für ein großer tantrischer Philosoph, dieser Nietzsche! Was für ein außerordentlich klares Bewußtsein er von der Notwendigkeit der Selbstwandlung hatte! Und mit wieviel echt tantrischem Mut er die Konventionen des Denkens und der Moral zu überwinden versucht hat! Padmasambhava und er wären Freunde gewesen; er und Milarepa hätten sich verstanden.› Dann machte er eine Pause und sagte: ‹Und doch hat er so eine gewisse Hysterie an sich, etwas Unausgewogenes, das sich mit höchster spiritueller Einsicht nicht verträgt. Vielleicht fehlte ihm innere Disziplin, die Art von Disziplin, zu der ihm der tibetische Weg hätte verhelfen können. Er hatte Angst vor seinem Mitgefühl. Er hatte Angst, sanft und zärtlich zu sein, und diese Angst hat ihn verrückt gemacht. Völlig von Sinnen hat er ein Pferd umarmt, das gepeitscht wurde. Was für ein Bekenntnis! Und das von einem Mann, der angeblich der Stärke huldigte. Hätte man ihm geholfen, zu verstehen und das Mitgefühl zu ertragen, er wäre vollkommen gewesen. Hätte man ihn gelehrt, sein Mitgefühl zu leben und sein Leben in einer Disziplin der Weisheit und des Mitgefühls zu sammeln, er hätte Nirwana erlangt.›»

Charles legte mir eine Hand auf die Schulter. «Zwischen Ost und West besteht keine unüberbrückbare Kluft. Ich kann da aus eigener Erfahrung sprechen – meine Liebe zum östlichen Denken hat mich dahin gebracht, westliches Denken und westliche Philosophie mit neuem Bewußtsein zu betrachten. Ich höre sogar westliche Musik mit ganz neuem Verständnis. Vor meiner Begegnung mit dem Osten habe ich mir nicht viel aus mittelalterlicher oder Renaissancemusik gemacht. Seitdem ich aber gelernt habe, den Rhythmen indischer Musik zu folgen, höre ich auch die stille Ekstase in der Musik von Palestrina oder Josquin oder Orlando di Lasso. In unserer eigenen Tradition gibt es so viel, das uns verborgen ist. Wer liest schon westliche Mystiker – Meister Eckehart, Johannes vom Kreuz, Teresa von Avila? Aus neuerer Zeit kenne ich sehr wenig ernsthafte Literatur über die Beziehungen zwischen Spiritualität und Kreativität, aus denen viele der größten Genies westlicher Kunst ihre Inspiration bezogen.

Als ich das erste Mal aus Dharamsala zurückgekehrt bin, habe ich mich auf eine Art Pilgerschaft durch Europa gemacht, um die großen Kathedralen zu sehen, Chartres, Canterbury, Reims, und dabei wurde mir mit wachsender Verzweiflung und Wut bewußt, daß wir, die Kinder dieses materialistischen Zeitalters, um den Teil unserer Kultur betrogen werden, der den größten geistigen Reichtum enthält. Und das alles wurde mir bewußt, weil ich den Osten erlebt hatte. Vielleicht hätte ich es sehen müssen, ohne erst nach Indien zu fahren. Ich mußte erst Indien als das vollkommen ‹andere› erfahren, bevor mir die Übereinstimmung zwischen östlicher und westlicher Philosophie aufgehen konnte. Ich kenne viele, die die gleiche Erfahrung gemacht haben – daß die Versenkung in östliches Denken nicht zur Ablehnung des Westens führt, sondern zur Wiederentdekkung seiner verschütteten und entstellten geistigen Identität, zum Wachwerden für eine Vergangenheit, die uns verschwiegen worden ist.

Es gibt Unterschiede, sogar radikale Unterschiede, zwischen Ost und West. Ich habe diese Unterschiede zwölf Jahre lang erforscht und erlitten. Aber ich weiß jetzt, daß ein Dialog möglich ist zwischen östlicher und westlicher Wahrheit, ein Dialog, der sehr vielschichtig und sehr schön sein kann. Vielleicht wird dieser Dialog, der gerade erst anfängt, Wahrheiten ans Licht bringen, die bisher weder im Osten noch im Westen gesehen wurden und die – auf eine Weise, die niemand vorhersehen kann – westliche Philosophie und Naturwissenschaft mit den transzendenten Einsichten des Ostens verschmelzen. Manchmal denke ich, daß dieser Dialog die letzte Hoffnung des Westens ist, die erstickten Stimmen zu hören, die er zu seinem eigenen Verderben zum Schweigen gebracht hat, die

Stimme eines Platon, eines Dante, eines Meister Eckehart, all die Stimmen, die von Ekstase und den langen Mühen des Geistes sprechen.

Es gibt viele Möglichkeiten, diesen Dialog zwischen Ost und West in Gang zu bringen, und jeder muß die wählen, die seinem Temperament entspricht. Ich habe den tibetischen Buddhismus gewählt, weil er ein Weg der Fülle ist. Ich will keinen asketischen Weg. Nach meinen Neigungen und Anlagen tendiere ich zu kalter, stolzer Askese; aber ich glaube nicht, daß dem Westen im jetzigen Stadium mit einem Weg der Askese geholfen werden kann, mit einer Philosophie der Unterdrückung und Entsagung, in der die Einsichten westlicher Psychologie keinen Platz fänden. Deshalb gehe ich einen Weg, der mich in die Welt führt, auf dem ich sie genießen und feiern kann. Mir ist vor langer Zeit klar geworden, daß Unterdrückung oder Verdrängung die Hauptkrankheit meines Lebens ist – Unterdrückung der Spiritualität, der Sexualität, der Wut. Die Menschen, denen ich in Dharamsala begegnet bin, die tibetischen Mönche, die ich kenne und lieben gelernt habe, hatten überhaupt nichts Selbstquälerisches; sie waren fröhlich, offen und liebevoll; sie wußten Erdverbundenheit mit der Bildung von Verstand und Geist zu vereinbaren. Mir wurde bald klar, daß ich herausfinden mußte, auf welche Weise sie so wurden. Nietzsche schreibt: ‹Es ist ein Zeichen des Gelingens, wenn ein Mensch sich wie Goethe den «Dingen der Welt» mit immer größerer Freude und Herzlichkeit zuwendet, denn so bleibt er der großen Anlage des Menschen treu, durch Wandlung seiner selbst das Dasein zu wandeln.› Ich habe Yeshe diese Stelle gezeigt, und er sagte: ‹Wer ist dieser Goethe? Das scheint ein weiser Mann zu sein.›»

Charles unterbrach sich. «Gott, ich rede ja schon mindestens eine Stunde. Das müssen der Rinpoche und die Höhenluft sein.»

Ich lachte. «Charles, seit ich dich kenne, hältst du mir ununterbrochen Vorträge. Du scheinst den Eindruck zu haben, daß meine Seele dringend gerettet werden muß. Vermutlich hast du recht. Ich habe mich gefreut, es hat mich bewegt, und ich habe gelernt – aber du kannst dich kaum als schweigsamen Bodhisattva präsentieren.»

Charles lächelte. Zwei Kühe waren aus einem Stall unterhalb des Stupa gekommen und schauten uns über die Mauer an. Wir fütterten sie mit Äpfeln.

«Ich muß jetzt los», sagte Charles, «sonst wird es dunkel und ich bleibe irgendwo unterwegs hängen. Wenn du morgen den Rinpoche siehst, dann sag ihm, daß ich ihn liebe und mich jeden Tag beim Meditieren an ihn erinnern will. Nein, das klingt so hochtrabend. Sag ihm das lieber nicht. Sag einfach... nein, sag gar nichts. Wenn man so einem Mann begegnet ist, was gibt es dann noch zu sagen? Selbst wenn man ‹Danke› sagt, klingt es absurd.»

«Nicht für ihn.»

«Das stimmt. Nichts würde ihm absurd erscheinen.»

Noch einmal schaute er über das Tal auf die Berge. «Es ist schwer, von einem Ort wegzugehen, wo alles möglich scheint. Aber gerade deshalb mußt du gehen. Um zu sehen, ob deine Einsichten auch in einer anderen Luft und auf tieferem Niveau gelebt werden können.»

Am Abend war ich bei Drukchen Rinpoche. Er bewohnte einfache, sehr kleine Räume neben den Zimmern von Tuktse Rinpoche. Seine Mutter, eine große, schöne, lächelnde Frau in den Vierzigern, war bei ihm.

«Wo ist Ihr Vater?» fragte ich ihn.

«Mein Vater hat sich für ein paar Tage zurückgezogen. Wir sehnen uns hier oben oft nach Darjeeling. Ich liebe Ladakh, aber mir fehlt die Stille von Darjeeling.»

«Für mich», sagte ich, «ist Ladakh die Stille selbst. Diese Ebenen, diese Berge – mehr Stille kann man sich doch kaum wünschen.»

Drukchen lächelte. «Sie sind kein Rinpoche, mein Freund. Sie sind hier, um zu schauen und Gespräche zu führen und sich allem zu öffnen, was auf Sie zukommt; ich bin hier, um für mein Volk zu arbeiten.»

Ich muß wohl etwas gequält dreingeschaut haben, denn Drukchen fügte gleich hinzu: «Damit will ich natürlich nicht sagen, daß Offensein keine Arbeit ist. Es ist sogar die schwerste Arbeit. Und ich bin sehr froh, daß Sie hier Stille finden. Jeder Ort, an dem wir wirkliche Stille finden, ist heilig.»

Drukchens Mutter stellte einen Teller mit Gemüse und zwei kleinere Teller vor uns hin und ließ uns allein.

«Dieses Zimmer ist sehr einfach», sagte ich, «fast kahl.»

«Ich mag es so. Es gibt hier sicher Tankas, die ich aufhängen lassen könnte, aber mir sind leere Wände lieber. Vor einer leeren Wand läßt sich gut meditieren. Man kann da über ganz verschiedene Dinge meditieren. Über die Leere, über das Leiden, über Verfall und Tod. Man kann über die kleinen Farbschattierungen der Wand meditieren, über die Seen und Gesichter im Verputz, und dann meditiert man schon über die Vielfalt der Phänomene, die aus der Leere hervorgehen. Man kann aber auch darüber meditieren, die Mauer als durchsichtig oder substanzlos zu erfahren – das ist sehr schwer, aber es lehrt uns, den Sinnen nicht blind zu glauben, der materialistischen Auffassung der Dinge nicht zu trauen. Wenn Sie gelernt haben, ihre Wahrnehmung zu disziplinieren, können Sie die Wirklichkeit, Ihre Erfahrung der Wirklichkeit, verändern.»

Drukchen schaute zur Wand. Seine Mutter hatte drei Kerzen hinter uns aufgestellt, und wir schwiegen lange und schauten nur den zukkenden Schatten an der Wand zu.

In der Nacht träumte ich, daß ich wieder mit Drukchen in seinem Zimmer saß und die kahle Wand anstarrte.

Ich sagte: «Als Kind habe ich mit den Händen die Schatten von Tieren an die Wand geworfen.»

«Ich auch», sagte Drukchen. «Ich kann alle Tiere von Tibet machen, das Dzo, den Yak, den Leoparden, den Adler. Soll ich?»

Und er ließ die Tiere an der Wand erscheinen. Das Dzo trottete schwerfällig und schläfrig daher; der Yak stand still; der Leopard fegte über die Wand und verschwand im Dunkel der Ecke; der Adler stieß aus majestätischem Gleitflug herab. Am Ende der Darbietung breitete Drukchen die Hände aus, zog sie langsam zurück, so daß sie immer größer wurden, klatschte dann einmal und senkte sie. Die Wand war wieder leer.

«Jetzt Sie», sagte er.

Ich ließ einige Tiere meiner indischen Kindheit erscheinen, Tiere, die ich als Kind in den Ebenen Indiens geliebt und beobachtet hatte. Zuerst einen großen Hirsch, wie ich sie in der Schule in den Nilgiri-Bergen vom Fenster aus gesehen hatte; dann eine Hyäne; dann versuchte ich mich an einem Tiger, aber er mißlang; zum Schluß zeigte ich einen Hund, den Dalmatiner meiner Kindheit; ich versuchte seinen verwegenen Gang nachzuahmen und die Art, wie er Radfahrern nachlief und nach ihren Beinen schnappte.

Drukchen lachte. «Sehr gut.»

«Aber der Tiger war ein Reinfall.»

«Etwas muß immer mißlingen, das bringt Glück. Eines haben Sie allerdings vergessen. Sie haben nicht geklatscht.»

«Ist das schlimm?»

«Dieses Klatschen sagt dasselbe wie die Damaru-Trommel beim tantrischen Ritual: ‹Hört das Gesetz. Hört das Gesetz, das sagt, daß alle Dinge vergänglich sind, daß sie die bewegten und verfliegenden Gestalten eines Traums sind.› Das Klatschen ist sehr wichtig.»

Wieder hob er seine Hände.

«Was zeigen Sie diesmal?» fragte ich.

«Sie werden schon sehen.»

Einen Moment lang tat er nichts und schien sich zu konzentrieren. Dann rieb er sich die Hände.

«Sehr geheimnisvoll», sagte ich.

Er lächelte, erwiderte aber nichts.

Dann ließ er eine Gestalt an der Wand erscheinen. Anfangs erkannte ich nicht, was es war.

«Na?» sagte Drukchen.

«Das sind Sie, oder? Ich kann Sie am Hut erkennen. Schade, daß man die Sonnenbrille nicht sieht.»

«Ja, das bin ich», sagte Drukchen und klatschte langsam zweimal. Ich wachte in tiefer Ruhe auf.

Nach dem Essen gingen Drukchen und ich aufs Klosterdach hinauf.

«Morgen ist Vollmond», sagte Drukchen. «Wir sehen uns zusammen den Aufgang an.»

Wir schauten über das Tal auf die mondbeschienenen Gipfel von Chang Tang und hinunter auf das kleine Dorf Hemis mit seinem Weidenwäldchen, seinen Stupas und dem rauschenden Bach. Nur in wenigen Häusern war Licht zu sehen. In der Ferne bellten Hunde.

«Die Hunde haben also in ganz Ladakh das gleiche verrückte Bellen», sagte ich.

«Ja», sagte Drukchen. «Manchmal denke ich, daß sie *unserer* Angst Ausdruck geben, unserer Angst und unserem Kummer. Sie sind in dieser Zeit so ruhelos wie wir. Sie sorgen sich um Ladakh und um die Zukunft.»

«Sorgen Sie sich?»

«Um mich selbst nicht. Aber um mein Volk, seine Lebensweise, seine Einfachheit, seine Würde. Aber es ist nicht gut, sich zu ängstigen. Das saugt einem die Kraft aus. Ich muß versuchen, diesen Menschen ein Gefühl dafür zu geben, was sie tun können, während sie sich gleichzeitig anpassen. Ob das wohl geht?»

Wir schauten hinunter auf den Bach. Drukchen zeigte auf einen bestimmten Stupa.

Plötzlich hörte ich mich sagen: «Manchmal regt sich jetzt in mir der Wunsch, den Westen ganz zu verlassen und hier zu leben.»

Ich hatte mir diesen Gedanken noch nie ausdrücklich formuliert und war selbst ganz überrascht.

«Tun Sie es nicht», sagte Drukchen.

«Warum nicht?»

«Ich glaube nicht, daß Sie ein Mönch werden können. Und weshalb sollten Sie? Es gibt viele andere Arten zu leben und viele andere Wege zur Erleuchtung. Sie haben im Westen eine Aufgabe – als Lehrer, als Schriftsteller...»

«Aber ich kann mir kaum vorstellen, im Westen etwas von den Erfahrungen zu vermitteln, die ich im Osten gemacht habe.»

«Genau deshalb müssen Sie es versuchen. Sie müssen einen Weg finden, anderen das glaubwürdig zu machen, was Sie selbst durchlebt haben. Sie dürfen dieser Herausforderung nicht ausweichen. Wer den westlichen Materialismus ablehnt, wer ihn verachtet und sich von ihm lossagt, läuft Gefahr, sich selbst für die Wirklichkeit blind zu machen, so daß er an den Tatsachen des heutigen Lebens vorbeilebt. Wir müssen herausfinden, wie wir *in* der Welt arbeiten können, und das heißt auch in der Wissenschaft, in der Industrie, ja sogar in der Politik; wir können nicht einfach so tun, als wären wir über diese Dinge erhaben – es sind die Kräfte, die das Leben weitgehend formen. Um in der Welt zu arbeiten, müssen wir sehr stark sein, und unsere Kräfte werden großen Prüfungen standzuhalten haben. Aber das ist gut so. Es wird allen Hochmut vertreiben und den Harnisch selbstgefälliger Tugendhaftigkeit absprengen. Es wird uns das Gefühl nehmen, etwas Besonderes zu sein und dementsprechende Behandlung beanspruchen zu können. So viele Westler suchen Trost im Osten und wollen hier ihr Ego geheilt und ihre geschundene Persönlichkeit wiederhergestellt haben. Aber der Osten ist kein großes Genesungsheim, kein Kurbetrieb, wo man ‹Spiritualität› und ‹Selbsterforschung› spielen kann; er ist ein Ort der Kraft, einer neuen Kraft, die in der Welt nutzbar gemacht werden muß.»

«Aber um in der Welt zu überleben, braucht man spirituelle Stärke, und die läßt sich nur in der Zurückgezogenheit gewinnen.»

«Dann ziehen Sie sich so oft wie möglich zurück. Kommen Sie hierher, wenn Sie die Zeit und das Geld dazu haben. Pilgern Sie zu heiligen Orten. Aber gehen Sie in die Welt zurück und erproben Sie immer wieder, was Sie gelernt haben. Wenn das, was Sie gelernt haben, wahr ist, wird es halten. Oft genug erlebe ich, daß gerade die besonders demütigen und spirituellen Menschen Fahrer, Bauern, Geschäftsleute oder sogar Politiker sind; und auf der anderen Seite wird mancher arrogante Nichtsnutz Mönch, ein ‹religiöser› Mensch. Heften Sie sich nicht an das, was Sie tun, widmen Sie es dem Wohl aller erschaffenen Wesen, und Sie sind sicher vor Täuschung und Eitelkeit.»

«Aber wie erreicht man das?»

«Durch Disziplin. Durch Gebet, durch die Vertiefung des Wissens um die Leere, durch tägliche Arbeit an Ihrer Fähigkeit mitzufühlen, durch Humor! Das alte Lied: fangen Sie an, und Sie werden finden. Es ist nicht gar so kompliziert und schwierig.»

Am nächsten Morgen war Tuktse Rinpoche zu beschäftigt, um mich zu empfangen. Er schickte mir zwei Äpfel und die Nachricht, ich könne am nächsten Tag kommen. Es störte mich nicht. Ich wollte gern einmal durch die Hügel um das Dorf gehen und dann nach Gotsang.

Charles hatte gesagt: «Gotsang ist das höchste und einsamste Kloster von Ladakh.» Und Nawang: «Der Dalai Lama ist eigens dorthin gepilgert. Das Kloster ist um die Höhle eines Einsiedlers herum gebaut, der da vor dreihundert Jahren meditiert hat. Man kann die Höhle noch sehen. Sie strahlt große Kraft aus.» Sogar die Italienerin hatte gesagt: «Ladakh ist eine Ruine, eine Phantasie – aber einen Ort gibt es noch...»

Ich ging sehr gemächlich. Es war ein strahlender, fast wolkenloser Morgen. Für etwa eine halbe Stunde wand sich der Pfad in die Berge oberhalb des Baches entlang. In dem Weidenwäldchen unter mir graste ein Esel, mal im Licht, mal im Schatten. Ich sah ihm zu, bis er irgendwo verschwand, und setzte mich auf einen Stein. Gleich neben mir sonnten sich drei Eidechsen. Sie hatten keine Angst vor mir. Ihre gefleckten, ledrigen Körper sanken ein und dehnten sich mit jedem Atemzug. Selbst als ich aufstand, um weiterzugehen, und dabei meine Tasche mit den Äpfeln des Rinpoche und dem Notizbuch fallenließ, rührten sie sich nicht. Sie blieben, wo sie waren, blinzelten, starrten in die Stille, mit jedem Atemzug sterbend und auferstehend. Ich erreichte den Stupa, wo ich zum letzten Mal mit Charles gesprochen hatte, aß die Äpfel und schaute über das Tal zu den Schneegipfeln, in der Luft der Geruch von Mist. Schnee, Äpfel, Mist – die verschiedenen, scharfen Sinnesempfindungen stiegen mir wie ein leichter Rausch zu Kopf. Ich setzte meinen Weg fort, doch immer wieder ließen irgendwelche kleinen Dinge mich entzückt anhalten – ein Schatten auf einem

Felsen, eine Feder, die auf einem Stein leuchtete, ein Kalb, das sich im goldengrünen Gras wälzte und mit den dünnen Beinchen in der Luft strampelte, ein plötzliches hohes Vogeltrillern, eine kleine Gruppe von Rosensträuchern, knorrig und windzerzaust, aber mit einigen letzten Blüten. Wie waren sie hier heraufgekommen, wo das Grün endete und der nackte Fels begann? Vielleicht aus Kaschmir? Aus den Mogul-Gärten von Srinagar? Ein Gedanke, bei dem ich lächeln mußte – daß diese Rosen vielleicht aus den gepflegtesten Gärten der Ebene heraufgeweht worden waren in diese Wildnis aus Fels und Wind und beharrlich ihren Willen zu blühen durchsetzten. Vielleicht war es gerade der Kampf gegen diese Kräfte, was den Blüten soviel Ausdauer gab. Ich schaute lange zu, wie der Wind sie schüttelte. Sie waren von flammendem Rot, es tat den Augen weh, sie in diesem Licht länger zu betrachten. Kaum etwas kann einsamer sein als eine Landschaft aus sturmgepeitschten Rosensträuchern und Fels, aber ich fühlte mich nicht allein. Überall um mich her, den Weg entlang, in dem Weidenwäldchen, am Bach, auf oder zwischen Felsen fand ich Zeichen, daß auch andere hier schon gegangen waren. Gebetsfahnen schüttelten ihre gelben und roten Fransen mitten in einem Geröllkessel oder von einem Felsvorsprung herunter; zu Halbkreisen oder heiligen Buchstaben angeordnet oder in kleinen Haufen lagen Steine im Schatten der Bäume oder in struppigen, leuchtenden Grasflecken; drei große dunkle Steine mit dem eingeritzten Mantra des Avalokiteshvara lagen als Hüter einer kleinen Holzbrücke im Bach, und ihre Buchstaben wellten sich im Licht, das von den Felsen zurückstrahlte; neben den Rosensträuchern hatte jemand weiße Steine zu einem kleinen Haufen geschichtet; sie leuchteten in der Sonne, und als ich einen in die Hände nahm, fühlte er sich warm an. Ich kam an die Weggabelung, von der Nawang mir erzählt hatte, und schaute nach oben. Dort, einige hundert Meter über mir, lag das Kloster Gotsang in seinem hohen Felsennest, und dahinter nichts als der weite, brennend blaue Himmel.

Später in Hemis fragte Nawang: «Und was hast du da oben gemacht?»

«Ich habe mit den Mönchen im Schreinraum gesprochen. Sie waren dabei, Kessel und andere Dinge zu putzen.»

«Was hältst du von ihnen?»

«Nicht viel. Sie wirkten ziemlich lustlos und träge.»

«Vielleicht hast du recht. Der Abt ist zu selten da.»

«Aber ihre Schuhe fand ich schön.»

«Was?»

«Ich habe versucht, ihre Schuhe zu zeichnen. Sie hatten sie draußen im Hof gelassen. Es waren so herrliche, alte, abgelatschte Schuhe. Die haben mich angesprochen und mir alles gesagt, was an diesem Land gut ist – seine Einfachheit, seine Ehrlichkeit. Jeder einzelne von diesen Schuhen war schön.»

«Nimmst du mich auf den Arm?»

«Ja. Nein, nicht ganz.»

«Was hast du mit den Zeichnungen gemacht?»

«Ich habe sie weggeworfen.»

«Warum?»

«Weil nur ein großer Künstler die Lebendigkeit dieser Schuhe einfangen könnte. Weil ich nicht zeichnen kann. Weil ich nervös wurde beim Zeichnen und die Stille dieser Schuhe wie ein Hohn war. Sie waren *da*.»

«Du auch?»

«Für einen Moment, ja.»

«Was willst du mehr? Wenn du diese Schuhe auch nur für eine Sekunde gesehen hast, wie sie sind, dann hast du eine große Erfahrung gemacht.»

Wir warteten auf dem Klosterdach auf den Mondaufgang. Nawang hatte drei Räucherstäbchen aus dem Päckchen, das ich ihm aus Leh mitgebracht hatte, angezündet.

Der Horizont war wolkenverhangen. Ob wir den Mond überhaupt sehen würden?

«Ich habe gehört und verstanden, was du über die Schuhe gesagt hast», sagte Nawang. «Aber manchmal will der Geist gar nichts mehr von den Dingen hören. Nicht mal von der Schönheit einer Nacht wie dieser. Nicht mal von der Pracht des Vollmonds. Vielleicht nicht einmal mehr vom Buddha und seiner lebendigen Weisheit. Und dann will der Geist alle Form hinter sich lassen und in der Stille hinter allen Wörtern und Bildern leben.»

«Meister Eckehart sagt: ‹Du sollst Gott ungeistig lieben, das heißt so, daß deine Seele aller Geistigkeit entblößt sei; denn solange deine Seele geistförmig ist, solange hat sie Bilder. Solange sie aber Bilder hat, solange hat sie nicht Einheit noch Einfachheit. Daher soll deine Seele allen Geistes bar sein, soll geistlos dastehen. Denn liebst du Gott, wie er Gott, wie er Geist, wie er Person, wie er Bild ist – das alles muß weg. Du sollst ihn lieben, wie er ist ein Nicht-Gott, ein Nicht-Geist, eine Nicht-Person, ein Nicht-Bild, mehr noch: wie ein lauteres, reines, klares Eines, abgesondert von aller Zweiheit.›»

«Und doch bist du Schriftsteller», sagte Nawang. «Mit dem Schreiben produzierst du genau diese dualistische Geistigkeit. Du vermehrst den Lärm und den Wirrwarr der Bilder.»

«Manche Bilder sind nützlicher als andere, weil sie näher an der Wahrheit liegen, die kein Bild ausdrücken kann. Manches Geschriebene gesteht seine Bildhaftigkeit offen ein und strahlt dadurch eine Bewußtheit wider, die jenseits der Worte ist – so wie vom Mond das Licht einer unsichtbaren Sonne zurückstrahlt.»

Nawang war erkältet und hatte sich in einen breiten, löchrigen schwarzen Schal eingewickelt. Jetzt hätte er nur eine indische Zigarette, ein Bidi, gebraucht, um wie einer der Nachtwächter meiner Kindheit auszusehen.

«Woran denkst du?» fragte ich ihn.

«An zwei Zeilen von Milarepa:

> Wenn das Pferd meines Geistes friert,
> Werde ich es mit den Mauern der Leere schützen.»

«Ist ‹schützen› hier nicht ein sonderbarer Ausdruck?» fragte ich.

«Nein, gar nicht. Wenn man nirgendwo ein Zuhause hat, ist man in allen Dingen daheim. Das Bewußtsein friert in seiner Wüste aus

Spiegeln und fühlt sich einsam. Wie können Licht und Wärme es direkt erreichen, wenn so viele Spiegel sie zersplittern?»

Plötzlich brach der Mond aus einer dunklen Wolkenmasse hervor, riesenhaft, königlich, blendend, und überflutete das lange Tal mit seinem Licht. Selbst Nawang verschlug es die Sprache.

Es stellte sich heraus, daß der Rinpoche mich auch die nächsten Tage nicht empfangen konnte.

Ich entbehrte ihn nicht; ich fühlte ihn in allem. Jedes Bild im Kloster, jeder Stein, jeder Vogel war von einer Freude erfüllt, deren Ursprung und Zentrum in ihm lagen. Ich schaute vom Klosterdach über seinem Zimmer hinunter und sah das lange Tal von Ladakh als eine seiner Hände, allem Wetter geöffnet, und die Berge als seinen Arm; ich sah, daß seine Kraft alles durchdrang und in allem leuchtete. Ich wußte, daß seine große Kraft nichts Tyrannisches an sich hatte; ich wußte, ich war weder sein Spielzeug noch sein Opfer. Das Wesen all dessen, was er mir gab, war Freiheit, und ich konnte all das und ihn selbst freimütig annehmen, ohne Angst und ohne jedes Gefühl der Erniedrigung. Ich weiß nicht, wie ich mich selbst so ganz ungeschmälert fühlen konnte, während ich zugleich seinen Geist in mir spürte, der mich wandelte und sich mir in seiner ganzen Weite und Herrlichkeit offenbarte. Diese Kraft, ihn in mir willkommen zu heißen, war auch sein Geschenk, ein Geschenk, das seine Liebe für mich aus diesem Licht und diesen Felsen zog.

Ich fragte den Rinpoche: «Werden Sie mich die Meditation des Avalokiteshvara lehren?»

«Weshalb möchten Sie diese Meditation lernen?»

«Weil ich sie praktizieren möchte.»

Ich saß auf einem kleinen Kissen vor dem Rinpoche. Er berührte sanft meine rechte Hand und lächelte.

Dann fragte er: «Glauben Sie, daß sie Ihnen helfen wird?»

«Ja.»

«Wollen Sie sie aufrichtig und mit der rechten Motivation üben, also nicht um Ihrer eigenen Erleuchtung willen, sondern zum Wohl aller erschaffenen Wesen?»

«Ja.»

«Wollen Sie jedesmal vor der Meditation das Bodhisattva-Gelübde erneuern – alles Leiden der Welt auf sich zu nehmen und all Ihre Freude anderen zu geben und erst ins Nirwana einzugehen, wenn alle anderen Kreaturen mit Ihnen kommen können?» – «Ja.»

«Dann will ich Sie die Meditation lehren.»

Tränen waren mir in die Augen getreten. Wir sahen uns lange schweigend an.

Dann sagte der Rinpoche sehr leise: «Haben Sie keine Angst. Es gibt nichts zu fürchten.»

«Ich hatte noch nie in meinem Leben weniger Angst als jetzt.»

Er ging ans Fenster und öffnete es. Das Morgenlicht brandete herein und ließ den Wandteppich über seinem Sitz aufleuchten.

Er blieb lächelnd davor stehen. «Der alte Kaiser sieht in diesem Licht wieder jung aus.»

Er setzte sich und faltete sein Gewand um sich herum. «Es wird zwar schon Herbst, und die ersten Blätter fallen», sagte er, «aber dieser Morgen ist so frisch, daß es auch Frühling sein könnte.»

«Es ist Frühling», sagte ich.

«Ich habe für Sie den Bodhisattva des Mitgefühls gewählt», begann der Rinpoche, «weil er die Seite von Ihnen repräsentiert und die Kraft in Ihnen ist, die Ihnen am meisten helfen wird. Jeder Mensch wird von anderen Bildern und Idealen getragen und bewegt. Was den einen voranbringt, kann einen anderen verwirren oder gar zerstören; was für den einen die Sonne ist, kann für den anderen ein Labyrinth sein, in dem er ein Leben lang dumpf umherirrt. Ich habe gesehen, daß die Bilder, die Ihnen helfen werden, Ihr Herz und Ihren Geist zu ordnen, Bilder der Liebe sind; daß die Energie, die Sie brauchen, um Frieden in Ihr Leben zu bringen, die Energie der Liebe ist. Es gibt viele Wege zur Erleuchtung, und keiner ist besser als ein anderer, und alle sind schwer zu gehen. Der Weg für Sie, das wußte ich gleich, als ich Sie sah, ist der Weg des Mitgefühls, der

Weg des Avalokiteshvara. Ich habe bei unserer ersten Begegnung gesehen, daß Ihr Herz verwirrt und verbittert und Ihr Geist stolz ist. Der Weg, den ich Sie lehren will, wird den Hochmut Ihres Geistes brechen und die Sonne, die Ihr wahres Herz ist, hinter den Wolken der Angst und des Zorns hervorlocken. Was ich Sie lehren werde, ist nichts Besonderes und nicht besonders kompliziert; es ist einfach. Sie werden Einfachheit und Demut brauchen, um ihm zu folgen. Sie haben beides in sich, aber Sie werden hart arbeiten müssen, um es zu finden und leben zu können. Die eigentliche Reise Ihres Lebens ist die Reise zum erleuchteten Selbst, und das sind Sie schon. Sie sind quer durch Ihr Leben und durch Ladakh in diesen Raum gekommen, zu diesem Morgen, zu mir, und diese Reise hat Sie nun an den Anfang einer neuen Reise geführt.

Ich werde Sie jetzt die Meditation lehren. Wie ich schon sagte, fangen Sie damit an, daß Sie Ihre Meditation und was daraus Gutes entstehen mag, der Freude und dem Glück aller erschaffenen Wesen widmen. Die Praxis der Meditation kann nicht egoistisch sein, sie wird nicht zur Befriedigung des Ich unternommen. Denken Sie stets daran, denn sonst werden Sie eitel, und die Meditation wird weder Ihnen noch irgendwem sonst etwas nützen.»

Er sprach mir die Gelübde vor und ließ sie mich auf Tibetisch nachsprechen.

«Der nächste Teil der Meditation besteht darin, den Bodhisattva zu visualisieren. Sie müssen ihn so intensiv und mit so großer Detailtreue visualisieren, daß er wirklicher ist als ich, wie ich hier vor Ihnen sitze, wirklicher als alles, was sonst noch existiert. Und Sie müssen sich dabei vergegenwärtigen, daß Er der göttliche Teil Ihrer selbst ist, den Sie aus sich herausprojizieren, Ihre höchste Liebesenergie, der Sie lebendigen äußeren Ausdruck geben.»

Der Rinpoche schilderte mir mit größter Genauigkeit die Kleidung des Bodhisattva, wie ich mir seine Hände vorzustellen hätte, die Farben seiner Gewänder und Edelsteine.

«Es wäre ein Fehler zu glauben, daß irgendeines dieser Details unwichtig ist», sagte er. «Jedes ist eine Quelle der Ekstase, jedes kann bei richtiger Kontemplation eine andere Seite vom Wesen des Mitgefühls offenbaren.»

Er wiederholte jede Einzelheit und forderte mich auf, sie mit ihm zu wiederholen. Manchmal korrigierte er mich. Immer wieder gingen wir die Details durch, bis er sicher war, daß ich sie mir eingeprägt hatte.

«Anfangs werden Sie die Visualisierung schwierig finden. Sie sind darin nicht geschult. Sie haben die materialistische Art des Vorstellens und Sehens erlernt, die auch ihre Vorzüge hat, Sie aber nicht mit der Art von innerer Projektion vertraut macht, die jetzt von Ihnen verlangt ist. Doch diese Kraft wird Ihnen zuwachsen, wenn Sie ernsthaft daran arbeiten. Und mit ihr kommt eine ganz neue Freude und das Vertrauen in die Kraft Ihres eigenen Geistes. Sie werden langsam und in kleinen Schritten verstehen lernen, daß die Wirklichkeit eine Schöpfung des Bewußtseins ist. Sie werden das nicht mit dem Intellekt, ja nicht einmal vermöge Ihrer Intuition verstehen, sondern praktisch, denn Sie werden in sich die Kraft entwickeln, die Wirklichkeit zu ändern. Sie müssen jeden Tag üben. Und Sie dürfen sich nicht entmutigen lassen, wenn Sie monatelang nur sehr wenig visualisieren können. Sie stehen am Anfang einer Reise in eine andere Welt, ins Bewußtsein einer anderen Wirklichkeit – erwarten Sie nicht, daß diese Reise schnell geht. Es wäre nicht einmal wünschenswert. Die Reise selbst hat ihre Freuden; auch die Schwierigkeiten und Härten des Weges haben ihr Gutes und zeigen Ihnen, was Sie zu lernen haben – Ausdauer, Vertrauen und Demut.»

Er machte eine Pause: «Und wenn Sie sich den Bodhisattva in seiner ganzen Herrlichkeit vergegenwärtigen können, auf seinem Lotus sitzend, mit seinen Juwelen, den vielen Farben seiner Gewänder, den heiligen Silben seiner Krone, die Tausende von Lichtstrahlen aussendet, auf denen erhabene und heilige Wesen in Meditation sitzen, wenn Sie all das so kraftvoll visualisieren, daß Sie glauben, die Hand ausstrecken und diesen Bodhisattva berühren zu können, der mit einem Blick voll unendlicher Liebe in Ihre Augen schaut, dann können Sie mit der höchsten Stufe beginnen. Auf dieser Stufe bringen Sie sich selbst dem Bodhisattva dar – Ihre Sinne, Ihren Körper, Ihr Herz, Ihren Geist. Sie opfern ihm alles, was Sie sind, und dann verschmelzen Sie mit ihm, gehen in ihm auf. Sie werden Ihr höchstes Selbst, das Er ist. In diesem Zustand sehen Sie alles mit seinen Augen und hören alles mit seinen Ohren. Sie werden die Welt als seinen Körper sehen und jeden Laut als das Klingen seines Mantra hören. Selbst der Lärm eines Autos wird sein Mantra singen; selbst das Heulen eines Flugzeugs; selbst der Gesang eines Bauern auf dem Feld; selbst das Bellen eines Hundes.»

Der Rinpoche schien beim Sprechen in eine Art Ekstase einzutreten. Lange Zeit konnte er nicht weitersprechen. Er saß mit geschlossenen Augen im Sonnenlicht.

«Sie müssen verstehen, daß dieses Verschmelzen mit dem Gott, den Sie aus sich selbst herausprojiziert und kraft Ihrer tiefsten Energien visualisiert haben, keine Ekstase ist, auf die das Ego einen Anspruch erheben kann. Ja, es ist eine Erfahrung der Macht, einer ungeheuren Macht, aber einer Macht, die durch Liebe gewandelt und geläutert ist, die allen Wesen hingegeben wird, der Erlösung von allem Leben. Und um die Gefahr der Eitelkeit und des Hochmuts zu bannen, gibt es in dieser Meditation noch eine letzte, unabdingbare Stufe. Sie müssen die Meditation wieder auflösen; Sie müssen Ihre eigene Projektion wieder auflösen; Sie müssen Ihre eigene Ekstase auslöschen. Ihr Geist muß in vollkommener Leere ruhen, die keine Form besitzt, weder Ihre noch die des Bodhisattva, den Ihr Geist visualisiert hat. Sie müssen in dieses letzte Stadium eintreten, in Sunyata, das die Mutter aller Projektionen ist, die Leere, aus der alle Formen hervorgehen – Ihre, meine, und all die Ein-Bildungen unseres Geistes und unseres Herzens. Es darf nichts übrig sein von Ihnen selbst oder von der Erfahrung des Bodhisattva oder von Ihrer Freude an seiner Herrlichkeit oder Ihrer eigenen – nichts als Sunyata, das klare Strahlen der Leere.»

Wir schwiegen lange. Die Tauben waren zu ihrem Stammplatz unter dem Fenster zurückgekehrt, und ihr Gurren erfüllte den Raum. Die Sonne war über die Wand weitergewandert und ließ den Wandbehang über dem Rinpoche in glühendem Schatten zurück.

«Sie reisen morgen ab?»

«Ja, ich muß.»

Ich nahm zum ersten Mal die beiden kleinen Rosen wahr, die der Rinpoche neben sich auf den Tisch gelegt hatte. Er bemerkte meinen Blick, hauchte auf eine der Blüten und gab sie mir.

«Sie ist von dem Paß unterhalb von Gotsang.»

Ich sagte, daß ich ihn liebte und ihn mein Leben lang im Herzen behalten würde. Ich sprach meine Hoffnung aus, mich seiner Güte und Freundlichkeit würdig erweisen zu können.

Er schüttelte lächelnd den Kopf. «Sie sind bereits würdig. Ich möchte keinen Dank von Ihnen. Ich möchte, daß Sie das Band zwischen uns nicht zerreißen lassen.»

«Es wird niemals zerreißen.»

Nach einem kurzen Schweigen sagte der Rinpoche: «Wir werden jetzt den ersten Teil der Meditation, die ich Sie gelehrt habe, gemeinsam üben.» Wir saßen still da. Nach einer Weile fragte er: «War Ihre Visualisierung gut?»

«Natürlich nicht», lächelte ich. «Ich konnte so gut wie gar nichts visualisieren. Ich fühle mich wie ein Narr. In meinem Geist ist ein dunkler Stein.»

«Nun denn», sagte der Rinpoche, «üben Sie, schleifen Sie ihn ab.»

Anhang

Karte von Ladakh

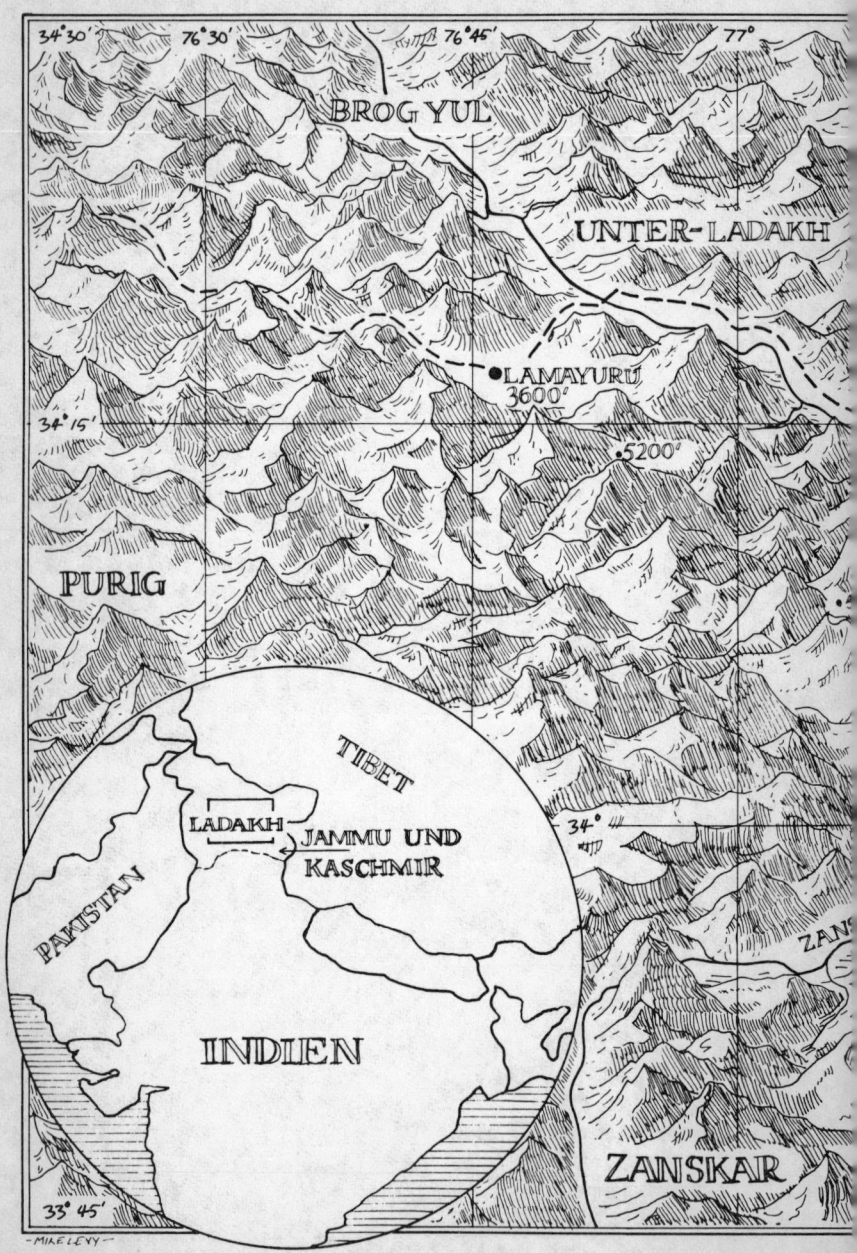

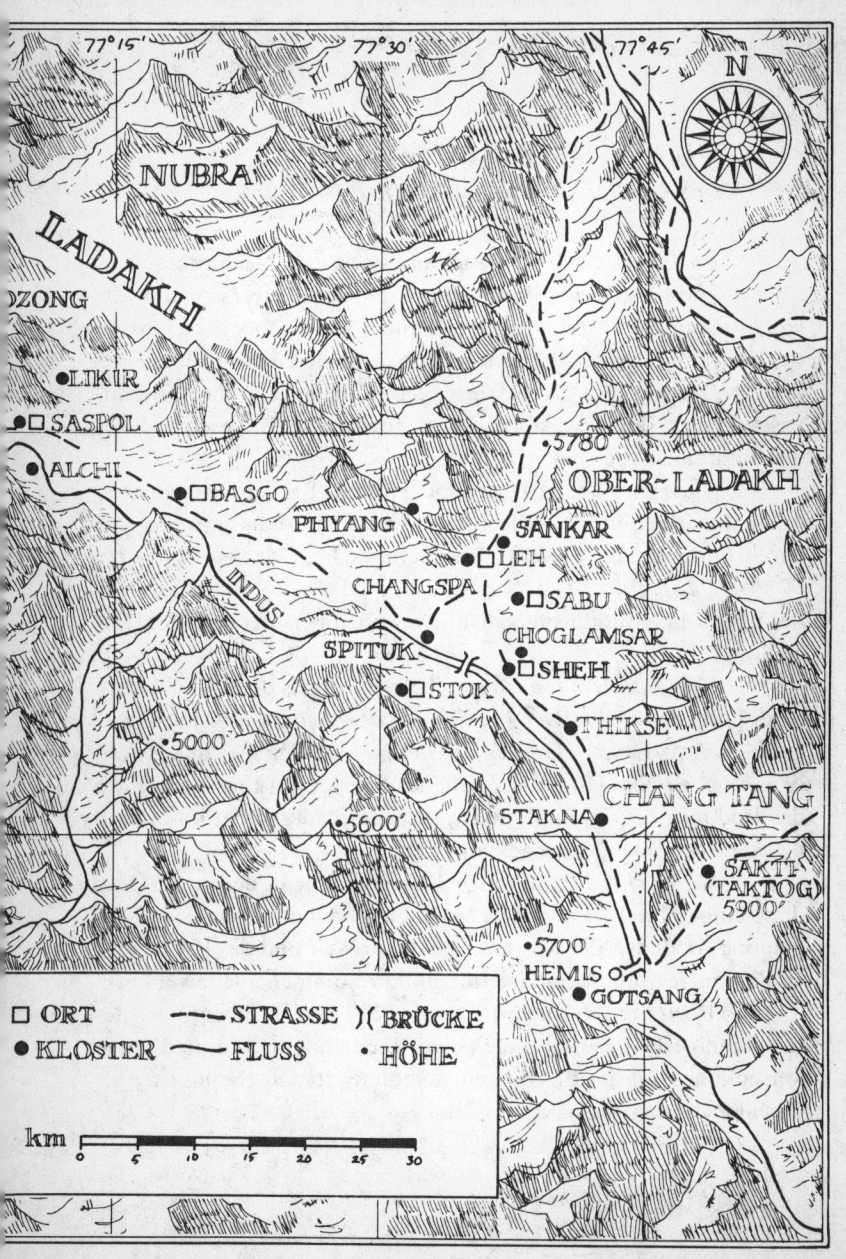

Erklärung einiger Grundbegriffe
des tibetischen Buddhismus

Bodhisattva: («Erleuchtungswesen») Nach dem Verständnis des Mahayana-Buddhismus derjenige, der sich um Erleuchtung und Erlösung bemüht, darüber hinaus aber entschlossen ist, sich für die Leidensbefreiung auch der anderen einzusetzen

Dhammapada: («Worte der Religion») Früher buddhistischer Text, der in Versform die grundlegenden Lehren des Buddha zusammenfaßt

Dharma: Sehr facettenreicher Begriff. Hier bezeichnet er ganz allgemein die buddhistische Lehre, beziehungsweise die Große Ordnung, die dieser Lehre zugrunde liegt, das «Gesetz»

Dharmapala: («Schützer des Dharma») Schutzgottheit des tibetischen Buddhismus, häufig in zornvoller oder rasender Darstellung

Mahamudra Upadesa: Text zur Praxis des Mahamudra, einer Form der meditativen Praxis im tibetischen Buddhismus

Mahayana: «Großes Fahrzeug» über den Ozean des Leidens – neben dem Hinayana («Kleines Fahrzeug») eine Hauptform des Buddhismus; in den Himalaya-Ländern ausgeprägt und durch das Ideal des Bodhisattva gekennzeichnet

Mandala: Kreisförmige Zeichnungen, in denen oft Quadrate eingeschrieben sind. Die Mandala («Zauberkreise») sind Diagramme, in denen der Kosmos als äußere Welt und das Psychische als die innere Welt in einem Symbolbild zusammengefaßt werden

Mantra: («Spruch») Einzelne Silbe oder Silbenfolge, deren ständige lautlose oder rezitative Wiederholung die meditative Versenkung und die Bewußtseinswandlung fördert (heilig ist z. B. die Silbe OM, vgl. OM MANI PADME HUM)

Samsara: Der leidvolle Kreislauf von Tod und Wiedergeburt, identisch mit der Welt der Diesseitsverhaftung

Shakti: Die Verkörperung des weiblichen Prinzips im tantrischen Buddhismus, der die Vereinigung des männlichen Prinzips (Upaya – «Geschicktheit in der Methode») mit dem weiblichen Prinzip (Prajna – «Weisheit») anstrebt

Shakya: «Shakyapa» nennen sich die Mitglieder einer der vier Hauptschulen des tibetischen Buddhismus

Tanka: Tibetisches Rollbild, das als Vorlage für die bildliche Vorstellung (Visualisierung) bei meditativen Übungen dient

Vajra: Ursprünglich der «Donnerkeil» der altindischen Gottheit Indra. Im Buddhismus «Diamant», Symbol für das Absolute und die Leere (Sunyata), die unzerstörbar, unveränderlich und transparent wie ein Diamant ist (Vajra = tib. Dorje: «Meister der Steine»)